JOGOS VORAZES
E A FILOSOFIA

Coleção
CULTURA
POP

editor da série
WILLIAM IRWIN

organizador
GEORGE A. DUNN
NICOLAS MICHAUD

JOGOS VORAZES E A FILOSOFIA

Tradução
Patrícia Azeredo

1ª edição

BestSeller

Rio de Janeiro | 2013

CIP-BRASIL. CATALOGAÇÃO NA FONTE
SINDICATO NACIONAL DOS EDITORES DE LIVROS, RJ.

J62   Jogos vorazes e a filosofia / organização George A. Dunn, Nicholas Michaud, William Irwin ; tradução Patrícia Azeredo. — 1. ed. — Rio de Janeiro : BestSeller, 2013.
        il.   (Filosofia ; 5)

      Tradução de: The hunger games and philosophy
      Apêndice
      ISBN 978-85-7684-644-4

      1. Collins, Suzanne. Jogos Vorazes. 2. Literatura - Filosofia. I. Dunn, George A., 1957- II. Michaud, Nicholas. III. Irwin, William, 1970- IV. Azeredo, Patricia. V. Série.

13-05490   CDD: 813
                            CDU: 821.111(73)-3

Texto revisado segundo o novo Acordo Ortográfico da Língua Portuguesa.

Título original
THE HUNGER GAMES AND PHILOSOPHY
Copyright © 2012 by John Wiley & Sons
Copyright da tradução © 2013 by Editora Best Seller Ltda.
Publicado mediante acordo com John Wiley & Sons, Inc., Hoboken, New Jersey.

Capa: Igor Campos
Editoração eletrônica: FA Studio

Todos os direitos reservados. Proibida a reprodução,
no todo ou em parte, sem autorização prévia por escrito da editora,
sejam quais forem os meios empregados.

Direitos exclusivos de publicação em língua portuguesa para o Brasil
adquiridos pela
EDITORA BEST SELLER LTDA.
Rua Argentina, 171, parte, São Cristóvão
Rio de Janeiro, RJ — 20921-380
que se reserva a propriedade literária desta tradução

Impresso no Brasil

ISBN 978-85-7684-644-4

Seja um leitor preferencial Record.
Cadastre-se e receba informações sobre nossos lançamentos
e nossas promoções.

Atendimento e venda direta ao leitor
mdireto@record.com.br ou (21) 2585-2002

SUMÁRIO

AGRADECIMENTOS:

"É como o negócio do pão. Tenho a impressão de que nunca vou conseguir deixar de ter essa dívida com você."   9

INTRODUÇÃO:

Está aberto o *Jogos Vorazes e a filosofia*!   11

PRIMEIRA PARTE
   "SE SENTIR ATRAÍDO POR BELEZA NÃO É A MESMA COISA QUE SER FRACO": A ARTE DE RESISTIR À CAPITAL

1. "A palavra final em entretenimento": Arte mimética e monstruosa nos Jogos Vorazes
Brian McDonald   17

2. "Algum lugar entre fitas de cabelo e arco-íris": Como até a canção mais curta pode mudar o mundo   37
Anne Torkelson

3. "Vou ser o tordo de vocês": A força e o paradoxo da metáfora na trilogia *Jogos Vorazes*   53
Jill Olthouse

SEGUNDA PARTE
"SOMOS SERES VOLÚVEIS E IDIOTAS": FAMINTOS DE MORALIDADE EM UM MUNDO IMORAL

4. "Ultimamente, as probabilidades não andam muito confiáveis": Moralidade e sorte na trilogia *Jogos Vorazes*   71
  George A. Dunn

5. A alegria de ver o sofrimento alheio: *Shadenfreude* e *Jogos Vorazes*   91
  Andrew Shaffer

6. "Então aqui estou eu novamente em débito com ele": Katniss, presentes e o que está por trás deles   107
  Jennifer Culver

TERCEIRA PARTE
"ESTOU TÃO RADIANTE QUANTO O SOL": O NATURAL, O NÃO NATURAL E A CIÊNCIA QUE NEM É TÃO ESTRANHA ASSIM

7. Competição e bondade: O mundo darwiniano dos Jogos Vorazes   121
  Abigail Mann

8. "Nenhum bestante é do bem" — Será mesmo? Unindo espécies para criar quimeras   139
  Jason T. Eberl

QUARTA PARTE
"PEETA FAZ PÃO. EU CAÇO": O QUE KATNISS PODE NOS ENSINAR SOBRE AMOR, CARINHO E QUESTÕES DE GÊNERO

9. Por que Katniss escolheu Peeta: Um olhar sobre o amor pelas lentes do estoicismo   155
  Abigail E. Myers

10. "Ela não faz ideia do efeito que causa": Katniss e a política de gênero ... 165
Jessica Miller

11. Às vezes o mundo tem fome de pessoas que se importam: Katniss e a ética feminista do cuidado ... 183
Lindsey Issow Averill

QUINTA PARTE
"ENQUANTO VOCÊ CONSEGUIR SE ACHAR, NUNCA VAI PASSAR FOME": COMO MANTER A INTEGRIDADE QUANDO TUDO É UM GRANDE ESPETÁCULO

12. Por que Katniss fracassa em tudo o que finge?: Ser *versus* parecer na trilogia *Jogos Vorazes* ... 201
Dereck Coatney

13. Quem é Peeta Mellark?: O problema da identidade em Panem ... 217
Nicolas Michaud

SEXTA PARTE
"AÍ VAI UM PEQUENO CONSELHO: MANTENHAM-SE VIVOS": UM GUIA PARA OS TRIBUTOS SOBRE MORALIDADE E LÓGICA DA GUERRA

14. "Seguras para fazer o quê?": Moralidade e a guerra de todos contra todos na arena ... 231
Joseph J. Foy

15. Começar incêndios pode causar queimaduras: A tradição da guerra justa e a rebelião contra a Capital ... 247
Louis Melançon

16. O dilema do tributo: Os Jogos Vorazes e a teoria dos jogos ... 259
Andrew Zimmerman Jones

SÉTIMA PARTE
"ELE DEVE SER MUITO FRÁGIL MESMO, SE UM PUNHADO DE AMORAS PODE DERRUBÁ-LO": A FILOSOFIA POLÍTICA DE CORIOLANUS SNOW

17. Disciplina e o corpo dócil: Controlando as fomes na Capital 275
 Christina Van Dyke

18. "Tudo isso é errado": Por que um dos maiores pensadores romanos detestaria a Capital 291
 Adam Barkman

19. Está na hora da aula: Poder e privilégios em Panem 303
 Chad William Timm

COLABORADORES:
 Nosso esquadrão da resistência 316

AGRADECIMENTOS

"É como o negócio do pão. Tenho a impressão de que nunca vou conseguir deixar de ter essa dívida com você."

Assim como Katniss acreditava que nunca seria capaz de pagar a dívida com Peeta pelo pão que ele lhe deu de presente e que lhe devolveu a esperança, nós também sentimos que temos uma imensa dívida com várias pessoas que nos ajudaram a criar este livro, começando por nossos colaboradores. Foi uma imensa alegria trabalhar com eles. As visões filosóficas de todos sobre a trilogia *Jogos Vorazes* enriqueceram nosso apreço pelo mundo angustiante (ainda que com um toque de esperança) criado por Suzanne Collins. E nós acreditamos que a abordagem deles fará você sentir o mesmo. Além disso, do mesmo modo que Katniss e Peeta Mellark se beneficiaram da orientação dada por Haymitch Abernathy, um mentor habilidoso, dedicado e experiente, nós também nos beneficiamos imensamente do apoio dado por nossos editores Bill Irwin e Connie Santisteban em cada etapa do caminho. Ainda que fossem menos bêbados, eles se mostraram tão hábeis quanto Haymitch.

Mergulhar com tamanha profundidade no mundo emocionalmente violento da trilogia *Jogos Vorazes* foi uma aventura gratificante, ainda que cheia de desafios. O amor e a paciência da família e dos amigos foram tão vitais para ajudar a enfrentar nossos problemas quanto as alianças feitas por Katniss para sua sobrevivência na arena. George gostaria de fazer um agradecimento especial a Dereck Coatney, Brian McDonald e Ariadne Blayde pela ajuda e apoio fornecidos ao longo das várias etapas deste processo. Nick tem uma grande dívida de gratidão com Jessica Watkins e Powell Kreis, que sofreram com ele ao longo das várias tribulações dos *Jogos Vorazes*.

    E muito obrigado a vocês, leitores, por se oferecerem para se juntar a nós nesta empolgante jornada pela arena do pensamento. Espero vê-los na Turnê da Vitória!

INTRODUÇÃO

Está aberto o *Jogos Vorazes e a filosofia*!

Nós amamos *Jogos Vorazes* por vários motivos. Por ter uma heroína como Katniss Everdeen, forte e capaz de enfrentar várias situações, a quem todos admiramos e temos como modelo. Por nos deixar constantemente roendo as unhas com sua mistura de ação eletrizante e romance cativante. Por nos dar a oportunidade de crescer junto com os protagonistas à medida que eles passam a entender tanto a si mesmos quanto o mundo em que vivem de modo mais profundo. E também por estar repleta de cenas memoráveis que mexem com nossas emoções e permanecem conosco bem depois de termos terminado os livros. Como esquecer a declaração de amor feita por Peeta Mellark durante a entrevista dada a Caesar Flickerman? E, Katniss cobrindo de flores o corpo sem vida de Rue na arena ou a explosão no palácio do presidente Snow que vira o mundo da nossa heroína (e o nosso também) de cabeça para baixo? Estas e várias outras cenas são revisitadas neste livro com extensa reflexão.

Sim, há muito o que amar na trilogia *Jogos Vorazes*, mas um dos grandes motivos para ficarmos tão empolgados com esta série incrível é que ela fala de algo particularmente precioso para nós: a busca pela verdade. A trilogia *Jogos Vorazes* conta a história da intrépida garota chamada Katniss que revela as camadas de mentiras no seu mundo e descobre a verdade por trás delas. A falsidade reina em Panem, e não só na Capital, onde os cosméticos não conseguem disfarçar os horrores que residem em seus moradores. Em um mundo de falsas aparências, Katniss está tomada pelas chamas do amor filosófico, pela verdade que a impele a questionar tudo, reduzindo todos os subterfúgios a cinzas, de modo que reste apenas a verdade nua e por vezes dolorosa. Se você ama a trilogia *Jogos Vorazes* tanto quanto nós, talvez o mesmo fogo queime em você.

Nosso objetivo com este livro é explorar do modo mais profundo possível este mundo fantástico, grotesco e ainda assim perturbadoramente familiar que cativou a nossa imaginação e nos levou a estar ao lado de Katniss enquanto ela lutava, amava e refletia sobre o significado dos tumultuados eventos de sua vida. Ao longo desta jornada existe uma grande probabilidade de você ter sorrido quando Peeta fez piadas gentis e inteligentes, ter se indignado e sentido repulsa com os atos cruéis do presidente Snow e chorado (ou pelo menos ter feito um esforço para não chorar, como Katniss faz com frequência) várias vezes. Embora a história se passe num mundo pós-apocalíptico que parece muito distante do nosso, as esperanças, medos e desejos que movem estes personagens não são diferentes de nossas paixões. Por isso, este livro fala tão profundamente conosco, não só sobre a vida de uma garota imaginária e incrível, como sobre nós, nossos problemas e aspirações.

É aí que entra a filosofia. Refletir sobre a trilogia *Jogos Vorazes* pode ser uma porta que nos leva a pensar sobre a vida. E há também outra porta famosa que fica no berço da civilização ocidental: a Grécia Antiga. Na entrada de um templo dedicado ao deus Apolo, na cidade de Delfos, há duas inscrições: "Conhece-te a ti mesmo" e "Nada em excesso", que muitos filósofos antigos consideraram sínteses da sabedoria de que precisamos para viver bem. Está claro que os moradores da Capital perderam o rumo quanto a evitar excessos e também não parecem conhecer muito de si mesmos, ao contrário de Katniss, cuja vida ensinou a importância do autocontrole e que analisa suas motivações o tempo todo. É este o espírito implacavelmente cético que impele o crescimento dela em termos de sabedoria. A fome de respostas de Katniss contagia. Enquanto refletimos sobre os paralelos entre o mundo dela e o nosso, também somos instigados por uma série de perguntas que caem sobre nós como um enxame de vespas teleguiadas saindo do ninho.

Fazemos as seguintes perguntas: quanto o mundo de Katniss, Prim, Peeta e Gale Hawthorne está longe do nosso? Será que nosso país poderia sucumbir aos mesmos males que afligem Panem? Talvez nós já estejamos neste mesmo caminho. Suzanne Collins diz que os reality shows contemporâneos forneceram boa parte da inspiração para a saga — e como alguns dos capítulos deste livro indicam, as semelhanças entre o nosso mundo e a distopia futurista de Collins não terminam aí. Ao ler sobre os horrores que Katniss e seus colegas enfrentam na arena, nos perguntamos se seria possível para seres humanos justificar atrocidades como os Jogos Vorazes.

E aí nós lembramos que há relativamente pouco tempo elites poderosas do mundo ocidental patrocinaram seus jogos vorazes no Coliseu romano, outra inspiração para a saga de Collins. Quanto mais refletimos sobre o mundo de *Jogos Vorazes*, mais questões chovem sobre nós como os pequenos paraquedas prateados que levam comida e remédios para Katniss e Peeta na arena. E assim como estas dádivas salvadoras, boas perguntas nos nutrem e sustentam quando entramos na arena do pensamento.

Assim, fortalecidos pelas perguntas, nós persistimos admirados: por que gostamos de ver o sofrimento alheio? Será que regras comuns de moralidade se aplicam quando lutamos pela sobrevivência? Será que somos controlados e manipulados tão facilmente quanto os cidadãos de Panem? Será que *já estamos* sendo controlados — de forma tão insidiosa que não percebemos? Quando perguntas como estas ficam opressivas demais e queremos escapar do campo de batalha rumo à seara mais tranquila do romance, refletimos sobre qual dos pretendentes Katniss deve escolher: Peeta ou Gale? E, por fim, nos perguntamos: como tomar decisões semelhantes na vida?

Quanto mais lemos, mais questionamos. À medida que os eventos se desenrolam em Panem, nos convidam a refletir sobre o significado da arte, música, ciência e cultura, ou seja, todo esse negócio complicado de ser humano. É difícil ignorar essas perguntas. Fingir que elas não são reais não fará com que desapareçam, assim como Katniss não consegue fazer os bestantes que a perseguem sumir apenas fechando os olhos.

Perguntas como essas são o foco da filosofia. Afinal, ela é a ferramenta mais poderosa que nós, seres humanos, criamos para explorar o significado da vida — a filosofia é uma invenção digna de Beetee. E tão indispensável para quem deseja pensar quanto a habilidade de Katniss com arco e flecha é crucial para a sobrevivência dela na arena. Usando esta ferramenta, nós saímos em busca de respostas para algumas das perguntas levantadas pela trilogia *Jogos Vorazes*. Recrutamos uma equipe de aliados cujas mentes são tão aguçadas quanto as facas de Clove, cujos argumentos são tão fortes quanto as redes de Finnick e cuja inteligência é tão grande quanto a de Jackson, o soldado que desenvolveu o jogo de "verdadeiro ou falso" para ajudar Peeta a se recuperar da confusão mental induzida pelo veneno das vespas teleguiadas que, além de afetar-lhe as faculdades mentais, encheu o coração dele de fúria irracional. Parando para pensar, os filósofos deste livro se parecem *muito* com Jackson, visto que eles também fazem um jogo de verdadeiro ou falso de alto risco como uma espécie de terapia para nos ajudar a navegar em um mundo onde nem tudo é o que parece.

A trilogia *Jogos Vorazes* é uma história que serve de alerta para o estado a que a sociedade humana pode facilmente chegar. A série retrata um mundo onde crianças são massacradas em prol do entretenimento, o poder está nas mãos de tiranos praticamente intocáveis e trabalhadores morrem de fome enquanto os ricos olham e riem. Ao mesmo tempo, os livros nos dão a oportunidade de pensar como esses males podem ser percebidos antecipadamente em nosso mundo e refletir sobre a extraordinária capacidade de bondade e heroísmo das pessoas aparentemente mais comuns, como uma adolescente corajosa e determinada a proteger a família. Afinal, atos extraordinários de bondade feitos por pessoas comuns podem ser nossa grande esperança de salvação. Mas a hora de pensar, refletir e questionar é agora, para que não seja preciso comprar tésseras em nome de nossos filhos algum dia.

Sendo assim, está aberto o *Jogos Vorazes e a filosofia*!

PRIMEIRA PARTE

"SE SENTIR ATRAÍDO POR BELEZA NÃO É A MESMA COISA QUE SER FRACO": A ARTE DE RESISTIR À CAPITAL

1
"A PALAVRA FINAL EM ENTRETENIMENTO": ARTE MIMÉTICA E MONSTRUOSA NOS JOGOS VORAZES

Brian McDonald

Durante o que Katniss Everdeen chama de "as piores [horas] de toda a minha vida", ela é assolada pelos gritos e gemidos desesperados de Cato enquanto ele é dilacerado e morto em uma câmera agonizantemente lenta pelos bestantes, misturas grotescas de diversos animais que, como um último toque infernal, têm os traços faciais dos tributos mortos durante a competição. "Por que eles não matam logo ele e pronto?", ela grita para Peeta Mellark, que simplesmente responde: "Você sabe por quê." E ela sabe mesmo. "Sob o ponto de vista dos Idealizadores dos Jogos, essa é a palavra final em entretenimento."[1]

Esta frase desesperada anuncia um dos principais temas da série *Jogos Vorazes*, de Suzanne Collins. Entre outras coisas, a história da trilogia serve de alerta contra o lado sombrio do entretenimento. Em uma cultura popular que celebra de modo abundante o desafio aos limites, Collins imagina o que pode acontecer com nossos limites se continuarmos a desafiá-los incessantemente. E se o etos de *Survivor* e *American Idol* fosse levado ao seu extremo lógico? E se nossa obsessão por tatuagens e "esportes radicais" continuar a se desenvolver? E se o entretenimento virasse o objetivo máximo da vida e o apetite por empolgação varresse para longe todos os limites anteriormente impostos pela nossa desgastada sensibilidade moral?

É improvável que a luxúria para o entretenimento satirizada por Collins chegue à "palavra final" de terror e tortura dramatizada de modo tão eficaz nos livros. Para isso, ela usa o exagero característico das distopias (as obras ficcionais que pegam uma tendência cultural negativa e imaginam um futuro ou mundo alternativo no qual essa tendência domina todos os aspectos da vida humana). A característica do exagero, contudo, pode auxiliar a reflexão filosófica. Assim como um imitador habilidoso consegue transformar os traços e maneirismos de um político ou uma celebridade em puro alívio cômico por meio da caricatura engenhosamente exagerada, a ficção distópica pode nos dar uma visão mais clara de certos aspectos da condição humana, exagerando-os e dramatizando suas possíveis distorções. Os exageros de *Jogos Vorazes* destacam especialmente o lugar da faculdade imaginativa que permite aos seres humanos produzir várias formas de arte — se usarmos essa palavra de modo bem amplo (como convém a um capítulo de um livro sobre filosofia e cultura popular) — de modo a englobar tanto o entretenimento popular quanto a chamada grande arte.

Os filósofos, sejam os antigos ou os atuais, têm muito a dizer sobre a arte e sua relação com a vida e a cultura humanas. Ao mostrar um mundo em que a arte, ainda que de forma degradante, tenha se tornado o principal meio de controle social e político de uma sociedade, *Jogos Vorazes* também ajuda a refletir sobre o seu lugar na vida. Nós vemos que o poder assustador da arte tanto serve para apagar nossa humanidade pelas mãos da Capital quanto para fortalecê-la pelas mãos de um herói artístico como Peeta.

"O tom certo para a luz do sol batendo numa pelagem branca"

Ao longo de boa parte de sua história, os seres humanos acreditaram que a verdadeira arte não só entretém como também aperfeiçoa os que a contemplam. As descrições mais clássicas sobre o propósito da arte contêm variações da frase "deleitar e instruir", com o termo *instruir* carregando implicações morais bastante claras. Contudo, o que faz o esplendor dramático da arena ser tamanha "palavra final em entretenimento" é o fato de seu grotesco "deleite" estar totalmente separado de qualquer tipo de "instrução". De acordo com o filósofo grego Aristóteles (384-322 a.C), produções que entretêm sem elevar a alma são meros "espetáculos", e embora o espetáculo seja um elemento da arte dramática, ele o considerava como elemento menor, menos importante e mais dispensável.[2]

Poética, livro de Aristóteles que discorre sobre o drama, é um bom lugar para começar a refletir sobre o tema da arte e do entretenimento em *Jogos Vorazes*, porque a visão aristotélica da arte como imitação (ou *mimese*) contém a chave para entender a diferença entre as duas utilizações da arte em Panem: o espetáculo terrível, embora lindamente projetado da Capital, e a arte "natural" criada por Peeta. Para Aristóteles, todas as artes — visuais, cênicas, literárias e dramáticas — são formas de mimese.[3] Seja uma peça, uma pintura, um épico ou uma estátua, a arte sempre é a tentativa feita pela imaginação de representar, de forma ficcional, algo que exista no mundo real. A arte, de acordo com Aristóteles é a prova mais cabal de que o ser humano "de todos [os seres vivos], é o mais imitador". Todas as artes vêm de ou apelam para este espírito de imitação "que é congênito no homem".[4] O apelo da mimese artística é tão intenso que "nós contemplamos com prazer as imagens mais exatas daquelas mesmas coisas que olhamos com repugnância, por exemplo, [as representações de] animais ferozes e [de] cadáveres".[5] À lista de Aristóteles podemos acrescentar os eventos dolorosos e grotescos dos Jogos Vorazes, que seriam horripilantes na vida real, mas não impedem nosso "deleite" ao ler os romances de Collins.

Katniss fica ciente da habilidade de Peeta para reproduzir "as imagens mais exatas" de objetos naturais na estação de camuflagem durante o treinamento para a 74ª edição dos Jogos Vorazes. "Peeta parece genuinamente adorar essa estação",[6] descreve ela. Isso não deveria surpreender, tendo em vista o amor à mimese que Aristóteles acredita ser natural a todos os seres humanos. Katniss e o treinador da estação ficam maravilhados com o talento do rapaz para criar disfarces engenhosos a partir da lama, argila, extratos de frutas silvestres, galhos de vinhas e folhas. Katniss fica particularmente impressionada com um desenho que ele fez no braço. "Os padrões alternantes de luz e sombra sugerem a luz do sol penetrando nas árvores da floresta. Imagino como ele conhece esse efeito, pois duvido que já tenha ultrapassado a cerca alguma vez. Será que foi capaz de sacar a coisa só olhando para aquela velha e descarnada macieira que ele tem no quintal de casa?"[7]

Peeta foi capaz de capturar algo que Katniss entende apenas devido a seus vários anos de experiência caçando e colhendo na floresta. Será que Peeta aprendeu tanto sobre o jogo das sombras apenas observando a "velha e descarnada macieira que ele tem no quintal de casa?" Aristóteles não duvidaria nem por um instante que um artista talentoso como Peeta pudesse conseguir tal proeza. Ele inclusive acreditava que era função da mimese artística revelar traços universais da natureza, como a forma pela qual o sol penetra nas folhas da macieira no quintal de Peeta.

A intensidade e o poder da mimese artística são mostrados em uma passagem marcante do segundo livro da trilogia, *Em chamas*, na qual Peeta descreve a "imagem mais exata" feita pelo artista a fim de aliviar os últimos momentos de vida da morfinácea do Distrito 6, que interveio para salvar Katniss no Massacre Quaternário e acabou mortalmente ferida. Num tom ao mesmo tempo confuso e pasmo, Katniss relata as palavras de Peeta:

— Com as minhas tintas lá em casa eu consigo fazer qualquer cor imaginável. Rosa. Clara como a pele de um bebê. Ou forte como um ruibarbo. Verde como a grama da primavera. Azul brilhante como gelo na água.

A morfinácea olha fixamente para Peeta, atenta a suas palavras.

— Uma vez passei três dias misturando tintas até encontrar o tom certo para a luz do sol batendo numa pelagem branca. Na verdade eu não parava de pensar que se tratava de amarelo, mas era muito mais do que isso. Camadas de todos os tipos de cor. Uma após a outra — diz Peeta.[8]

Como as palavras de Peeta deixam claro, a mimese não se trata de mera imitação, como um eco idiota do som humano feito pelo gaio tagarela. Suas misturas e reduplicações o envolveram em uma tentativa profunda para aprender a cor que estava tentando reproduzir. As palavras de Peeta explicam exatamente por que Aristóteles associa o deleite da mimese artística ao deleite do aprendizado.[9] A contemplação intensa de uma determinada cor feita por Peeta é quase uma forma de comunhão com ela, um aprendizado tão profundo que vem de dentro para fora — e não de fora para dentro. Após três dias de misturas, ele consegue reproduzir a cor porque ela tomou posse de seu coração e de sua alma.

Tão poderoso é o êxtase da mimese que Peeta consegue transmiti-lo à morfinácea que também é artista, em seu leito de morte. Esta empatia artística faz com que ele veja que, além da agonia corporal, por baixo das camadas do vício em drogas e do desespero, nos estratos mais profundos de seu ser está alguém que ama a beleza e deseja reproduzi-la por meio da mimese artística. Peeta libera este sentimento profundamente escondido para subir à superfície. A agonia mortal da morfinácea parece se dissolver em paz enquanto seu último ato consiste em traçar com os dedos o contorno de algo que "penso ser talvez uma flor" no rosto do Peeta.[10] A arte quase redimiu a morte dela.

O aspecto elevado e criador da mimese artística dá a principal nota de redenção de *Jogos Vorazes*, mas não poderia representar um contraste maior em relação à forma pela qual a Capital entende e pratica a arte.

"A gente podia fazer uma coisa bem especial em você"

Se Peeta representa a força da mimese artística, a Capital representa a monstruosidade da arte quando declara guerra a esse princípio. A devoção intensa e respeitosa do rapaz à "natureza das coisas" o leva a passar três dias trabalhando para reproduzir uma cor com perfeição, mas os artistas e técnicos da Capital abordam o mundo natural como algo a ser atacado e refeito em combinações ainda mais grotescas e artificiais. Ao contrário da luz do sol de Peeta na pelagem branca, "todas as cores [na Capital] parecem artificiais, os rosas intensos demais, os verdes muito brilhantes, os amarelos dolorosos demais aos olhos".[11] O insulto à natureza pode parecer relativamente inofensivo quando os habitantes da Capital decoram os próprios corpos a ponto de torná-los irreconhecíveis, mas assume uma forma muito mais sinistra na ânsia de profanar e macular os corpos alheios sem restrição. A ciência que produz os bestantes, em especial os grotescos híbridos entre humanos e animais, é um exemplo particularmente terrível desta profanação. Quase tão sinistra quanto os bestantes é a preparação decorativa dos corpos dos tributos para as entrevistas no estilo *American Idol* antes de eles serem desmembrados e destruídos na arena.

A perversão da arte feita pela Capital aparece tanto nos detalhes mais triviais, quanto em suas consequências mais terríveis, como vemos na reação de Katniss à equipe que a prepararia no livro *Em chamas*:

>Flavius levanta o queixo e suspira:
>— É uma pena o Cinna ter dito para não fazer nenhuma alteração em você.
>— Pois é, a gente podia fazer uma coisa bem especial em você — diz Octavia.
>— Quando ela estiver mais velha — diz Venia de uma maneira quase agourenta. — Aí ele vai ser obrigado a deixar a gente fazer.
>Fazer o quê? Encher os meus lábios como fizeram com o presidente Snow? Tatuar os meus seios? Tingir minha pele de magenta e implantar gemas sob a superfície? Esculpir padrões decorativos no meu rosto? Dotar-me de garras curvadas? Ou de bigodes iguais aos de um gato? Vi todas essas coisas e muito mais nas pessoas que

vivem na Capital. Será que elas realmente não fazem a menor ideia de como a sua aparência fica monstruosa para as outras pessoas?[12]

A palavra *monstruosa* usada por Katniss parece expressar sua intuição de que há algo errado em alterar o que a natureza lhe deu a ponto de ficar irreconhecível. Ela entende que "fazer uma coisa bem especial em você" significa, na verdade, desfazer o que você já é. E ela considera essa ideia nojenta. A identidade de uma pessoa não é algo a ser reinventado repetidamente, mesmo no âmbito da aparência. Para Katniss, a aparência de alguém não deveria ser refeita, assim como o corpo de alguém devorado na arena não deveria ser entretenimento.

A estética monstruosa do adequadamente batizado Centro de Transformação combina com a terrível ética da arena. O que acontece nesse Centro é diametralmente oposto à mimese criativa de Peeta. Pegando emprestadas as ideias do filósofo, sociólogo e crítico cultural Philip Rieff (1922-2006), nós poderíamos chamá-la de *descriação*, termo usado para caracterizar o impulso motor que ele detectou por trás de boa parte da arte e da literatura modernas e pós-modernas.

Na análise de Rieff, muitos artistas, escultores e figuras literárias da modernidade são movidos por uma sede de originalidade que assume a forma de violação das normas morais e religiosas que tradicionalmente governaram as sociedades. Para Rieff, as transgressões artísticas são tão "monstruosas" quanto as distorções feitas pelo Centro de Transformação e a arena dos Jogos Vorazes são para Katniss. O filósofo citou como um dos vários exemplos a obra *Piss Christ*, de Andres Serrano, uma fotografia de um crucifixo submerso em um copo de urina. Esta "fusão [do mais alto] com o mais baixo" representa tanto uma violação do sagrado quanto uma desonra do corpo, de acordo com Rieff, pois passa a seguinte mensagem: "O Cristo está em você e portanto você é urina."[13]

Talvez seja significativo que Rieff tenha bradado suas denúncias contra a cultura contemporânea não de uma cidadezinha fundamentalista de direita, e sim do coração da academia moderna, em que livros como *Freud:*

The Mind of a Moralist lhe deram fama como um dos estudantes mais provocadores e profundos do impacto causado pelas teorias psicanalíticas de Sigmund Freud (1856-1939). Deste posto no alto da árvore acadêmica, Rieff argumentou em seu último trabalho, *My Life Among the Deathworks*, que o que faz uma cultura ser cultura é sua crença nas "verdades dominantes" que considera sagradas. A ânsia de nossa cultura contemporânea de dedicar sua arte à profanação subversiva e "monstruosa" destas normas fez Rieff declará-la uma anticultura e sua arte e literatura como descriação: "Toda cultura verdadeira expressa e celebra o poder da recriação [em outras palavras, a mimese aristotélica]. Os grandes artistas [da civilização contemporânea] são artistas da descriação. O prazer de afirmar a criação foi invertido em nossa vida, transformado na perversidade da destruição, satisfeita na dor do sofrimento e da morte."[14]

É impressionante como a última frase de Rieff resume perfeitamente a abordagem da Capital em relação à vida e à arte. O prazer de Peeta em "afirmar a criação" por meio da mimese artística foi "transformado na perversidade da destruição" pelos artistas e técnicos da Capital. Além do mais, parece haver uma ligação direta entre as alterações monstruosas da Capital e a crueldade grotesca na arena, sugerindo uma conexão entre o abandono da mimese estética e o abandono dos limites éticos.

Rieff de fato temia que a "cruel ficção" do artista moderno ajudasse a preparar o terreno para condições de criação ainda mais cruéis no mundo real.[15] Ele falou de como "o Artista (...) cria o mundo que prevê o futuro de nosso mundo real" e acredita que as perversas ficções do século XXI abriram as portas para fatos perversos.[16] A afirmação mais polêmica e contundente feita por ele foi de que os campos da morte criados por Hitler faziam parte de uma estética nazista de poder, cujo objetivo era não só destruir os judeus como também maculá-los e humilhá-los, "de modo a separá-los de seus eus sagrados e degradá-los tanto que, ao aceitar esta segunda morte e suas indignidades, eles fossem incapazes de oferecer resistência".[17]

Independente de Rieff estar correto ao dizer que a ficção cruel de nossa era inevitavelmente prevê "realidades cruéis", o futuro previsto por ele (que, em parte, já se realizou) sem dúvida tem uma impressionante semelhança com os horrores futuristas imaginados por Collins. A noção de sagrado desapareceu do mundo dos Jogos Vorazes — e, junto com ela, qualquer noção universal de obrigações compartilhadas capazes de unir uma ordem social por meios que vão além do simples poder coercitivo. Os moradores dos distritos, como os judeus na análise de Rieff, estão sujeitos a degradações espetaculares e coloridas, projetadas especialmente, como os próprios personagens percebem, para provar o poder da Capital e paralisá-los, levando a um estado mental "incapaz de oferecer resistência". O que Rieff viu se desenvolver no mundo pós-moderno Collins mostra como totalmente realizado em Panem: uma arte que abandonou a mimese em prol de uma tentativa monstruosa de poder que se origina em si mesmo e referencia a si mesmo. O lema da arte, ética e política vira: "Eu *posso* fazer isso, então *vou* fazer." A vontade de imitar foi substituída pela vontade de poder.

"Agora você está quase parecida com um ser humano"

Na visão de Rieff, quando uma cultura perde a noção de suas "verdades dominantes", a primeira baixa é a noção de identidade, pois a identidade tem origem em compromissos permanentes e fixos.[18] A consciência intuitiva deste fato nos permite apreciar a ironia quando, durante a primeira ida de Katniss ao Centro de Transformação, Flavius declara, para a alegria dos outros membros da equipe de preparação: "Agora você está quase parecida com um ser humano!"[19]

Por qualquer definição normal, o único "ser humano" no recinto é Katniss. Apenas ela tem um núcleo: uma identidade estável formada por meio de relacionamentos profundos e permanentes que definem quem ela é, como sua responsabilidade em relação à irmã Prim, a amizade com Gale Hawthorne e as lembranças do pai.[20] É justamente a sua recusa de sujeitar a própria identidade às constantes recriações que a torna verdadeira.

No entanto, para sua equipe de preparação (e para a Capital) ser um "verdadeiro ser humano" diz respeito exatamente a se libertar das limitações impostas pela identidade, seja na forma da fidelidade aos relacionamentos aos quais estamos presos, das verdades dominantes de Rieff que nos cercam de "não farás" ou da obrigação clássica do filósofo de exercitar a razão para descobrir as formas do "bom e do belo" e viver de acordo com elas. Katniss compara sua equipe de preparação a "um trio de aves coloridas."[21] É uma descrição adequada porque para os residentes da Capital ser humano significa um tipo de voo de pássaro, livre de qualquer tipo de gravidade — estética, ética ou de relacionamentos — um bater fácil de asas leves rumo à sempre distante e cada vez mais violenta "palavra final em entretenimento".

De onde vem este desejo de rejeitar uma identidade estável e os limites impostos por ela? Dois pensadores, um moderno e outro antigo, contribuíram com ideias sobre essa questão. Ernest Becker (1925-1974) em *The Denial of Truth*, descreveu como os seres humanos reagem às "pré-condições" de nossa herança biológica comportando-se como se "o corpo fosse o destino animal contra o qual precisamos lutar de alguma forma", um lembrete desconfortável de que somos criaturas vulneráveis e finitas.[22]

Procuramos uma fuga ilusória desta consciência por meio do que Becker chama de projeto *causa sui* ("causa de si mesmo").[23] Deseja-se ser "pai de si mesmo" de modo a fugir da sensação de dever a própria existência e identidade a outra pessoa.[24] Se algo pode gerar a ilusão de ser o criador de alguém, também pode sustentar a ilusão psicológica da imortalidade, pois a consciência de que fomos criados e estamos sujeitos a forças sobre as quais não temos controle também atua como lembrete de que vamos morrer. Porém, se pudermos nos imaginar livres da âncora de uma determinada identidade, poderemos nos sentir livres para voar.

A ideia de Becker no século XX tem incrível semelhança com a do filósofo, padre e observador psicológico astuto Santo Agostinho (354-430). No segundo livro de sua grande obra autobiográfica, *Confissões*, Agostinho preocupava-se profundamente com um ato infantil de vandalismo que cometera há muito tempo com alguns amigos adolescentes. Ele lutava para entender o motivo por trás de um ato que parecia não servir a qualquer propósito. E concluiu que descumpriu a lei pela simples emoção de descumpri-la, vivenciando algo que ele chama de "imagem tenebrosa" da onipotência divina.

Com essa frase, ele quis dizer que o ato transgressor gratuito forneceu a ilusão de ser tão livre das limitações da lei moral quanto Deus, que deve ser imaginado como criador da lei moral e também como existindo fora dela. Mas Agostinho chegou a dizer que esta tentativa de *ser* um deus significa na verdade que ele imitou "viciosa e imperfeitamente" a verdadeira deidade, não só por ser uma ilusão tão óbvia como pelo fato de a simples tentativa de ser igual a Deus concorda tacitamente que Deus é um modelo superior a ser imitado.[25]

"Ah, isso sim é falta de sorte"

Deixando de lado a visão que Agostinho tem de Deus, sua frase sobre a imitação viciosa poderia muito bem ter sido utilizada para descrever as entrevistas e os combates lindamente encenados na arena, pois estas produções teatrais são uma imitação perfeitamente viciosa da ideia aristotélica de tragédia (o principal foco da *Poética*) como mimese. Para entender o que faz de tudo isso algo perverso, vejamos a definição de Aristóteles: "É pois a tragédia imitação de uma ação de caráter elevado, completa e de certa extensão (...) e que, suscitando o 'terror e a piedade, tem por efeito a purificação dessas emoções.'"[26]

Por ação completa Aristóteles quis dizer uma trama com começo, meio e fim reconhecíveis. Depois, ele acrescentou que as melhores tramas são complexas e marcadas por uma mudança de sorte surpreendente, ainda que inevitável, dados os eventos anteriores."[27]

A catarse ou purificação significa que a tragédia traz à superfície certas emoções profundas de piedade (por um personagem que sofre) ou terror (de que também estejamos expostos à desgraça). A catarse, contudo, vai além de uma liberação emocional: é também a principal experiência de aprendizado que vem a nós por meio da mimese trágica. Assim como os personagens no palco acabam percebendo a verdade sobre todas as forças que conspiraram para levá-los a seu destino, também nós na plateia, fora do palco, acabamos percebendo algo universalmente verdadeiro sobre a condição humana, posto que vivemos em um mundo cuja realidade fornece os modelos para a mimese trágica.[28]

A compreensão de Aristóteles sobre a catarse trágica explica por que o "Show de Peeta e Katniss" narrado e encenado pelo rapaz tem tanto impacto na plateia que assiste à entrevista com Caesar Flickerman. Peeta incorpora uma série de elementos trágicos aristotélicos em uma tentativa de aumentar sua chance (ou, como percebemos depois, a chance de Katniss) de sobrevivência na arena.

O sucesso da sinceridade comovente de Peeta confirma a crença de Aristóteles de que a tragédia eficaz depende da capacidade da plateia de se identificar com o protagonista.[29] Não só Peeta faz um ótimo aquecimento "desempenha[ndo] bem o papel do filho do padeiro, comparando os tributos aos pães de seus respectivos distritos", e fazendo piada com os chuveiros da Capital. Em seguida, ele muda de tom e ganha a total simpatia da plateia ao descrever seu amor por uma garota, que não é recíproco: "Amores não correspondidos com os quais eles se identificam." E para levar tudo isso ao clímax, ele cria uma perfeita mudança ou virada surpreendente da sorte — do tipo que Aristóteles acreditava ser capaz de melhorar uma trama complexa:

— Então, olha só o que você vai fazer. Você vence e volta pra casa. Ela não vai poder te recusar nessas circunstâncias, vai? — diz Caesar, incentivando-o.

— Não sei se vai dar certo. Vencer... não vai ajudar nesse caso.

— E por que não? — quer saber Caesar, aturdido.

Peeta enrubesce e gagueja:

— Porque... porque... porque ela veio pra cá comigo.[30]

Peeta consegue ser completamente sincero e ao mesmo tempo produz uma brilhante encenação que ganha a simpatia da plateia. Sua "palavra final" em entretenimento, a história dos amantes desafortunados, não só conquista os patrocinadores dos quais precisa para aumentar suas chances de sobrevivência como também cria a possibilidade que tanto ele quanto Katniss possam sobreviver — o que, obviamente, acontece.

Claro que o fato de ele estar nessa situação é doentio. Mas vamos tentar ganhar um pouco de distância filosófica da situação. O que *exatamente* faz dos Jogos Vorazes algo doentio? A melhor análise que ouvi veio de minha mulher, Sue, que não estava falando sobre os Jogos Vorazes, mas se referia a um reality show perturbadoramente parecido: "*Survivor* é do mal", anunciou ela um belo dia, "porque revive o Coliseu romano. As pessoas estão se enfrentando só para entreter um bando de idiotas". Esta também é uma boa descrição dos Jogos Vorazes de Panem, outra competição baseada no Coliseu, segundo Collins. Mas, posteriormente, Sue ficou meio filosófica sobre o que havia acabado de denunciar. "Se eles estivessem apenas *imitando* pessoas que estão se enfrentando só para ganhar os prêmios, não haveria problema. O programa poderia nos fazer pensar. Mas quando as pessoas se degradam como forma de entretenimento, é simplesmente obsceno!"

Como sempre, minha mulher acertou em cheio. O que faz o programa de entrevistas de Flickerman ser obsceno é que os espectadores não estão assistindo a uma *imitação* de ação trágica que tem o poder de torná-los mais sábios e melhores. Eles estão se entupindo da sensação de poder e ajudando a infligir uma tragédia. Naturalmente, isso subverte toda a ideia de catarse, pois os que querem ser entretidos a esse preço não poderiam ter qualquer intenção séria de parar e pensar. Ao contrário, a imersão neste tipo de "entretenimento" apenas os faz *parar* de pensar.

Como leitores, podemos vivenciar a catarse autêntica, pois a força mimética dos romances de Collins, além da empolgação que nos faz devorar suas páginas, também dá a oportunidade de ponderar sobre verdades dolorosas relacionadas ao que os seres humanos podem se transformar ou o que eles podem ter que suportar em certas situações. Nós reconhecemos e sentimos compaixão pelas camadas de infortúnios trágicos, talvez principalmente porque a performance estratégica diante das câmeras de Peeta como apaixonado exige que Katniss suspeite dos motivos dele para tal. Esta pode ser a situação trágica perfeita para os leitores em uma época em que a ubiquidade de câmeras e mídias sociais como o Facebook tornou particularmente mais aguda a questão da performance *versus* autenticidade.

Para a plateia da Capital, contudo, a catarse é uma imitação totalmente falsa e perversa da realidade. O público vivencia apenas as emoções da catarse e nenhum dos insights relacionados a ela. Caesar pode dizer "Ah, isso sim é falta de sorte" com "uma pontinha de dor em sua voz". E a plateia pode produzir murmúrios e "gritos de agonia", mas elas não param e pensam.[31] Como poderiam fazê-lo? A multidão já é cúmplice ao assumir os privilégios dos pequenos deuses, lançando a tragédia sobre outros seres humanos. O fato de os espectadores sentirem dor quanto ao destino de quem eles estão ajudando a destruir apenas aumenta o mal.

A verdadeira catarse não é apenas uma descarga emocional, pois a compaixão real e o terror trágico verdadeiro levam a um ganho de sabedoria e virtude. Nesse sentido, a arte existe para a vida. Mas a Capital inverte a relação adequada entre arte e vida. A compaixão sentida pelos protagonistas trágicos existe apenas para aumentar a apreciação que o público tem pelo espetáculo apresentado. Os resquícios de impulsos éticos e humanos que levam os espectadores a gritar servem apenas para aumentar a excitação emocional e, portanto, o valor do espetáculo em termos de entretenimento.

Até mesmo os impulsos éticos viram material de entretenimento. "A vida não pode ser recriada para imitar a arte, exceto a um custo que destrói a própria vida", diz Rieff, e esta é a confirmação.[32]

A "palavra final em entretenimento" é, na verdade, uma "imitação viciosa" em seu ponto mais alto. Ou melhor, mais baixo.

"Seria melhor para todo mundo se eu estivesse morta" — Não!

Um dos elementos mais importantes da mimese trágica, conforme entendida por Aristóteles, é a cena de reconhecimento, na qual um personagem vai da ignorância à compreensão sobre alguma realidade da qual ele não fazia ideia na ação dramática anterior. À medida que os eventos do terceiro livro, *A esperança*, se encaminham para uma conclusão cada vez mais violenta, percebemos como o rumo da história dependerá de Katniss reconhecer a verdade sobre os eventos que acontecem externamente, bem como das mudanças que ocorrem internamente. Será que ela vai reconhecer que seu verdadeiro inimigo não é só o presidente Snow como também Alma Coin? (Nós vemos que ela faz isso quando mira sua flecha mortal em uma direção inesperada.) E há uma pergunta ainda mais importante para a felicidade de Katniss no novo mundo que ela espera liderar: será que ela vai reconhecer a extensão e as causas dos danos internos que sofreu? Se for o caso, onde ela poderá encontrar a cura?

Essa última pergunta é fundamental. Nós testemunhamos uma mudança bastante compreensível (ainda que definitivamente sombria e perturbadora) no caráter de Katniss em *A esperança* à medida que a ânsia de matar Snow se torna sua principal motivação. É possível que o voto favorável à continuação dos Jogos Vorazes signifique que ela tenha virado um dublê de seus inimigos da Capital, uma ironia extremamente trágica. Embora seja mais provável que o voto seja apenas um truque estratégico, é certo que a caçadora que há dentro dela se transformou de modo tão profundo em uma vingadora que, uma vez reconhecida esta mudança, ela se vê em uma espiral de autodepreciação suicida.

Isolada em sua cela após ter matado Coin, Katniss vivencia um quase reconhecimento de que a principal vitória que Coin e Snow lhe deram é o fato de ela ter se transformado em um monstro. (Eu digo *quase* porque ela parece esconder parcialmente sua compreensão do que se transformou embaixo de uma sensação geral sobre a humanidade. Ela diz: "Não tenho mais nenhum compromisso com aqueles monstros chamados seres humanos. Eu mesma me desprezo por fazer parte deles.")[33] Mesmo assim, a principal razão para estes desejos suicidas parece ser o fato de Katniss ter descoberto — como Otelo, de Shakespeare — que virou inimiga de tudo o que é importante para ela e que deseja se matar para destruir o inimigo interno.

A recuperação desse terrível reconhecimento vem de outro insight: sua cura está em escolher o artista Peeta em vez do colega caçador Gale. O aspecto de elevação e criação da mimese artística personificado em Peeta fornece a principal nota de redenção da trilogia. Embora Katniss seja a heroína, a capacidade de Peeta para a arte faz dele o redentor. O pão dado de presente no primeiro livro, *Jogos Vorazes*, pode tê-la salvado fisicamente, mas, no final, ele salva a alma dela ao cumprir perfeitamente a profecia de Gale de que "Katniss vai escolher aquele sem o qual ela acha impossível conseguir sobreviver".[34]

Ela realmente escolhe a pessoa de quem precisa para sobreviver, mas ao escolher Peeta, ela busca a sobrevivência e a regeneração da alma, não só do corpo. A tendência violenta que Katniss e Gale têm em comum não pertence à natureza de Peeta, pelo menos não no mesmo sentido. Embora essa violência tenha sido provocada por atos desumanos e terríveis realizados contra eles, era no entanto *passível* de ser incitada. Para Katniss, casar-se com Gale seria resignar-se a este fato. Em Peeta, contudo, este espírito violento e vingador precisa ser induzido artificialmente através do veneno de vespas teleguiadas e lavagem cerebral. Sua natureza padrão não é a do caçador que tira a vida, e sim a do padeiro e artista que, por meio da mimese amorosa, representa e melhora a vida.

Peeta fornece a esperança de que por baixo das distorções monstruosas do mundo em que vivem haja uma camada mais profunda e verdadeira, capaz de ser recuperada por meio da mimese artística, da representação de lembranças em álbuns de recortes e, por fim, da disposição de continuar o ciclo da vida através da procriação (e consequentemente acreditar nele). Peeta, mestre da arte, da retórica e da invenção, é a única boia de salvamento que Katniss pode escolher se deseja se libertar do monstro que ela agora sabe que se tornou. No fim das contas, o poder regenerador da mimese artística, aparentemente tão frágil quanto o desenho da flor feito pela morfinácea à beira da morte no rosto de Peeta, devolveu a Katniss uma frágil esperança de vida nova em um mundo novo igualmente frágil e esperançoso.

Notas

1. Suzanne Collins, *Jogos Vorazes* (Rocco, 2010).
2. Aristóteles, *Poética* — Coleção *Os Pensadores* (Nova Cultural, 1991).
3. Para exemplos de como até a música pode ser mimética, visto que imita as nossas emoções e estados de caráter, ver o Capítulo 2: "Algum lugar entre fitas de cabelo e arco-íris": Como até a canção mais curta pode mudar o mundo.
4. Aristóteles, *Poética*.
5. *Id*.
6. Collins, *Jogos Vorazes*.
7. *Id*.
8. Suzanne Collins, *Em chamas* (Rocco, 2011).
9. Aristóteles, *Poética*.
10. Collins, *Em chamas*.
11. Collins, *Jogos Vorazes*.
12. Collins, *Em chamas*.
13. Phillip Rieff, *My Life among the Deathworks: Illustrations of the Aesthetics of Authority* (Charlottesville: University of Virginia Press, 2006).
14. *Id*.
15. Rieff pegou este termo emprestado do *Finnegans Wake* — *Finnicius Revém*, de James Joyce (Ateliê editorial, 2004). Os romances profundamente difíceis de Joyce (1882-1941) *Ulisses* e *Finnegans Wake* têm uma imensa veia cômica, mas estão cercados de blasfêmia abrasadora. Portanto, na mente de Rieff, eles destruíam a ordem sagrada que ele acreditava ser necessária à fundação de uma ordem social viável. Rieff levou a expressão inventada por Joyce literalmente, acreditando que sua obra era de fato uma ficção cruel (e destrutiva), como acontece com vários outros escritores e artistas modernos que criaram "obras de morte" para destruir qualquer noção de autoridade sagrada ou ordem

moral inerente ao mundo. Joyce usou a expressão na seguinte frase de fluxo de consciência: "Oh, foste excruciado, atado em honra à cruz de tua própria cruel ficção."

16. Rieff, *My Life among the Deathworks*.
17. *Id*. Por "eu sagrado" Rieff se referia à alegação feita tanto pelo cristianismo quanto pelo judaísmo de que os seres humanos são feitos à imagem de Deus, bem como à crença tradicional de que os judeus eram o "povo escolhido". Ao submeter os judeus a um ritual de degradação física capaz de destruir-lhes o espírito em vez de simplesmente matá-los, os nazistas mostravam que nada era sagrado, exceto o seu próprio poder, é claro.
18. *Ibid*.
19. Collins, *Jogos Vorazes*.
20. Estou em dívida com George Dunn, editor deste volume, por esta forma de caracterizar a identidade de Katniss.
21. Collins, *Jogos Vorazes*.
22. Ernest Becker, *The Denial of Death* (New York: Free Press, 1973)
23. Becker discutiu o projeto *causa sui* em vários pontos de *The Denial of Death*, sendo o mais importante no Capítulo 3: "A Redefinição de Algumas Ideias Psicanalíticas Básicas". Ali ele reconheceu sua dívida com o também crítico cultural Norman O. Brown (1913-2002), que discutiu a ideia da *causa sui* em relação ao que chamava de "projeto edipiano". Brown alegava que "a essência do projeto edipiano é se transformar em Deus". Ver Norman O. Brown, *Life against Death: The Psychoanalytic Meaning of History* (New York: Viking Books, 1959).
24. Becker, *The Denial of Death*.
25. Santo Agostinho, *As confissões de Santo Agostinho* (Paulinas, 2000).
26. Aristóteles, *Poética*
27. *Id*.
28. Halliwell, ed. *The Poetics of Aristotle*, enfatizou o aspecto humanizador e aperfeiçoador da moral ligado à catarse trágica quando escreveu: "Mas o tipo de material dramático exigido pela piedade e o terror deve personificar uma vulnerabilidade ao sofrimento que pode tocar a noção profunda de humanidade comum na plateia."
29. Aristóteles, *Poética*, disse que "a piedade tem lugar a respeito do que é infeliz sem o merecer, e o terror, a respeito do *nosso semelhante* desditoso" (grifo meu).

30. Collins, *Jogos Vorazes*.
31. *Id.*
32. Rieff, *My Life Among the Deathworks*.
33. Suzanne Collins, *A esperança* (Rocco, 2011).
34. *Ibid.*

"ALGUM LUGAR ENTRE FITAS DE CABELO E ARCO-ÍRIS": COMO ATÉ A CANÇÃO MAIS CURTA PODE MUDAR O MUNDO

Anne Torkelson

Na apocalíptica e totalitária Panem, Katniss Everdeen está tão ocupada lutando com sua força e perspicácia que deixa de lado outro grande poder que age ao seu redor: o poder da música. Quando conhece Rue na arena, Katniss aprende que a coisa que a menina mais ama no mundo é a música. Katniss, em contraste, coloca a música "em algum lugar entre fitas de cabelo e arco-íris em termos de utilidade": decorativa, talvez até bonita, mas sem significado prático.[1] Ao longo do tempo, porém, ela acaba percebendo que a música tem papel importante em sua vida e descobre que, mais do que simples entretenimento, ela tem o poder de forjar seu caráter e inspirar a revolução que destrói a Capital.

Independente de compor, tocar ou apenas ouvir música, você sabe que ela influencia suas emoções. Recorremos à música quando estamos tristes, quando comemoramos algo e quando queremos nos motivar a fazer exercícios físicos ou estudar. Nós entramos em bandas, vamos a shows e cantamos no chuveiro. Usamos a música para nos expressar. Sabemos como a música nos afeta como indivíduos, mas será que ela consegue mudar a sociedade? E poderia ser perigosa para a estabilidade política? Será que a música é forte o bastante para incitar uma revolução e derrubar um regime tão poderoso quanto o da Capital? Por mais novas e surpreendentes que estas perguntas possam parecer para nós, elas foram feitas há milênios na Grécia Antiga por Platão (428-348 a.C), um dos filósofos mais influentes de todos os tempos.

A música pode ser perigosa?

Platão merece crédito por ter escrito as primeiras obras sobre filosofia moral e política do mundo ocidental, uma coleção de diálogos filosóficos, a maioria tendo a participação de seu mentor Sócrates (469-399 a.C) como personagem principal. Como Platão nunca aparece como personagem em seus próprios diálogos, muitos supõem que ele usou Sócrates como porta-voz de seus pontos de vista. O curioso, dinâmico e um tanto irônico Sócrates é a figura central na obra mais conhecida de Platão, *A república*, na qual lidera uma discussão sobre a natureza da justiça.

Para entender melhor o que é a justiça, Sócrates e seus companheiros tentam visualizar uma sociedade perfeitamente boa e justa, que chamaremos de sociedade ideal, liderada por guardiões chamados reis filósofos, que não governam em nome dos próprios interesses, mas para o bem do povo. Os guardiões passam por uma educação especial de modo a forjar sua natureza, imbuindo neles a força, o ânimo, a gentileza e a curiosidade intelectual.[2] Estes reis filósofos são o oposto de um tirano como o presidente Snow. O tirano é o tipo mais injusto de governante, de acordo com Sócrates: "Invejoso, pérfido, injusto, hostil, hospedeiro e sustentáculo de todos os vícios."[3]

Imagine por um instante a sua noção de sociedade ideal. Como seria ela? Haveria educação e emprego para todos? Direitos iguais? Liberdade de expressão? Você pode ficar surpreso ao saber o que Sócrates quer e não quer na sociedade que considera ideal. Os leitores da *A república* costumam ficar confusos e assustados com algumas das propostas do filósofo. Uma das mais perturbadoras é a ideia de declarar ilegal vários tipos de música e instrumentos musicais. Nosso desconforto com essa proposta vem do mesmo reflexo que nos leva a hesitar ao descobrir que a Capital proíbe determinadas canções.

"Espere aí!", grita nosso lado que ama a liberdade. "Isso não está certo!" Como cidadãos de modernas democracias constitucionais, não gostamos que ninguém dite o que podemos e não podemos fazer, dizer, ler, escrever ou ouvir. Como Sócrates, que deveria estar procurando justiça, advoga algo que parece ser tão obviamente injusto? Para entender os motivos por trás de sua proposta, primeiro devemos explorar por que ele acredita que a música seja tão poderosa a ponto de representar um perigo em potencial. O perigo vem de sua força para forjar nosso caráter moral e crenças que, por sua vez, têm o poder de transformar a sociedade e até destruir instituições. Para Sócrates — e também para Katniss, como veremos — a música é muito mais do que uma diversão inofensiva.

O caráter da música e a música do caráter

O que a música tem a ver com caráter e moral? Sócrates acredita que a boa música pode forjar a alma, tornando-a mais nobre e justa, enquanto que a música ruim faz o oposto. Tenha em mente, contudo, que quando Sócrates fala de música, ele se refere ao que os gregos chamavam de *mousike*, todo o reino das Musas que engloba não só o que chamamos de música, como também histórias, peças, poesias e até as artes visuais, como pintura e escultura. Assim como Katniss tinha aulas de música na escola, a juventude (do sexo masculino) ateniense tinha a *mousike* como parte vital de sua educação. O ensino na Grécia Antiga girava em torno da *mousike* e da *gymnastike*: música para treinar a alma e ginástica para treinar o corpo. Ambas atuavam juntas para criar cidadãos bons e fortes.

Se você ensinar às pessoas o tipo errado de *mousike*, elas podem não ter a força, a coragem e a virtude moral necessárias aos cidadãos da sociedade ideal. A música ruim leva a alma para o caminho errado, promovendo vícios como a falta de autocontrole. No entanto, o que determina se a música é boa ou ruim? Sócrates explica que a música ruim é grosseira, tem ritmo pobre, não possui harmonia, transmite histórias ruins ou falsas. Em resumo: música ruim se assemelha ao mau caráter. Mas a boa música imita o bom caráter, e ser exposto repetidamente a ela afeta a alma de modo positivo. Como a música nos condiciona a amar ou odiar certas ideias e comportamentos, nós devemos permitir apenas músicas que representem virtudes positivas, como moderação e coragem. Sócrates pergunta: "Vamos permitir, por negligência, que as crianças ouçam as primeiras fábulas que lhes apareçam, criadas por indivíduos quaisquer, e recebam em seus espíritos esses ensinamentos que podem prejudicar quando forem adultos?"[4] Não devemos ter cuidado com as histórias às quais expomos nossas crianças?

Por mais que Sócrates apreciasse grandes épicos como a Ilíada e a Odisseia de Homero, ele se recusa a acreditar que o entretenimento popular da Grécia Antiga seja inofensivo, pois este nem sempre transmite a mensagem certa. Na época de Platão e Sócrates, os gregos aprendiam a moralidade através de histórias sobre deuses, deusas e heróis como Hércules e Odisseu. Porém, como Sócrates explica, muitas histórias representavam estes modelos de comportamento de modo inadequado, dando maus exemplos para serem seguidos pela juventude e mandando mensagens incorretas no que diz respeito a ser uma pessoa justa.

Veja a história do poeta Hesíodo sobre os deuses Urano, Cronos e Zeus, por exemplo. Ela envolve nada menos que parricídio, castração, canibalismo, mentiras e afastamento. Que história para contar às crianças! Mesmo se for verdadeira, Sócrates acredita que uma história como essa não deveria ser contada na sociedade ideal, pois "não se deve dizer diante de um jovem ouvinte que cometer os piores crimes e castigar um pai injusto da forma mais cruel não é nada de extraordinário e que era assim que agiam os primeiros e maiores dos deuses".[5]

Ouvir narrativas de seres divinos e heróis lutando, matando e agindo de outras formas imorais vai estimular os jovens a fazer o mesmo e justificar o mau comportamento, pois eles estariam seguindo exemplos notórios. Sócrates avisa: "Pois que homem não perdoará sua própria iniquidade se estiver convencido de que faz apenas o que praticam e praticaram [os deuses e heróis]."[6] Vemos a base para esta preocupação em outro dos diálogos de Platão chamado Eutífron, em que um jovem tolo apela ao mito de Urano, Cronos e Zeus para justificar a acusação ao próprio pai.[7]

Até hoje, muitas pessoas têm a mesma preocupação de Sócrates quanto à influência da música e da arte na mente dos jovens — incluindo obras populares de ficção como a trilogia *Jogos Vorazes*. Por um lado, admiramos a coragem de Katniss e a compaixão de Peeta Mellark. Nesses aspectos, a maioria de nós concorda que eles são bons modelos a serem seguidos. Sócrates também concordaria. Entretanto, por outro lado, algumas pessoas temem a forma pela qual outros aspectos da história poderiam afetar a alma dos leitores. Será que todos os assassinatos brutais traumatizariam os jovens leitores ou os deixariam insensíveis à violência? Deveríamos ficar perturbados porque um dos heróis da história, Haymitch Abernathy, é um alcoólatra propenso a ataques de fúria? Devido a este tipo de preocupação, Sócrates propôs que os governantes de sua sociedade ideal deveriam monitorar de perto os tipos de *mousike* disponíveis aos jovens e ponderar sobre seus possíveis efeitos benéficos ou prejudiciais.

Ainda não exploramos como esses efeitos acontecem. A música expressa (os gregos diriam "imita" ou "representa") as emoções da vida em suas melodias, harmonias e ritmos.[8] Pense na trilha sonora de um filme. Quando assistimos à adaptação cinematográfica de *Jogos Vorazes*, a trilha instrumental cheia de tensão diz quando algo importante ou assustador vai acontecer. Podemos ouvir tambores batendo como um coração assustado enquanto os tributos lutam na arena, um som de violino em volume crescente para significar a paixão cada vez maior de Peeta quando olha para Katniss ou uma canção de ninar lenta e triste para expressar o sofrimento da protagonista pela morte de Rue. Na sociedade ideal, Sócrates quer apenas a música que imite as emoções de pessoas de caráter forte, como um soldado destemido na batalha, uma pessoa que enfrenta infortúnios com coragem e autocontrole ou alguém que aja de modo compreensivo em vez de arrogante.[9] Isso acontece porque quando ouvimos música, nós partilhamos das emoções representadas por ela e, ao longo do tempo, essas emoções montam residência permanente em nossa alma.[10]

Sócrates explica que o efeito de forjar a alma e formar o caráter não acontece da noite para o dia. Ou seja, uma música ruim no iPod não vai estragar seu caráter de imediato, é algo que ocorre de modo lento e sutil e tem início na infância. As pessoas educadas nos tipos de músicas mais adequados à sociedade ideal terão as emoções treinadas para sentir o que há de bom e mau nas coisas antes mesmo de serem capazes de entender como ou por quê. Elas vão rejeitar naturalmente o que for vergonhoso, excessivo ou covarde e contentar-se com o que for bom. A bondade vai se enraizar em suas almas, e elas se tornarão pessoas boas.

Mesmo se aceitarmos a crença socrática de que a música pode forjar a alma e o caráter, ainda podemos questionar como ela pode ser perigosa para um governo ou sociedade. Para explorar essa ideia, vamos deixar Sócrates para trás na Grécia antiga e voltar para Katniss na Panem do futuro.

A renovação da esperança: "A canção da Campina"

A coisa que Rue mais ama no mundo é a música, por isso ela pede que Katniss cante para ela em seus últimos momentos de vida. O pedido de Rue ilustra de forma simples como a música influencia nossas emoções. *As leis*, outro diálogo de Platão, explicam que embalar e entoar canções de ninar para os bebês os acalma e faz dormir. A influência externa do movimento e do ritmo derrota a influência interna do medo ou descontentamento.[11] Uma emoção pacífica substitui outra, violenta. Katniss escolhe cantar uma velha canção de ninar das montanhas para Rue. Nós a chamaremos de "A canção da Campina". A letra fácil e tranquilizadora substitui o medo de Rue por uma sensação de conforto e pela promessa de que "o amanhã será bem mais esperançoso do que este horroroso período de tempo que chamamos de hoje".

> Bem no fundo da campina, embaixo do salgueiro
> Um leito de grama, um macio e verde travesseiro
> Deite a cabeça e feche esses olhos cansados
> E quando se abrirem, o sol já estará alto nos prados.[12]

A morte de Rue e a esperança da canção para o futuro fazem Katniss se lembrar do que Peeta disse sobre mostrar à Capital que ele é "mais do que somente uma peça nos Jogos deles".[13] Ela cobre o corpo de Rue com flores selvagens, aludindo às margaridas que "te protegem de todo perigo" e o "maço de folhas" mencionado em outros versos de "A canção da Campina". Com esse ato inspirado pela música, Katniss mostra seu amor por Rue e desafia a tentativa da Capital de transformar os tributos dos vários distritos em inimigos mortais.

Se Katniss tivesse apenas recitado a letra da canção, ela não teria um impacto tão grande. As palavras seriam apenas superficiais. No entanto, a combinação de letra, melodia e ritmo permite que a música seja veículo não só de ideias como — e mais importante — de emoções. De acordo com Sócrates, as emoções têm algo em comum com o fogo: elas *se espalham*. Ele quis dizer que os ouvintes imitam ou reproduzem involuntariamente dentro de si as emoções representadas na música. Música reconfortante nos conforta, música esperançosa nos dá esperança. É um motivo pelo qual ele aconselha deixar as lamentações encontradas no teatro e na poesia longe da sociedade ideal: em temos de sofrimento, as pessoas podem imitar as tristezas que ouviram em vez de agir adequadamente, enfrentando os problemas com coragem e moderação.[14] "A canção da Campina" atua nas emoções de Katniss, substituindo o medo e o sofrimento pela esperança e visão de um futuro melhor.

"A canção da Campina" também ilustra uma das qualidades que, segundo Sócrates, torna uma música boa. De acordo com o filósofo, a harmonia e o ritmo da música devem seguir a letra.[15] Podemos apenas imaginar como é a melodia de "A canção da Campina" quando lemos *Jogos Vorazes*, mas, pelas versões criadas pelos fãs e encontradas no YouTube, muitos parecem concordar com a visão de Sócrates sobre a música. A maioria das versões consiste em baladas lentas ou canções de ninar. Uma versão heavy metal ou country não se encaixaria no assunto da canção. Além disso, diversas versões do YouTube são cantadas *a cappella* ou acompanhadas apenas de um piano, mostrando a simplicidade, que é outra marca da boa música segundo a definição de Sócrates. Para ele, a música complexa que incorpora variações de harmonia não tem lugar na sociedade ideal.[16] A música simples é melhor, pois estimula a moderação na alma.[17]

Um destino pior que a morte: "A árvore-forca"

A segunda música que toca a alma de Katniss é "A árvore-forca" em *A esperança*, uma canção folclórica que seu pai costumava cantar. Enquanto "A canção da Campina" deu esperança a Katniss e inspirou um ato de rebeldia, "A árvore-forca" a faz reconsiderar se a vida em Panem vale a pena. É uma música cantada do ponto de vista de um suposto assassino que se desespera com a vida na sociedade e convoca sua amante para se juntar a ele na morte. Contada assim, não parece uma canção muito animadora.

Sócrates quer banir de sua sociedade ideal certos tipos de música que ele acreditava terem efeito nocivo no caráter moral, incluindo músicas fúnebres e de lamentos. Ele provavelmente incluiria baladas deprimentes e subversivas nessa lista. Mas se morasse em Panem, Sócrates poderia ter defendido essa canção específica, pois estimula a coragem diante da morte e questiona o valor da vida sob condições injustas.

Katniss e a irmã Prim cantavam "A árvore-forca" quando crianças. Elas gostavam da música devido à melodia simples, que era fácil de harmonizar. Até aí, tudo bem, diria Sócrates. Mas a letra da música é um problema. A mãe de Katniss proibiu "A árvore-forca", pois uma letra sobre criar forcas não parecia um bom passatempo para suas jovens filhas. E as referências de Katniss à música como "proibida" sugerem que a Capital também a tornou ilegal. Mas por que a Capital proibiria uma simples canção folclórica?

À medida que Katniss envelhece e passa a lutar contra a Capital, ela passa a apreciar a mensagem subversiva da canção. A letra ganha um novo significado que a leva a questionar a ordem estabelecida.

"A árvore-forca" tem quatro estrofes, cada uma com seis versos:

> Você vem, você vem
> Para a árvore
> Onde eles enforcaram um homem que dizem matou três.
> Coisas estranhas aconteceram aqui
> Não mais estranho seria
> Se nos encontrássemos à meia-noite na árvore-forca.

Os seis versos se repetem a cada estrofe, exceto pelo terceiro, que muda da seguinte forma:

> Primeira estrofe: "Onde eles enforcaram um homem que dizem matou três."
> Segunda estrofe: "Onde o homem morto clamou para que seu amor fugisse."
> Terceira estrofe: "Onde eu mandei você fugir para nós dois ficarmos livres."
> Quarta estrofe: "Usar um colar de corda e ficar ao meu lado."

Katniss começa a perceber que o enforcado chama a namorada porque "talvez ele pensasse que o lugar onde a estava deixando fosse pior do que a morte".[18] Sócrates também reconheceu que existem destinos piores que a morte — particularmente, viver uma vida injusta. Segundo a canção, "dizem" que o homem era assassino, dando a entender que a punição provavelmente foi injusta. Sócrates também foi executado injustamente, após ter sofrido falsas acusações de corromper a juventude de sua cidade, quando na verdade apenas os estimulava a pensar criticamente sobre a sociedade em que viviam. O enforcamento era um método comum de execução no Distrito 12, então talvez o homem de "A árvore-forca" vivesse sob um governo totalitário. Quem sabe ele não fosse até um rebelde, como Sócrates?

A letra de "A árvore-forca" suscita uma pergunta filosófica que coincide com uma questão feita por Sócrates em *A república* e em outros diálogos: que tipo de vida vale a pena viver? Sócrates acreditava que a única vida boa é a vida justa. Sendo assim, vale a pena continuar vivendo em uma sociedade injusta? Pode ser melhor enfrentar o risco de morrer se este for o preço da salvação ou da liberdade? Estas perguntas entram na psique (*psuché* é a palavra grega para "alma") dos ouvintes na forma lenta e sorrateira pela qual, segundo Sócrates, a música nos afeta. A música nos dá prazer, por isso parece inofensiva a princípio, mas depois o espírito de uma canção penetra devagar em nossos pensamentos e comportamentos, para o bem ou para o mal.

As ideias e emoções de "A árvore-forca" começam a afetar Katniss e influenciar seus atos. Quando canta essa música para a Avox chamada Pollux durante a filmagem feita pela equipe de preparação para a série *Nós lembramos*, ela ainda não tinha pensado muito no significado da canção. Foi só quando se viu diante da possibilidade de Peeta, Gale ou ela mesma cair nas mãos da Capital que Katniss começa a analisar a história por trás de "A árvore-forca". A canção toca em sua mente sempre que ela imagina Peeta ou Gale sendo capturados, porque Katniss percebeu que "o homem prefere que sua amante morra a ser obrigada a encarar as maldades que a esperam no mundo".[19]

Após rejeitar o pedido de Peeta para que o Esquadrão Estrela o matasse antes que ele ficasse mais perigoso, Katniss passa a questionar se a vida sob o governo do presidente Snow vale a pena ser vivida. Imagine o que lhe passou pela cabeça quando ela e Gale insistem para que Peeta fique para trás durante o ataque à mansão presidencial. Gale dá a Peeta o seu paralisador noturno (cujo nome em inglês, *nightlock*, talvez tenha sido inspirado na planta venenosa beladona, *nightshade*, em inglês, e na erva mortal cicuta, *hemlock*, em inglês, utilizada na bebida que Sócrates foi obrigado a tomar). Gale garante a Peeta que não vai precisar da pílula, pois fez um pacto com Katniss em que um mataria o outro para não se deixar capturar pela Capital.

Enquanto Katniss imagina Pacificadores arrastando Gale para longe, "A árvore-forca" começa a tocar em sua cabeça. Como o homem na canção pedindo para sua amante fugir de uma vida insuportável, ela coloca o paralisador noturno na mão de Peeta, com um lembrete: "Não vai ter ninguém lá para ajudar você."[20] É melhor morrer do que cair nas garras da Capital de novo.

Sócrates teve a chance de fugir da prisão por meio do suborno, mas escolheu morrer.[21] Como o filósofo, que preferiu aceitar a própria sentença de morte a cometer uma injustiça, Katniss, Gale e Peeta acreditam em um destino pior que a morte. Katniss pode não ser capaz de cumprir a promessa feita a Gale quando chegar a hora, mas a pergunta proposta por "A árvore-forca" se alojou profundamente em sua alma, alterando sua forma de pensar e responder à sociedade em que vive, ao governo e à vida. Em resumo, a música levou ao envolvimento no tipo de reflexão crítica estimulada por Sócrates.

Quando Katniss é capturada, percebe que a Capital pode mantê-la viva para usá-la e manipulá-la ainda mais. Sem qualquer paralisador noturno à mão, ela resolve fazer um último ato de rebeldia: morrer pela fome ou pelos morfináceos. Podemos nos perguntar se esse ato heroicamente desafiador teria sido possível para ela sem a gradual alteração de seu pensamento e caráter feito por "A árvore-forca".

Música perigosa:
As quatro notas de Rue e a canção do tordo

Se você estivesse em uma entrevista de emprego para uma vaga na sociedade ideal de Sócrates, provavelmente não ia querer citar *inovador* como uma das cinco palavras que melhor o descrevem. Pelo menos, não se você fosse músico. Mais do qualquer coisa, diz Sócrates, os educadores na sociedade ideal devem se prevenir contra a inovação na música, pois, "com efeito, nunca se atacam as formas da música sem abalar as maiores leis das cidades".[22] Como estamos falando das leis de uma sociedade perfeitamente justa, faz sentido que Sócrates não deseje que nada mude, pois a mudança seria um desvio para longe da perfeição.

Platão também avisou sobre os perigos da inovação em *As leis*. Segundo ele, todos acreditam que nenhum mal pode advir das mudanças feitas nos jogos praticados pelos jovens, porque, afinal, são apenas jogos. Mas o que as pessoas não levam em consideração é que a juventude que incorpora inovações a seus jogos cresce e se torna diferente das gerações anteriores. Por serem diferentes, eles "buscam um sistema diferente de vida, que os leva a desejar outras instituições e leis".[23] Isso também se aplica à música, pois quem cria e ouve novos tipos de música pode desejar novos estilos de vida e, portanto, mudanças na sociedade.

A crença de Sócrates de que novas formas de música podem ameaçar todo o sistema social ainda pode parecer radical, mas é exatamente o que acontece em Panem com as quatro notas de Rue e a transformação de Katniss no Tordo.

No Distrito 11, a música de quatro notas de Rue parece inofensiva. Ela canta a melodia, que os tordos transmitem pelo pomar de modo a indicar o fim da jornada dos trabalhadores do campo. Nos Jogos, porém, a música vira um ato de rebeldia. O perigo da canção de Rue não está em ser uma nova forma de música e sim por ter um novo propósito. A pequena menina ensina a melodia à Katniss para que elas possam se comunicar. O próprio fato de contar à Katniss sobre a música, quanto mais usá-la com ela, é um ato de rebeldia, pois a Capital trabalha para manter os distritos ignorantes em relação uns aos outros. Esta simples melodia de quatro notas vira um sinal entre dois confederados na arena, um sinal da solidariedade entre seus dois distritos e uma afronta ao presidente Snow.

O novo significado das quatro notas não passa despercebido pelo povo de Panem. Assim como Rue adaptou sua música para um novo propósito na arena, as pessoas do Distrito 11 lhe deram outro uso: um chamado para se unir contra a Capital e um ato de revolta. No livro *Em chamas*, o agradecimento feito por Katniss à família de Rue durante a Turnê dos Vitoriosos leva um idoso na multidão a assoviar as quatro notas, recomendando ao povo saudar publicamente "a garota que desafiou a Capital".[24] Isso marca um importante ponto de virada no movimento rebelde. Armadas apenas com quatro notas musicais, Katniss e Rue alimentam a revolução que está surgindo e levam todo um distrito a desafiar seus governantes como jamais fizeram. Quaisquer dúvidas que possamos ter quanto à força da música são deixadas de lado pela execução imediata do idoso que a assoviou.

O verdadeiro símbolo da resistência, contudo, é o tordo, pássaro famoso pela inovação. No universo de Collins, os tordos são pássaros canoros conhecidos por sua bela música e capacidade de mudar qualquer melodia, pegando canções de outros pássaros e transformando-as em algo novo. No papel de tordo, isto é, de representação visual e voz da revolução, Katniss usa esta habilidade para arregimentar os rebeldes. Assim como os tordos passam músicas uns para os outros por florestas inteiras, Katniss espalha sua canção rebelde pelos distritos de Panem, inspirando as pessoas a desafiar e derrubar seus governos. A equipe de preparação de Katniss escreve discursos, mas logo percebem que ela é mais convincente quando inova, improvisa em cima do roteiro e fala diretamente do coração. Geralmente deixando o roteiro de lado, ela dá as primeiras declarações contra a Capital transmitidas pela televisão.

Katniss jamais quis ser o tordo, mas ao longo da trilogia *Jogos Vorazes*, ela aos poucos vai reconhecendo o poder da música para influenciar indivíduos e grupos, além de transmitir ideias e emoções que podem transformar a sociedade em que vive. A música trabalha primeiro nas emoções e no caráter, preparando-a para arriscar a própria vida a fim de desafiar a Capital. Depois, ela vira o pássaro canoro símbolo da resistência, espalhando a canção rebelde por toda Panem, unindo as pessoas e levando-as a agir.

O poder da música: de Platão a Panem

Há milhares de anos, Platão reconheceu duas verdades importantes sobre o poder da música. Primeiro, ela não só afeta nossas emoções como também forja o caráter e a alma. Segundo, a música pode ser mais do que entretenimento, pois também tem o poder de influenciar mudanças sociais. Analisar a sociedade futurista de Panem pode nos ajudar a explorar essas ideias, mas analisar nosso passado também nos ajuda a ver ligações entre música, política e movimentos sociais. No século passado, testemunhamos pessoas se unirem através das músicas de protesto do movimento trabalhista, expressando a discordância por meio de canções contra a guerra, lutando pelos direitos civis, cantando e marchando ao som de canções de liberdade, abraçando uma expressão mais aberta da sexualidade com a ajuda do rock'n'roll, expressando mensagens *antiestablishment* e antirracistas em novos gêneros musicais como o punk e o hip-hop e defendendo os direitos das mulheres por meio da música durante a segunda e a terceira ondas do feminismo. Ao longo da história, a música afetou nossas emoções individualmente, tocou nossa alma, forjou nosso caráter, influenciou nossas ações e uniu as pessoas. O mundo passou por imensas mudanças desde a época de Sócrates, mas uma coisa permanece constante: o poder da música.

Notas

1. Suzanne Collins, *Jogos Vorazes* (Rocco, 2010).
2. Platão, *A república* (Nova Cultural, 1997).
3. *Id.*
4. *Ibid.*
5. *Ibid.*
6. *Ibid.*

7. Platão, *Eutífron* (Clássicos Cultrix, 1963).
8. Platão, *As leis* (Edipro, 1999).
9. Platão, *A república*.
10. Para mais discussões sobre a arte como mimética ou imitação, ver o Capítulo 1 — "A palavra final em entretenimento": Arte mimética e monstruosa nos Jogos Vorazes.
11. Platão, *As leis*.
12. Collins, *Jogos Vorazes*.
13. *Id.*
14. Platão, *A república*.
15. *Id.*
16. *Ibid.*
17. *Ibid.*
18. Suzanne Collins, *A esperança* (Rocco, 2011).
19. *Id.*
20. *Ibid.*
21. Platão, *A apologia de Sócrates* (extraído de: http://www.consciencia.org/).
22. Platão, *A república*.
23. Platão, *As leis*.
24. Suzanne Collins, *A esperança* (Rocco, 2011).

3
"VOU SER O TORDO DE VOCÊS": A FORÇA E O PARADOXO DA METÁFORA NA TRILOGIA *JOGOS VORAZES*

Jill Olthouse

Na arena criada pela Capital para a 74ª edição dos Jogos Vorazes, Katniss Everdeen enfrenta uma série de ameaças mortais. Primeiro, os desastres não naturais criados pelos Idealizadores dos Jogos em todas as suas horrendas versões: incêndios, tempestades de raios, frutas venenosas e bestas selvagens. Em segundo lugar, os outros 23 tributos, adolescentes e crianças dos distritos de Panem, enviados para lutar uns contra os outros até que apenas um sobreviva. Para os outros tributos, a morte de Katniss seria apenas mais um passo rumo à própria salvação. Para se defender destes perigos, nossa protagonista tem pontos fortes óbvios, como ser uma caçadora experiente com arco e flecha. Contudo, sua habilidade com essa arma pode não ser sua principal força. Na verdade, a sobrevivência dela — e, em última análise, de todo o povo de Panem — depende do poder de um simples jogo de palavras: uma metáfora.

A metáfora é uma figura de linguagem que envolve uma comparação entre dois objetos ou qualidades que parecem improváveis a princípio, mas que no fim se tornam semelhantes de alguma forma significativa. Na trilogia *Jogos Vorazes*, metáforas e outros símbolos são escolhidos tanto por

Katniss quanto pela Capital para se definir. De acordo com o entendimento de tributos e soldados, a luta contra a Capital não é feita apenas com armas e explosivos. Junto com a luta física vem uma batalha ideológica de palavras, imagens e associações.

Ao longo da trilogia *Jogos Vorazes*, vemos metáforas e outros símbolos produzidos como ferramentas de destruição e criação, opressão e emancipação. Katniss, em constante luta para interpretar as metáforas que definem a si mesma e à sua causa, geralmente tem a opção de interpretar uma metáfora de um jeito que lhe dá poder ou lhe tira a esperança. Quando a Capital e, posteriormente, alguns líderes rebeldes tentam usar metáforas para limitar sua compreensão de quem ela é ou do que pode se transformar, Katniss consegue interpretar essas várias metáforas de modo que elas lhe deem força e capacidade de descobrir quem realmente é.

Palavras e imagens em chamas

Nas narrativas de Katniss sobre suas experiências durante a trilogia *Jogos Vorazes*, metáforas e símiles existem aos montes. Uma característica das metáforas é que elas têm múltiplas associações. Veja a cena em que Katniss e Prim se preparam para a colheita da 74ª edição dos Jogos Vorazes. Katniss diz:

> Eu protejo Prim de todas as formas que posso, mas não tenho poderes contra a colheita. A angústia que sempre sinto quando ela está com algum desconforto enche meu peito e ameaça transparecer em meu rosto. Reparo que a blusa dela escapou novamente da saia na altura das costas e me forço a manter a calma.
>
> — Enfia a saia, patinho — digo, colocando a blusa de volta no lugar.[1]

Katniss descreve a irmã como um patinho devido à blusa que está para fora de sua saia. Uma associação possível para essa metáfora é a literal, baseada em uma verdade bem simples: a forma da blusa de Prim para fora da saia se assemelha à cauda de um pato. Contudo, metáforas também carregam associações conceituais. Um filhote de pato é jovem, assim como Prim. Um filhote de pato não é um predador, tem uma inocência natural, e o mesmo vale para Prim. Um filhote de pato não tem como se defender dos predadores, assim como Prim não tem como se defender da colheita. Um filhote de pato depende da mãe para protegê-lo, do mesmo modo que Prim depende de Katniss. Juventude, inocência, desamparo e dependência: que rede de associações uma simples metáfora pode tecer! É próprio das metáforas serem literais e, ao mesmo tempo, comunicar uma abundância de associações mais abstratas.

Outra característica das metáforas é que as múltiplas ideias apresentadas por elas podem parecer contraditórias a princípio, mas estranhamente acabam fazendo sentido em situações específicas. Isso se chama *paradoxo*. Por exemplo, a descrição de Katniss como "a garota em chamas" leva a associações contraditórias. O fogo é perigoso e as ideias revolucionárias inspiradas por Katniss resultam na morte de vários cidadãos de Panem, muitos deles inocentes. No entanto, o fogo também sustenta a vida. O fogo de Katniss sustenta a esperança de Panem e incita o desejo das pessoas por uma sociedade justa. De certa forma, Katniss lembra o titã grego Prometeu, que roubou o fogo de Zeus e o levou aos humanos. Prometeu é uma figura ambígua, porque, embora o presente do fogo sustente a vida e sirva de combustível para o avanço da civilização, ele também pode ser utilizado como arma.

Metáforas paradoxais podem ser interpretadas de formas diferentes, de modo a despertar emoções diferentes. Como "garota em chamas", Katniss tem significados bem diversos para Peeta Mellark e para o presidente Snow. O significado de uma metáfora também pode mudar de acordo com o contexto. Quando Katniss entrou na arena para a 74ª edição dos Jogos Vorazes, ser chamada de "garota em chamas" fazia com que ela parecesse desejável e forte. Porém, a Capital tentou cooptar essa metáfora enviando um fogo bastante real atrás dela na arena, tentando fazer da nossa protagonista uma piada e mostrá-la como fraca. O que está em debate é o que "a garota em chamas" significaria para os espectadores dos Jogos Vorazes. Essa luta pelas interpretações se assemelha à forma pela qual candidatos e escritores satíricos brigam por slogans políticos e marcas. Uma interpretação favorável pode gerar apoio e uma desfavorável pode levar à derrota. Mudar a interpretação de uma metáfora pode mudar os atos das pessoas.

Em filosofia, o estudo da interpretação se chama *hermenêutica*. Filósofos hermenêuticos acreditam que a interpretação não é uma atribuição apenas de filósofos e críticos literários, é algo que faz parte da vida de todos. Ser humano é "ler" ou interpretar os eventos de nossa vida por meio de palavras e imagens que associamos a eles.[2] Porém, a interpretação de nossa vida nunca é apenas uma questão de descobrir os significados já presentes nos eventos. A interpretação é sempre criativa: ao traduzir uma ideia em outra, criamos novos significados e somos capazes de prever novas possibilidades.[3]

Os filósofos hermenêuticos acreditam que é impossível cravar um significado correto para uma palavra, frase, metáfora ou símbolo, porque o significado é recriado nas interações entre cada falante e ouvinte ou entre cada leitor e texto. A hermenêutica é importante na trilogia *Jogos Vorazes*, pois o jeito pelo qual Katniss e o povo de Panem interpretam o mundo em que vivem lhes dá a força para mudá-lo. Como as metáforas e símbolos encontrados por eles são geralmente paradoxais, interpretá-los vira um ato criativo.

A colheita: símbolos que criam um mundo opressivo

O governo de Panem, cujo centro é a Capital, estabeleceu o ritual dos Jogos Vorazes como um símbolo poderoso que define a relação entre o governo e seus governados. Vemos isso pela primeira vez na cena de abertura do primeiro livro, quando os moradores do Distrito 12 devem se apresentar para a colheita. Todos que estejam em boa condição física são obrigados a ir, vestidos com suas melhores roupas. Tendo a exuberante Effie Trinket como mestra de cerimônias, a colheita aparenta ser uma celebração. Vamos aplicar uma perspectiva hermenêutica à situação e levar em conta o significado das palavras e imagens associadas à colheita.

Uma interpretação da palavra *colheita* sugere uma celebração da agricultura em que os agricultores se alegram com os frutos de seu trabalho. Essa colheita, contudo, é uma celebração da vitória da Capital sobre seu povo e um lembrete do custo da rebelião. Isso evoca uma imagem do Anjo da Morte, usando sua foice para cortar a juventude em seu ápice. *Colheita* é o termo usado pela Capital para fazer o assassinato de jovens inocentes parecer algo tão natural e necessário quanto a colheita a ser feita no outono. Há uma cena parecida no conto *The Lottery*, de Shirley Jackson, no qual os habitantes de uma cidadezinha se reúnem todo ano para um sacrifício humano ritualístico, cujo objetivo nunca é explicado. Em *Jogos Vorazes*, contudo, o objetivo deste ritual de sacrifício é inequívoco: demonstrar o quanto o povo de Panem está indefeso.

Nessa dramática cena, descobrimos que os jovens escolhidos para lutar são chamados de *tributos*. Vamos pensar na história do termo. Originalmente, tributo se referia ao pagamento feito por um Estado menos poderoso a um de seus vizinhos mais fortes. Roma, por exemplo, coletava tributos de suas províncias e das nações que conquistava, usando o dinheiro para construir um exército que depois poderia ser usado para conquistar mais territórios e reprimir rebeliões em territórios já subjugados. *Tributo* é, portanto, um símbolo paradoxal. Os imperadores romanos viam o pagamento de tributos como sinal de respeito e contribuição para o bem-estar do Estado, algo entre um presente e um imposto. Contudo, os que eram obrigados a pagar os tributos poderiam muito bem tê-lo considerado uma arma para garantir que ficariam para sempre sob o jugo de Roma. Afinal, eles estavam financiando o mesmo exército que poderia ser usado para reprimir um levante!

Em Panem, contudo, o governo já extraiu o máximo de dinheiro que podia dos distritos. Os mineiros do Distrito 12 não ficam com o carvão que obtêm das minas, os agricultores do Distrito 11 de Rue não ficam com a própria colheita e o mesmo se aplica a todos os outros moradores dos distritos e os produtos de seu trabalho. Tudo o que restou para ser tomado são seus filhos e filhas, juntamente com suas esperanças e sonhos. Embora o termo *tributo* possa denotar honra e respeito na Capital, nos distritos ele significa o roubo de um futuro. Como Katniss diz:

> Levar as crianças de nossos distritos, forçá-las a se matar umas às outras enquanto todos nós assistimos pela televisão. Essa é a maneira encontrada pela Capital de nos lembrar de como estamos totalmente subjugados a ela. De como teríamos pouquíssimas chances de sobrevivência caso organizássemos uma nova rebelião. Pouco importam as palavras que eles utilizam. A mensagem é bem clara: "Vejam como levamos suas crianças e as sacrificamos, e não há nada que vocês possam fazer a respeito. Se erguerem um dedo, nós destruiremos todos vocês."[4]

Assim como acontecia no Império Romano, se o povo oprimido de Panem não pagar seus tributos, eles serão varridos do mapa. Dessa forma, a metáfora do *tributo* tem uma história de opressão que a Capital exagera ao máximo.

Preparação para a arena: a performance teatral como arma

Nos Jogos Vorazes, Katniss se apresenta diante de uma plateia que deseja assistir a uma carnificina e se empolga em ver os tributos lutando até a morte. Ela precisa dar ao público um motivo para eles gostarem dela, de modo a conquistar patrocinadores e obter ajuda na arena. Para isso, Katniss deve se envolver em uma performance teatral altamente simbólica, um exercício de interpretação de um papel. Desde o início, Katniss e Peeta fazem o papel de equipe unida: Cinna os manda se apresentar de mãos dadas em trajes idênticos.

Para os espectadores dos Jogos Vorazes, a apresentação de Peeta e Katniss como uma equipe é paradoxal, pois as regras dos Jogos ditam que eles precisam lutar um contra o outro. Apresentá-los como uma equipe é mostrá-los como algo que eles não são e um pequeno sinal de oposição aos Jogos e sua lógica paranoica. Além disso, o que começou como mera atuação vai acabar virando a verdade literal por meio da interpretação criativa.

Peeta declara seu amor por Katniss durante a entrevista dada a Caesar, unindo ainda mais os dois competidores na mente da plateia e marcando o início de uma história cativante. Ao fazer isso, Peeta define Katniss para o público, embora ela resista a essa definição: "Ele me fez parecer fraca!", protesta ela para Haymitch Abernathy após a declaração de amor feita pelo filho do padeiro.

> — Ele fez você parecer desejável! E vamos encarar os fatos, você pode usar toda a ajuda que conseguir nesse departamento. Até ele dizer que te queria, você era tão romântica quanto um monte de sujeira. Agora todos te querem. Vocês dois estão monopolizando todas as conversas. Os dois amantes desafortunados do Distrito 12! — diz Haymitch.
> — Mas nós não somos amantes desafortunados! — retruco.
> Haymitch segura meus ombros e me encosta contra a parede.
> — Quem se importa? Isso aqui é um grande espetáculo. O que importa é como você é percebida.[5]

O poder da percepção é hermenêutico. E como acontece com qualquer ato de interpretação, a percepção da plateia pode influenciar os resultados reais.

O que começa como metafórico pode se tornar literal. Para Katniss, o que começa como uma performance passa a moldar a realidade à medida que a percepção dela muda. Ela realmente se preocupa com Peeta e com a sobrevivência dele. As palavras e imagens usadas por ela viram reais e verdadeiras, declarações poderosas de rebelião contra a paranoia competitiva do "cada um por si" ditada pela Capital. Ao longo dos Jogos, essa representação de unidade ajudará Katniss a desviar sua atenção do medo de que Peeta esteja armando para matá-la e se concentre na determinação conjunta deles em serem mais espertos do que a Capital.

A arena e os Carreiristas: metáforas em um mundo fabricado

Para o povo de Panem, a arena em si é um símbolo que representa a capacidade da Capital para controlá-los e o compromisso deles em fazê-lo. O que a Capital fez na arena ela deseja fazer, e pode fazer, em todos os lugares. A Capital estabeleceu vigilância total na arena e quase total nos distritos, embora no Distrito 12 ainda existam áreas como a floresta onde é possível fugir dela. A vigilância não só limita a liberdade como ameaça a vida. Isso é comunicado na metáfora usada por Katniss para descrever as câmeras na colheita: elas estavam "empoleiradas como gaviões".[6] A vigilância está associada à morte e aos animais que se alimentam da morte do mesmo jeito que a Capital se alimenta do sofrimento de seu povo.

A descrição que Katniss faz dos Carreiristas é outra metáfora rica em associações diversas. Eles são os "cachorrinhos de estimação"[7] da Capital. Cachorros de estimação são notoriamente paparicados e mimados. Eles seguem ordens dos donos sem questionar, e alguns são treinados para matar invasores. Assim, essa metáfora descreve os Carreiristas como brutais, mimados e inquestionavelmente obedientes. Para eles, matar não é apenas uma questão de sobrevivência: é algo nobre. Até agradável, como vemos quando a Carreirista Clove encurrala e provoca Katniss, mostrando um prazer macabro em relação ao sofrimento dela e saboreando sua posição temporária de superioridade: "Prometi a Cato que se ele deixasse você por minha conta, eu daria um show inesquecível ao público."[8]

Katniss na arena: paradoxo e mudança

Metáforas e símbolos são excelentes para transmitir complexidade, e é por isso que costumam ser usados para descrever conceitos abstratos e multifacetados, além da mais complexa das criaturas: o ser humano. Na trilogia *Jogos Vorazes*, Katniss é a personagem principal e talvez a mais complexa. Ela é uma personagem de paradoxo e mudança. Pense nos múltiplos papéis que ela é obrigada a interpretar para sobreviver na arena da 74ª edição dos Jogos Vorazes. Como metáforas, cada um destes papéis têm um pouco de verdade e, ainda assim, cada um deles configura apenas uma representação parcial de quem ela é.

Uma das primeiras metáforas usadas por Katniss para se descrever é *esquilo*. Suas primeiras horas na arena são passadas fugindo da batalha e coletando alimentos, enquanto é perseguida por Cato, Glimmer e os Carreiristas. Ao escalar uma árvore para fugir deles, ela se lembra de como "Gale sempre diz que o faço lembrar de um esquilo pela maneira com a qual eu me equilibro até mesmo nos galhos mais leves".[9] Não só Katniss é tão ágil quanto um esquilo, como também é uma presa evasiva quando caçada.

Contudo, uma mudança está prestes a acontecer. Em pouco tempo, Katniss se vê caçada por um bando de Carreiristas enquanto enfrenta as alucinações e o pavor causados pelo veneno das vespas teleguiadas, que afeta o corpo e a mente. Ela conseguiu tirar o arco e as flechas do cadáver de Glimmer, mas está tão fraca que pensa em desistir, pois os Carreiristas se aproximam. Katniss fica chocada quando Peeta aparece e, em vez de matá-la como seria o esperado, salva a sua vida.

Peeta ajuda Katniss, que agora não se vê mais como presa e sim como uma caçadora capaz de se defender, usando a violência se necessário. Ela diz: "As armas mudam completamente minha perspectiva dos Jogos. Sei que tenho oponentes duros de encarar. Mas deixei de ser apenas mais uma presa que corre e se esconde ou toma decisões desesperadas. Se Cato surgisse agora mesmo da floresta, eu não fugiria. Atiraria. Descubro que, na verdade, estou antegozando o momento."[10]

A forma pela qual Peeta ajuda Katniss a fazer a transição de presa para caçadora encontra paralelo na forma pela qual ele a ajudou a fazer a transição de coletora de alimentos no lixo em provedora competente ainda no Distrito 12, quando ela estava faminta e ele lhe jogou pãezinhos queimados. A gentileza de Peeta ajudou Katniss a encontrar a própria força interior, além de dar-lhe esperança e ajudá-la a reinterpretar sua identidade.

Depois, os Jogos e a dívida com Peeta levam a protagonista a assumir um papel novo e desconhecido de cuidadora após ele ter sido atacado. "Ironicamente, a essa altura dos Jogos, minha irmã mais nova seria de muito mais utilidade para Peeta do que estou sendo"[11], pensa ela. Katniss pode não ter a mesma aptidão da irmã para curar, mas seu esforço honra os que não lutam tão bem quanto ela, como Rue e Prim, cuja força está em fazer a paz e dar a vida. Katniss luta para proteger os que curam, pois ela os admira e percebe que são fortes em sua capacidade de curar, mas indefesos diante da violência extrema.

Por fim, Katniss assume o papel de impostora nos Jogos, fingindo estar apaixonada por Peeta e enxugando uma lágrima imaginária. Ela também se mostra uma dramaturga de primeira na cena final dos Jogos, obrigando a Capital a impedir sua tentativa de suicídio. O "pequeno truque com as amoras",[12] conforme foi chamado pelo presidente Snow, é um excelente exemplo de como o poder hermenêutico de Katniss — ou seja, sua capacidade de reinterpretar o significado das coisas — ajuda a mantê-la a salvo. Katniss vê que as amoras podem matar, mas também percebe que podem salvá-las. Elas são venenosas e ao mesmo tempo dão a vida. Sua performance teatral cria um dilema impossível no centro do poder: independente de a Capital permitir que Katniss e Peeta ponham em prática o suicídio mútuo encenado por ela e independente de eles viverem ou morrerem, a dupla negou a vitória à Capital. A habilidade hermenêutica de discernir o significado dramático em potencial daquelas amoras deu à Katniss a força para redefinir as regras do mundo que a Capital criou para ela.

A própria Katniss é um paradoxo: assassina e curandeira, caçadora e presa. Ser multifacetada faz com que ela seja suficientemente flexível para lidar com os desafios de uma realidade constantemente manipulada por seus inimigos. Ela precisa reinterpretar o tempo todo quem realmente é e redescobrir o que é capaz de fazer. A cada novo papel que assume, ela aprende novas verdades sobre si mesma. Os aspectos contraditórios de sua personalidade revelam que ela é uma pessoa complexa e capaz de cumprir o que vida lhe exige. Sua capacidade de assumir múltiplos papéis também faz com que seja amada pelo público dos Jogos Vorazes. Ela se mostra concentrada não apenas em matar, como Cato e Clove, mas também em proteger as pessoas de quem gosta. Para os espectadores, Katniss e Peeta criaram uma nova história. É uma história de sobrevivência, mas o mais importante é sobreviver com a compaixão e dignidade intactas. Essa nova e criativa mensagem ressoa em toda Panem.

A metáfora do tordo

O tordo é a principal metáfora da trilogia *Jogos Vorazes*. Ele começa como um símbolo para lembrar Katniss de seu distrito, mas adquire importância à medida que a história avança, especialmente depois da 74ª edição dos Jogos Vorazes. Embora o papel de tordo seja originalmente imposto à Katniss, que não o desejava, ele acaba virando uma metáfora aceita e até internalizada por ela em prol de Panem e da rebelião.

O tordo da trilogia (em inglês, *mockingjay*) tem associações paradoxais: é o resultado do cruzamento entre o tordo normal (*mockingbird*) e o gaio tagarela (*jabberjay*), pássaro criado para espionar os rebeldes e relatar suas conversas à Capital. Portanto, os tordos dos livros devem sua existência à tentativa da Capital de criar uma arma contra o povo de Panem. Mas o tiro saiu pela culatra, pois o povo espionado enviava mensagens falsas de propósito aos gaios tagarelas.

Nós aprendemos mais sobre os tordos com Rue. Nos pomares de seu distrito, a menina usa as aves para transmitir mensagens aos outros agricultores: mensagens de esperança, anunciando que o dia de trabalho acabou.

Contudo, ela também alerta que os tordos, embora sejam pássaros canoros, são "perigosos, se você se aproximar demais de seus ninhos".[13] A metáfora do tordo descreve Katniss perfeitamente. Ela é uma mensageira, um símbolo de esperança e também uma lutadora, primeiro batalhando para proteger quem ama e, depois, em última instância, para proteger todos os inocentes e as futuras gerações de Panem.

Assim como o gaio tagarela, o "tordo" Katniss foi originalmente criado como arma ideológica, mas, ao contrário do pássaro, ela é uma arma da rebelião contra a Capital. Inicialmente, não foi por opção dela. Katniss não escolheu ser resgatada dos Jogos no lugar de Peeta e nem ao menos reconhece a importância do tordo no relógio de Plutarch. No começo de *Em chamas*, ela luta apenas pelas pessoas mais próximas, a quem só pode salvar convencendo o presidente Snow de que não é um símbolo dos rebeldes. Porém, até o ato de fazer simples conexões com a família e os amigos é visto como desacato. Expressar sua gratidão ao povo do Distrito 11 é o bastante para provocar uma demonstração de rebeldia. Lealdade ou amizade com qualquer um que não seja a Capital se torna um desacato.

Quando a 75ª edição dos Jogos Vorazes obriga Katniss a voltar para a arena, ela percebe que é impossível agradar o presidente Snow. A adolescente acabou de voltar da Turnê dos Vitoriosos, onde seu único objetivo consistia em convencê-lo de que não era uma ameaça. Contudo, ela vê que fracassou por dois motivos. Primeiro: qualquer ato de bondade — na verdade, qualquer conexão humana que ela faça com outro cidadão de Panem — é visto como desacato. Segundo: contra a própria vontade, o povo de Panem já passou a considerá-la um símbolo da revolução. Percebendo que não pode agradar Snow e, ao mesmo tempo, manter-se fiel a seus amigos e familiares, ela escolhe deliberadamente agir como símbolo da rebelião. Ao ser chamada diante dos Idealizadores dos Jogos, Katniss mostra sua rebeldia ao enforcar uma efígie do ex-chefe dos Idealizadores dos Jogos, Seneca Crane. Quando chega a hora, ela se transforma em um soldado, uma arma contra a Capital e fonte de uma série de declarações que estimulam os distritos a se rebelarem contra a Capital. Um tordo vai lutar para proteger seu ninho e, a esta altura, o ninho de Katniss se expandiu, incluindo agora não só sua família e seus amigos ou o povo de seu distrito, mas todos os inocentes de Panem.

Enquanto isso, a Capital tenta cooptar o símbolo do tordo, como tentou cooptar a metáfora da "garota em chamas" ao incendiar a área em que Katniss estava na arena. A Capital retrata Katniss como sendo a causa da violência e convence uma pessoa muito importante, Peeta, a acreditar nessa interpretação. No último livro da trilogia, *A esperança*, ele é telessequestrado e só enxerga Katniss como ameaça, chegando a gritar: "Ela é uma espécie de bestante que a Capital criou para usar contra todos nós!"[14] Na guerra das metáforas, a Capital ganhou essa batalha. O tordo era uma espécie de bestante e a Capital convenceu Peeta de que Katniss é este tipo de animal.

Katniss é assediada pelos dois lados. Além de o presidente Snow mandar todas as criações mortais de que dispõe em seu encalço, ela também descobre um terrível segredo sobre os líderes da revolução. Snow revela a verdade sobre o bombardeio que matou crianças da Capital e a irmã que Katniss lutou tanto para proteger:

> Uma tamanha perda, absolutamente desnecessária. Qualquer um poderia ver que o jogo já estava acabado naquele estágio. Na verdade, eu estava prestes a emitir uma rendição oficial quando soltaram aquelas paraquedas. (...) Bom, não passou realmente pela sua cabeça que eu dei aquela ordem, passou? Esqueça o fato óbvio de que se eu tivesse um aerodeslizador funcionando à minha disposição, eu o estaria usando em uma tentativa de fuga. Mas, fora isso, a que propósito isso serviria? Ambos sabemos que não vejo problema em matar crianças, mas não tolero desperdícios fúteis.[15]

Katniss pensa: "É claro que está mentindo. Mas também tem algo lutando para se libertar da mentira."[16] Ela entende que mesmo um homem a quem descreveu como cobra mortal e mentirosa pode fornecer um elemento de verdade que será usado para salvar vidas. A interpretação que ela faz do discurso de Snow é um ato criativo. Não foi uma interpretação literal, pois Katniss sabe que a intenção dele é derrotá-la, e não salvá-la. No entanto, ao mesmo tempo, ela chega a uma espécie de acordo com seu inimigo, fazendo uma tradução criativa das palavras de Snow que ajuda a causa defendida por ela.

Ao assassinar a presidenta Coin, Katniss pelo menos encontra uma identidade de tordo autêntica, com a qual realmente consegue se identificar. Ela percebe que foi usada como arma contra o povo inocente de Panem para manter o poder de Coin e se dá conta de que sua metáfora foi cooptada e roubada. Em seu ato final de violência, contudo, ela vence a luta pelo significado da metáfora e descobre a verdade no paradoxo. Katniss não é uma arma a ser usada por outros: é uma lutadora e mensageira em seus próprios termos.

De modo menos dramático, mas não menos importante, todos nós negociamos metáforas, símbolos e papéis paradoxais diariamente em nossa vida. Equilibramos as expectativas de amigos, namorados, maridos, colegas de trabalho e outros, e cada um deles nos define de modo diferente: mãe, filha, namorada, chefe. Para nós, esses papéis são literais e também metafóricos, porque não podemos ser uma coisa só. Como seres humanos, todos nós somos redes de interpretações paradoxais. Como Katniss, nosso trabalho consiste em examinar as formas pelas quais nos definimos e interpretamos nossos papéis de modo poderoso e autêntico.

Notas

1. Suzanne Collins, *Jogos Vorazes* (Rocco, 2010).
2. Deborah Kerdeman, "Hermeneutics and Education: Understanding, Control, and Agency", *Educational Theory* 48, no. 2 (1998).
3. Hans Georg Gadamer (1900-2002) é creditado como um dos filósofos mais importantes no desenvolvimento da hermenêutica como ferramenta da filosofia. "A 'verdade' da hermenêutica", escreveu ele, "é a da tradução. É a mais nobre porque permite que o estrangeiro se transforme em nosso, não por meio da destruição crítica ou da reprodução acrítica, e sim por meio da explicação

com os próprios horizontes e conceitos, atribuindo-lhe assim nova legitimidade". David E. Linge, ed., *Philosophical Hermeneutics* (Berkeley: University of California Press, 2008).

4. Collins, *Jogos Vorazes*.
5. *Id.*
6. *Ibid.*
7. *Ibid.*
8. *Ibid.*
9. *Ibid.*
10. *Ibid.*
11. *Ibid.*
12. Suzanne Collins, *Em chamas* (Rocco, 2011).
13. Collins, *Jogos Vorazes*.
14. Suzanne Collins, *A esperança* (Rocco, 2011).
15. *Id.*
16. *Ibid.*

SEGUNDA PARTE

"SOMOS SERES VOLÚVEIS E IDIOTAS": FAMINTOS DE MORALIDADE EM UM MUNDO IMORAL

4
"ULTIMAMENTE, AS PROBABILIDADES NÃO ANDAM MUITO CONFIÁVEIS": MORALIDADE E SORTE NA TRILOGIA JOGOS VORAZES

George A. Dunn

> Eu posso perder a qualquer momento, por meio do desenrolar de circunstâncias sobre as quais não tenho controle, tudo o que possuo, incluindo as coisas que são tão intimamente minhas que as considero como sendo parte de mim mesma.
> *Simone Weil*[1]

> Ah, isso sim é falta de sorte.
> *Caesar Flickerman em Jogos Vorazes*[2]

Na 50ª edição dos Jogos Vorazes, o primeiro Massacre Quaternário, a Capital assassinou Maysilee Donner, o tributo do sexo feminino do Distrito 12. A arma do assassinato foi "um bando de pássaros cor-de-rosa, dotados de bicos longos e finos", que foram usados para "despedaçá-la a partir do pescoço".[3] Maysilee era a dona de uma relíquia de família, um broche dourado com o emblema de um tordo que ficaria famoso quase um quarto de século depois, quando sua sobrinha Madge Undersee o prende ao vestido de Katniss Everdeen e a faz prometer que irá usá-lo na arena da 74ª edição dos Jogos Vorazes "para dar sorte".[4]

Graças ao broche de Maysilee, Katniss conquistou a confiança da pequena Rue, tributo de olhar aguçado do Distrito 11 que salvou a vida de nossa protagonista ao chamar a atenção para o ninho de vespas teleguiadas localizado nos galhos acima dela quando um bando de Carreiristas a encurralou em uma árvore. Devido à aliança com Rue, Katniss aprendeu a usar seus óculos de visão noturna, destruiu os suprimentos dos Carreiristas e, mais importante, foi estimulada a desafiar a Capital decorando o corpo já sem vida da aliada com flores selvagens. E devido a esse gesto, Thresh poupou a vida de Katniss, permitindo que ela e Peeta Mellark fossem os vencedores dos Jogos.[5]

Parece que esse broche do tordo era realmente uma fonte do que a maioria de nós chamaria de muito boa sorte.

"Muita sorte"

Se a trama da trilogia *Jogos Vorazes* fosse uma das flechas de Katniss, a força que a manteria no ar seria a *sorte*, por vezes boa, porém frequentemente muito, mas muito má. De acordo com o filósofo contemporâneo Nicholas Rescher, a sorte está em jogo sempre que "no que tange à pessoa afetada, o resultado [de alguma ação] que aconteceu 'por acidente'. Tem que haver algo imprevisível na sorte". Atribuir algo à sorte em oposição a um desígnio significa reconhecer que o resultado foi ocasionado por forças que não podemos controlar ou prever. Além disso, "o resultado em questão tem um status significativamente emocional ao ser representado como bom ou ruim, um benefício ou uma perda".[6] Em outras palavras, a sorte pode ser boa ou má, mas nunca é indiferente.

O fato de Katniss ter vencido a 74ª edição dos Jogos Vorazes pode ser atribuído a vários fatores, como sua perícia com o arco e flecha e sua coragem, inteligência e determinação, além da sensacional narrativa dos "amantes desafortunados" que cativou os patrocinadores. No entanto, a sorte certamente está entre os principais fatores para a vitória. Quando nossa heroína precisou escalar uma árvore a fim de escapar dos Carreiristas, ela tinha várias opções, mas teve a sorte de escolher a que tinha um ninho de vespas teleguiadas e teve também a sorte de Rue tê-la avisado sobre este ninho a tempo de Katniss usá-lo como arma. Esses dois golpes de sorte seguidos foram a salvação dela. Quando Caesar Flickerman encerrava a entrevista com cada tributo desejando-lhes "muita sorte" de modo jovial, era esse tipo inesperado de boa fortuna que ele tinha em mente.

Mesmo fora da arena, o rumo errático da vida de Katniss geralmente depende menos de previsão e planejamento (afinal, quem tem tempo para *isso* quando se vive em um estado quase constante de pânico, reagindo ansiosamente a uma crise após a outra?) e mais nos caprichos da sorte. Após ter decidido fugir do Distrito 12 com Peeta e suas respectivas famílias, ela entra na praça central da cidade e encontra o amigo e parceiro de caça Gale Hawthorne amarrado a um poste, recebendo uma violenta chicotada nas costas cheias de sangue, administrada pelo novo Chefe dos Pacificadores, Romulus Thread. O crime de Gale foi bater na porta do velho Cray, o antigo Chefe dos Pacificadores, com a intenção de vender-lhe um peru selvagem recém-caçado. Infelizmente, o antigo cliente de Gale fora substituído por Thread, um oficial cruel que não tinha a mesma atitude de fazer vista grossa ao protocolo do distrito, que proíbe a caça. Capturar um peru selvagem normalmente seria uma sorte e tanto para Gale, mas fazê-lo no mesmo dia em que a Capital mandou Cray embora acabou sendo o exato oposto. Não só Gale sofreu uma surra brutal, como testemunhar essa punição cruel acendeu uma luz na cabeça de Katniss, que a fez abandonar a ideia de fugir. Assim, aquele peru azarento, ainda que indiretamente, levou Katniss de volta à arena para a 75ª edição dos Jogos Vorazes.

A vida de nossa heroína está repleta de má sorte basicamente do mesmo modo que a Capital está repleta de casulos letais, porém ela não tem a ajuda de um Holo para avisá-la quando o próximo infortúnio vai acontecer. Claro que Katniss também é presenteada pela boa sorte com frequência suficiente para ajudá-la ao longo de algumas das terríveis experiências pelas quais passa. Se a mãe de Peeta não tivesse flagrado Katniss mexendo na lixeira da padaria e alertado o filho sobre a presença dela após bradar impropérios furiosos, talvez ele nunca tivesse jogado no fogo aqueles dois pãezinhos que alimentaram a família de Katniss naquela noite e lhe deram a esperança de continuar lutando. Mas até mesmo a *boa* sorte que a salvou das garras da morte mais de uma vez apenas ressalva o quanto o destino depende de pequenas voltas na roda da fortuna, sobre as quais ela não tem controle.

Ironicamente, essa garota cujo destino costuma estar à mercê da sorte é também uma das pessoas mais poderosas de Panem, capaz de inspirar a revolução que derruba um tirano aparentemente intocável como Coriolanus Snow através da simples força de seu exemplo. Mas o fato de suas ações terem repercussões tão importantes, indo muito além do que ela pretendia ou imaginava, não deixa Katniss menos vulnerável à sorte. Muito pelo contrário: como instigadora acidental da Revolução do Tordo, ela é paradoxalmente poderosa e indefesa ao mesmo tempo. Como a própria garota em chamas reconhece: "Eu (...) havia colocado em funcionamento algo que não tinha como controlar."[7]

A maioria de nós já teve essa experiência, embora talvez não em escala tão grandiosa quanto Katniss. As decisões que tomamos alteraram permanentemente nossa vida, para o bem ou para o mal, embora a natureza revolucionária de nossas escolhas geralmente fique clara quando olhamos para o passado. Sem mais nem menos, você decide fazer um curso e acaba encontrando seu grande amor. Ah, que feliz ironia do destino! Mas, em outras ocasiões, podemos suspeitar que o roteiro de nossa vida foi escrito pelos Idealizadores dos Jogos da Capital que, para se entreter, nos jogaram em uma arena na qual um passo errado pode desencadear uma avalanche de infortúnios, e nós jamais sabemos onde estas minas estão escondidas até termos o azar de pisar nelas. A imprevisibilidade de nosso mundo é algo que podemos achar perturbador ou maravilhoso, mas, de qualquer modo, é uma característica da condição humana, tão constante para nós quanto o perigo para Katniss na arena.

Após andar às cegas por tantos eventos importantes de nossa vida, dificilmente podemos nos considerar senhores do próprio destino. A consciência que temos desse fato é, como explicou Rescher, motivo da preocupação humana universal com a sorte:

> Vivemos em um mundo no qual nossos objetivos e metas são planos altamente elaborados diante do incerto e, de fato, nossa vida está à mercê do acaso e de contingências inescrutáveis. Neste mundo onde nós fazemos os planos, é o destino que decide, e o resultado de várias de nossas ações depende de "circunstâncias além de nosso controle". Portanto, a sorte está destinada a ter papel principal no teatro da vida humana.[8]

O mais preocupante quanto a estas "circunstâncias além de nosso controle" é que graças a elas muitas coisas importantes para nós ficam reféns da fortuna. A vulnerabilidade de bens como saúde, felicidade e até a própria vida pode ser fonte de imenso mal-estar. É por isso que os seres humanos sempre buscaram formas de proteger os que amam dos caprichos da sorte, reduzindo o espaço por onde ela pode andar livremente e, em condições ideais, trazê-la para o âmbito do que *podemos* controlar ou pelo menos influenciar.

"Até agora deu certo"

Será que a sorte, essa biltre caprichosa que desordena tudo enquanto estamos ocupados fazendo outros planos, pode ser domesticada? Muitos de nós estamos prontos para cruzar os dedos e arriscar: usamos uma camisa ou gravata da sorte para uma entrevista de emprego, carregamos uma medalha de São Cristóvão quando viajamos, jogamos um punhado de sal por cima do ombro e recorremos a uma lista infinita de outros amuletos e rituais em uma tentativa quixotesca de cortejar a donzela inconstante chamada sorte.

Katniss entrou na arena usando o broche de tordo de Maysilee. E nesse caso, pelo menos um item cuja intenção era trazer boa sorte realmente funcionou como amuleto, conquistando a garota que acabaria sendo a primeira aliada de Katniss na arena. Porém, o broche de tordo trouxe sorte à Katniss, não por ter algum poder mágico, e sim apenas devido à feliz coincidência de Rue considerar os tordos no pomar onde trabalhava como "amigos especiais" e, consequentemente, ficar inclinada a confiar em Katniss.[9]

Rue foi escolhida na loteria. Loterias são a epítome dos fatos governados pela sorte que as pessoas têm esperança de influenciar por meio de magias ou talismãs, como qualquer um que já apostou em seu número da sorte pode confirmar. Porém, considerando nosso conhecimento sobre o funcionamento da causalidade, não há como o broche de tordo ter feito o pedaço de papel com o nome de Rue ter sido sorteado, visto que a loteria no Distrito 11 já tinha acontecido quando Madge prendeu o broche dourado no vestido de Katniss. Consequentemente, é impossível ele ter sido a causa direta da boa sorte dela ao se unir a Rue na arena, por mais que tenha sido uma grande sorte o fato de Katniss usá-lo naquele momento.

Nossa heroína não foi a única a se beneficiar da suposta proteção de um amuleto. Rue também tinha um "talismã de boa sorte", um "colar feito com o mesmo tipo de material que a sua camisa", no qual "está pendurada uma estrela de madeira toscamente talhada. Ou talvez seja uma flor". Após observá-lo, Katniss comentou: "Bem, até agora deu certo."[10] Infelizmente, este "até agora" acabou sendo profético, pois o colar de Rue não conseguiu protegê-la da lança que Marvel cravou em seu abdômen naquele mesmo dia. Será que toda a sorte do amuleto tinha acabado àquela altura? Talvez. Contudo, é mais provável que seu colar jamais tenha sido algo além de uma joia artesanal comum, com tanta capacidade de dar sorte quanto qualquer objeto feito em casa. Ou seja: não tinha qualquer poder oculto.

Os filósofos tradicionalmente desprezam essas tentativas de controlar o destino por meio de amuletos e rituais, por não compreenderem o que a sorte realmente é. A superstição tende a reificar a sorte, tratando-a como uma força cósmica que pode ser inerente a objetos, além de evocada ou perdida por meio de gestos e ações simbólicos. Ainda pior, na opinião dos filósofos, é a mente supersticiosa se achar capaz de identificar por trás dos altos e baixos de nossa fortuna a mão caprichosa de algum agente sobre-humano com vontade própria, a quem podemos seduzir para nos ajudar, do mesmo modo que tributos populares apelam a seus patrocinadores para obter auxílio na arena.

Os antigos romanos personificavam a sorte como a deusa Fortuna, geralmente retratando-a com uma cornucópia transbordante, pois, assim como os Idealizadores dos Jogos, ela, às vezes, traz presentes. A deusa também foi frequentemente retratada em cima de uma roda que representa os altos e baixos da vida. A proverbial roda da fortuna pode ter inspirado a arena redonda da 75ª edição dos Jogos Vorazes, embora esta não distribua presentes (muito pelo contrário!), apenas novos horrores a cada hora. Em aspectos importantes, o mundo da arena dos Jogos é igual ao mundo que muitas pessoas acreditam habitar, dos tempos antigos até o presente: governado por seres poderosos e invisíveis que podem ser induzidos a nos ajudar, mas que não fazem de nossos interesses sua prioridade automática.

O duque de Gloucester em *Rei Lear*, de William Shakespeare (1564-1616), representa a forma mais pessimista dessa visão quando lamenta: "Somos para os deuses o que as moscas são para os meninos: matam-nos só por brincadeira."[11] Essa é uma descrição quase perfeita da vida (como ela é) na arena. Porém, a menos que tenhamos saído recentemente da Sala de Lançamento, não temos motivo para acreditar que seres poderosos estão nos observando e tramando o nosso destino. Na verdade, a sorte não é uma força impessoal e nem mesmo um agente deliberado, apenas um produto da finitude humana. Se pudéssemos saber o que iria acontecer o tempo todo e tivéssemos a habilidade de nos preparar contra as contingências terríveis da vida, então a sorte não seria mais um fator nos assuntos humanos. Claro que se isso fosse possível, provavelmente não seríamos humanos, e a vida talvez não fosse mais tão interessante para nós.

Em resumo, a sorte não é algo que pode existir independente de criaturas finitas como nós: animais inteligentes e vulneráveis que tomam precauções sensatas a fim de proteger aqueles que amam, mas que ainda podem se beneficiar ou se prejudicar de incontáveis formas, nem sempre previsíveis. A tentação de representar a sorte como uma força que pode ser evocada por meio de um "amuleto da sorte" ou de um "patrocinador" invisível que pode ser conquistado é compreensível, pois isso pelo menos nos dá uma esperança de controlar a sorte. Mas talvez existam abordagens ainda mais promissoras para limitar a tirania da sorte sobre nossa vida.

"Ainda existo eu, ainda existe você"

Uma das ironias mais cruéis da trilogia *Jogos Vorazes* é que todas as experiências terríveis vividas por Katniss desde o dia da colheita se originam de sua decisão altruísta de ser voluntária para os Jogos Vorazes a fim de proteger a irmã Prim, a quem Katniss ama mais que a própria vida. E no final, Prim acaba morrendo como mártir na Revolução do Tordo, não só *apesar* de todos os esforços de Katniss para protegê-la, o que já seria trágico o bastante, como na verdade *devido* a uma inesperada cadeia de eventos que Katniss iniciou naquele dia fatídico quando gritou: "Eu me ofereço!" Não poderia haver exemplo melhor do papel inextirpável da sorte em nossa vida.

Ainda assim, existem filósofos que citariam a disposição de Katniss ao se oferecer para o lugar de Prim como exemplo de algo precioso que eles acreditam ser inteiramente imune à tirania da sorte: o caráter moral, refletido na qualidade moral de nossos atos. Eles argumentam que a moralidade é uma dimensão da existência na qual o desempenho depende inteiramente das nossas escolhas, e não de forças imprevisíveis e além do controle que chamamos de sorte. A sorte poderia impedir Katniss de alcançar o objetivo pretendido de manter a irmã viva, mas nada poderia roubar o valor moral de seu ato. Independente do que aconteça após a colheita, o que Katniss fez naquele dia sempre será um ato nobre e abnegado de amor.

De acordo com o filósofo Immanuel Kant (1724-1804), uma ação tem valor moral se for motivada pelo que ele chama de "boa vontade", uma determinação interna de fazer o que é certo.[12] Na visão dele, o valor de nossas ações não depende de suas consequências, visto que, como Katniss descobre repetidamente para seu horror e desalento, geralmente não controlamos o seu desenrolar. Se essas consequências imprevisíveis determinassem nosso valor moral, não haveria absolutamente *nada* de valor que não fosse refém da fortuna. Nem mesmo, como a filósofa Simone Weil (1909-1943) escreveu na epígrafe do início deste capítulo, as "coisas que são tão intimamente minhas que as considero como sendo parte de mim mesma". O que poderia ser mais intimamente seu do que ser uma pessoa de caráter moral sólido? A boa notícia, de acordo com Kant, é que um caráter moral virtuoso é a única coisa que está totalmente a salvo das vicissitudes da fortuna.

Se Kant estiver certo e o valor moral depender apenas de nossas intenções, então só Katniss pode dizer se agiu com boa vontade ou não. Além disso, desde que sua vontade e intenções sejam boas, nenhuma das armadilhas e ciladas que a sorte possa colocar em seu caminho poderiam diminuir o valor moral de suas ações. Em uma passagem famosa, Kant escreveu:

> A boa vontade é tal, não por suas obras ou realizações, não por sua aptidão para alcançar um fim proposto, mas só pelo "querer" por outras palavras, é boa em si e, considerada em si mesma, deve sem comparação ser apreciada em maior estima do que tudo quanto por meio dela. (...) Mesmo quando, por singular adversidade do destino (...) admitindo até que seus esforços mais tenazes permanecessem estéreis; na hipótese mesmo de que nada mais restasse do que a só boa vontade (entendendo por esta não um mero desejo, mas o apelo a todos os meios que estão a nosso alcance), ela nem por isso deixaria de refulgir como pedra preciosa dotada de brilho próprio, como alguma coisa que em si possui valor.[13]

Kant poderia muito bem estar descrevendo o sacrifício de Katniss na colheita quando escreveu essas palavras, pois o que ela fez é a epítome da ideia de ação que não podemos deixar de admirar mesmo se a má sorte a impediu de realizar o intento pretendido.

A ideia de que nosso caráter moral é imune à sorte devolve uma quantidade de justiça a um mundo que, do contrário, é espetacularmente injusto. Na vida, sempre há os poucos sortudos que começam o jogo com vantagens não merecidas que trazem a sorte para o lado deles. Veja, por exemplo, os tributos Carreiristas dos distritos mais ricos de Panem, que contam com o benefício de anos de treinamento antes mesmo de chegarem à Capital. Porém, se Kant estiver certo, o campo de jogo é perfeitamente nivelado e a sorte nos favorece igualmente quando se trata de ser moral. Isso pode não oferecer muito conforto se você for um tributo de um dos cantos mais pobres de Panem, como o Distrito 12 — a menos, é claro, que você seja alguém como Peeta e seu principal objetivo seja preservar a integridade moral na arena. "Quero morrer como eu mesmo", ele confidencia a Katniss no telhado do Centro de Treinamento na véspera do início da 74ª edição dos Jogos Vorazes. "Não quero que eles mudem meu jeito de ser na arena. Não quero ser transformado em algum tipo de monstro que sei que não sou."[14] Kant garantiria a Peeta que nem mesmo os Idealizadores dos Jogos poderiam transformá-lo em um monstro contra a sua vontade.

A preocupação de Peeta com a integridade parece se basear em outra crença que teria sido totalmente abraçada por Kant: que a coisa mais importante na vida não são as cartas que recebemos, mas a forma como escolhemos jogá-las e o tipo de pessoa que nos tornamos através de nossas escolhas morais. Como Katniss observou: "Peeta estava lutando para saber como faria para manter a identidade. Seu eu puro."[15] Os Idealizadores dos Jogos podem criar o cenário da arena, orquestrar conflitos violentos dentro dela, restringir as opções dos tributos de modo cruel e até manipular Peeta rumo a uma situação em que ele possa ser obrigado a matar outros tributos em legítima defesa. Mas, como Peeta observou, ainda havia um limite absoluto para o que os Idealizadores dos Jogos poderiam fazer com ele:

— (...) Só fico desejando que haja alguma maneira de... de mostrar à Capital que eles não mandam em mim. Que sou mais do que somente uma peça nos Jogos deles.
— Mas você não é. Nenhum de nós é. É assim que os Jogos funcionam.
— Tudo bem, mas, mesmo dentro dessa estrutura, ainda existo eu, ainda existe você. Dá pra entender?[16]

Nós já dissemos o quanto os Idealizadores dos Jogos se assemelham à deusa Fortuna, conforme definida pelos povos antigos. O poder da sorte pode parecer quase total, visto que ele cria a "estrutura" dentro da qual nós vivemos e fazemos nossas escolhas. Mas Kant insistiu que há uma fortaleza na qual ela não pode penetrar: o reino interior do caráter moral, que define o tipo de pessoa que somos. Até podemos perder nosso "eu puro" por meio de escolhas morais inadequadas, mas não é algo que podemos perder contra a nossa vontade através de alguma virada maléfica da fortuna ou proteger com algum amuleto da sorte.

O filósofo da Roma Antiga Lúcio Aneu Sêneca (4 a.C-65 d.C) tinha o mesmo pensamento de Kant quando falou sobre a virtude moral: "Só porque não está no comando de alguém conceder, tampouco é assunto do capricho de outrem. O que a Fortuna não deu, ela não pode tirar."[17] Peeta concordaria, apenas substituindo "Fortuna" por "Capital."

"Um pouco preocupada"

Contudo, mais recentemente, alguns filósofos argumentaram que o "eu puro" que Peeta queria preservar é uma ilusão, e nosso valor moral é tão vulnerável à sorte quanto qualquer outro bem com o qual nos importamos. O filósofo contemporâneo Thomas Nagel falou sobre a *sorte moral*, que entra em jogo sempre que "um aspecto significativo do que alguém faz depende de fatores além de seu controle, ainda que continuemos a tratá-lo objeto de julgamento moral".[18] Ele identificou quatro tipos de sorte moral: constitutiva, circunstancial, causal e resultante.

A *sorte moral constitutiva* ocorre sempre que forças além de seu controle forjam "o tipo de pessoa que você é, e esta não é apenas uma questão do que você faz deliberadamente, mas de suas inclinações, capacidades e temperamento".[19] Veja Haymitch Abernathy, andando aos trancos e barrancos pela vida em eterna névoa alcoólica. Sua embriaguez é tão paralisante que provavelmente comprometeu sua capacidade de ser um mentor eficaz para os tributos do Distrito 12 em várias ocasiões. Na verdade, Katniss suspeita que o alcoolismo de Haymitch possa ter custado a vida de alguns de seus antecessores. "Não é surpresa que os tributos do Distrito 12 jamais tenham alguma chance", ela reflete enquanto observa Haymitch beber até ficar em um estado de torpor no trem rumo à Capital. "Não apenas por sermos mal alimentados e nos faltar um treinamento adequado. Alguns de nossos tributos eram fortes o suficiente para ter uma sobrevida. Mas raramente conseguimos patrocinadores, e grande parte do motivo é ele."[20] Porém, por mais justificada que possa ser a raiva que Katniss tem de Haymitch, nós sabemos que ele não escolheu ser esse farrapo humano bêbado. O caráter dele foi forjado por uma virada cruel do destino: seu nome ter sido sorteado na 50ª edição dos Jogos Vorazes quando ainda era um menino. Em termos morais, ele nunca teve a menor chance.

Já a *sorte moral circunstancial* é "a sorte nas circunstâncias, o tipo de problemas e situações enfrentado por alguém".[21] A sorte circunstancial pode assumir várias formas, mas é mais fácil de reconhecer em situações nas quais, sem termos cometido qualquer erro, nos vemos em um dilema moral que nos obriga a escolher entre dois males. Mais de uma vez durante a 74ª edição dos Jogos Vorazes, Katniss se preocupa com a perspectiva de ter que fazer algo imperdoável a fim de cumprir a promessa feita à Prim de voltar viva para casa. Após receber um abraço-surpresa de Rue, Katniss diz: "Viro-me e volto para o riacho, um pouco preocupada: com a possibilidade de Rue ser morta, com a possibilidade de Rue não ser morta e nós duas sermos deixadas por último, com o fato de deixar Prim abandonada."[22]

O maior temor de Katniss não é que Rue seja morta por algum outro tributo e sim que ela e Rue precisem se enfrentar como as duas últimas sobreviventes dos Jogos, obrigando Katniss a sacrificar sua antiga aliada em nome da promessa feita à irmã. Por mais horrível que pareça, a morte de Rue pelas mãos de Marvel foi uma boa sorte moral para Katniss.

A *sorte moral causal* é a "sorte na forma pela qual uma pessoa é determinada por circunstâncias antecedentes".[23] Nagel parece dizer que não fazemos nossas escolhas morais em um vácuo. Somos influenciados, para o bem ou para o mal, por incontáveis experiências passadas que forjam nossas decisões atuais, talvez até inconscientemente. Por exemplo, se houve um momento que revelou a integridade moral e a coragem de Katniss foi quando ela desafiou a Capital decorando o corpo já sem vida de Rue com flores selvagens. Ela fez isso porque queria "fazer alguma coisa, aqui mesmo, nesse exato momento, para envergonhá-los, para responsabilizá-los, para mostrar à Capital que o que quer que façam ou nos forcem a fazer aqui, haverá sempre uma parte de cada tributo que não está sob suas ordens. Que Rue era mais do que uma peça no seu Jogo. E também eu".[24] Nós aplaudimos seu ato, mas a motivação dele ecoa as palavras de Peeta naquela noite no teto. Será que Katniss teria agido de modo tão admirável se as palavras de Peeta não tivessem se infiltrado em seu inconsciente nos últimos dias? Talvez não, e nesse caso, o temperamento moral dela deve muito à sorte moral.

Por fim, há a *sorte moral resultante*, que é a "sorte na forma pela qual as ações e projetos de uma pessoa se realizam".[25] Como já vimos, por mais que tentemos fazer o certo, o resultado de nossas ações ainda pode dar errado devido a algum golpe inesperado do azar. Katniss se ofereceu para tomar o lugar de Prim na colheita, mas acabou não conseguindo manter a irmã viva devido a circunstâncias além do seu controle. Contudo, nós não a culpamos, muito provavelmente porque a corrente causal que liga o ato dela à morte de Prim foi tão elaborada e sinuosa, tão pontuada de acidentes improváveis que temos certeza que não haveria como ela ter antecipado esse resultado. Mas isso nem sempre acontece quando se trata de consequências involuntárias. Por mais injusto que pareça, geralmente achamos impossível fugir da culpa quando nossas ações resultam em danos graves a outras pessoas, mesmo que nossa intenção tenha sido boa e as coisas tenham saído erradas por um mero capricho do acaso. Em várias instâncias, nosso acusador mais implacável pode ser a pessoa que nos encara no espelho.

Nagel dá um exemplo de sorte moral resultante especialmente pertinente à trilogia *Jogos Vorazes:* a responsabilidade dos revolucionários fracassados pela morte e destruição que vieram no rastro de suas ações. "Se a Revolução Americana tivesse sido um fracasso sangrento, resultando no aumento da repressão", escreveu ele, "Jefferson, Franklin e Washington ainda teriam feito uma tentativa nobre e poderiam não ter se arrependido a caminho do cadafalso, mas teriam que se culpar pelo que ajudaram a causar aos seus compatriotas".[26]

Isso não significa que nunca se deve levantar armas contra tiranos. Mas fazê-lo é sempre uma aposta moral, visto que apenas o resultado pode determinar se o revolucionário será enaltecido como um novo pai (ou mãe) fundador(a) ou vilipendiado como falso profeta que levou os seguidores à ruína. Se a revolução inspirada por Katniss tivesse dado errado, ela teria sido apenas aquela garota insolente cujos atos irresponsáveis jogaram Panem de volta aos Dias Escuros (exatamente como o presidente Snow queria que ela se visse) em vez de ser a inspiradora de uma nova era na história de Panem.

Até a vitória final da revolução, Katniss foi assombrada pelo pensamento de ter sido responsável pela horrenda devastação lançada sobre Panem. Andando pelo cemitério que antes era o Distrito 12 e pisando nas cinzas de seu antigo lar, ela acidentalmente pisa no crânio de alguém que pode ter sido seu vizinho. Sem tirar os olhos dos corpos que se acumulam na estrada, Katniss não consegue deixar de se sentir uma carrasca:

> Alguns foram totalmente incinerados. Outros, porém, provavelmente assolados pela fumaça, escaparam do pior das chamas e agora encontravam-se nos mais desagradáveis estágios de decomposição, exalando mau cheiro, com a carne decomposta à espera de abutres e

cobertos de moscas. *Eu matei você*, penso enquanto passo por uma pilha. *E você. E você.*
Porque eu fiz mesmo isso. Foi a minha flecha, apontada para a brecha do campo de força que cercava a arena, que proporcionou esses bombardeios como retaliação. Isso fez com que Panem inteira se transformasse num verdadeiro caos.[27]

Se a revolução tivesse fracassado, é muito provável que Katniss fosse esmagada pela culpa. O que aconteceu depois disso foi para ela um golpe de boa sorte moral.

"A resposta para quem eu sou"

Alguns críticos de Nagel descartaram a ideia de sorte moral resultante alegando que as intenções, e não as consequências, são os únicos fatores a serem levados em conta na avaliação moral de pessoas e suas ações. Como Kant, eles tremem diante da ideia de que o valor moral de nossas ações possa estar à mercê de consequências que, de alguma forma, dependem da sorte. Por esse ponto de vista, Katniss está errada ao deixar coisas sobre as quais não tem controle, como o bombardeio feito pela Capital que transformou o Distrito 12 em cinzas, entrarem em sua autoavaliação. O importante são as suas intenções, para o bem ou para o mal.

Esta visão é atraente, pois permite manter o "eu puro" independente do quanto as consequências de nossas ações sejam desastrosas, desde que nossas intenções sejam puras. Claro que há o velho ditado sobre o inferno estar cheio de boas intenções. Nesse caso, o inferno é uma guerra civil que causou a aniquilação de um distrito inteiro. Alguém como Kant, contudo, manteria sua posição e insistiria que as boas intenções ainda poderiam livrar uma pessoa do perigo. No entanto, se as intenções são fundamentais, então incorremos em outro problema especialmente grave quando lidamos com alguém como Katniss, que desconfia dos próprios motivos tanto quanto desconfia dos motivos das pessoas ao seu redor.

O momento crucial da trilogia *Jogos Vorazes*, o empurrão na primeira peça de dominó que inicia toda uma cadeia de eventos que levaram à Revolução do Tordo foi o "pequeno truque com as amoras".[28] Quase um ano depois, contudo, ela ainda não sabe se a motivação deste ato foi nobre ou egoísta:

> As amoras. Percebo que a resposta para quem eu sou reside naquele punhado de frutas venenosas. Se as estendi para salvar Peeta porque sabia que seria rejeitada se voltasse para casa sem ele, então, sou uma pessoa desprezível. Se as estendi porque o amava, ainda assim, sou autocentrada, embora perdoável. Mas se eu as estendi para desafiar a Capital, sou alguém de valor. O problema é que não sei exatamente o que estava se passando dentro de mim naquele momento.[29]

Pode ser que a dificuldade de Katniss para discernir seus motivos surja por ela ser um personagem profundo e complexo, mas não sei se a garota em chamas é tão diferente assim de todos nós nesse aspecto. Se fôssemos seguir o exemplo dela em ser totalmente honestos, imagino que muitos de nós seriam obrigados a admitir que nossos motivos costumam ser igualmente misteriosos para nós mesmos. Gostaríamos de acreditar que sempre agimos com as mais nobres intenções, mas, na verdade, nossos motivos raramente são cem por cento puros, se é que chegam a ser em algum momento. Katniss pelo menos tem discernimento e honestidade suficientes para admitir que está profundamente confusa quanto aos próprios motivos, intenções e desejos, e não apenas para definir o que sente em relação a seus pretendentes e rivais.

Ao procurar o que a levou a desafiar a Capital no encerramento da 74ª edição dos Jogos Vorazes, Katniss não consegue decidir se agiu "por pura raiva", "por causa da maneira com a qual isso seria visto no Distrito 12" ou "simplesmente porque essa era a única coisa decente a ser feita".[30] Se foi o senso de decência moral que guiou a mão dela para as amoras, então, da perspectiva de Kant, a pureza de sua motivação a exonera de qualquer culpa pelo caos gerado por suas ações. Há um ditado famoso em latim do qual Kant gostava: *Fiat justitia, pereat mundus* — ou *Faça-se a justiça, mesmo que o mundo pereça*.[31] Contanto que Katniss estivesse tentando fazer o certo, ela não tem culpa pelas consequências destrutivas sobre as quais não teve controle. Mas e se ela estiver certa em sua desconfiança e de fato agiu por motivos não completamente nobres, talvez até vis e egoístas? Se for esse o caso, ela não pode usar as boas intenções como álibi.

O problema é que Katniss não tem como desembaraçar a complexa mistura de motivos que a induziram a pegar as amoras naquele dia. Não há como ter certeza que ela agiu acima de tudo por um desejo altruísta de fazer o certo e não apenas para se proteger do desprezo que enfrentaria no Distrito 12 se matasse Peeta. E considerando a complexidade aparentemente sem fim de nossa vida interior e nossa igualmente robusta capacidade para o autoengano, não temos todos a mesma desvantagem quando se trata de descobrir as verdadeiras intenções por trás de muitas de nossas ações? Podemos dizer com total certeza quais são os nossos *verdadeiros* motivos, especialmente quando o que está em jogo é a crença em nosso valor moral ou, como Katniss define, "a resposta para quem eu sou"?

A conclusão é que se abrigar nas "boas intenções" para proteger nossa ideia de valor dos caprichos tempestuosos da sorte pode acabar sendo apenas um plano para fugir das (por vezes) imperdoáveis consequências dos nossos atos. Vamos dar crédito à Katniss por rejeitar essa opção, pois seria fugir do problema. Contudo, sua honestidade equivale a uma admissão de que realmente não há nada em nossa existência totalmente imune à sorte, nem mesmo se nossa vida é inocente ou merecedora de culpa. Só nos resta esperar que a sorte esteja, se não *sempre* a favor, pelo menos do nosso lado na maioria dos casos.

Notas

1. Sian Miles, ed., "Human Personality," em *Simone Weil: An Anthology* (New York: Weidenfeld and Nicholson).
2. Suzanne Collins, *Jogos Vorazes* (Rocco, 2010).
3. Suzanne Collins, *Em chamas* (Rocco, 2011).
4. *Id.*
5. *Ibid.*
6. Nicholas Rescher, *Luck: The Brilliant Randomness of Everyday Life* (Pittsburgh, PA: University of Pittsburgh Press, 2001).
7. Suzanne Collins, *A esperança* (Rocco, 2011).
8. Rescher, *Luck.*
9. Collins, *Jogos Vorazes*
10. *Id.*
11. William Shakespeare, *Rei Lear*, Tradução de Millôr Fernandes.
12. Para saber mais sobre Kant, veja o Capítulo 7 — Competição e bondade: o mundo darwiniano dos Jogos Vorazes; o Capítulo 11 — Às vezes o mundo tem fome de pessoas que se importam: Katniss e a ética feminista do cuidado; e o Capítulo 14, "Seguras para fazer o quê?": Moralidade e a guerra de todos contra todos na arena.
13. Immanuel Kant, *Fundamentação da metafísica dos costumes.* Tradução de Antônio Pinto de Carvalho. (São Paulo: Companhia Editora Nacional, 1964).
14. Collins, *Jogos Vorazes.*
15. *Id.*
16. *Ibid.*
17. Sêneca, "Letter 59", in *Epistles 1-65*, trad. Richard M. Gummere, Loeb Classical Library series (Cambridge, MA: Harvard University Press, 1917), 423. Para saber mais sobre Sêneca, ver o Capítulo 18 — "Tudo isso é errado": Por que um dos maiores pensadores romanos detestaria a Capital.
18. Thomas Nagel, "Moral Luck," in *Moral Luck*, ed. Daniel Statman (Albany: State University of New York Press, 1993).
19. *Id.*
20. Collins, *Jogos Vorazes.*

21. Nagel, *Moral Luck*.
22. Collins, *Jogos Vorazes*.
23. Nagel, *Moral Luck*.
24. Collins, *Jogos Vorazes*.
25. Nagel, *Moral Luck*.
26. *Id.*
27. Collins, *A esperança*.
28. Collins, *Em chamas*.
29. *Id.*
30. Collins, *Jogos Vorazes*.
31. Immanuel Kant, *Para a paz perpétua* (IGESIP, 2006). Porém, Kant traduz essa expressão de modo um tanto idiossincrático como "que reine a justiça para que se afundem todos os males que há no mundo".

5

A ALEGRIA DE VER O SOFRIMENTO ALHEIO: *SHADENFREUDE* E *JOGOS VORAZES*

Andrew Shaffer

Elas certamente não se importam nem um pouco em assistir a crianças sendo assassinadas ano após ano.

Katniss Everdeen, *Em chamas*[1]

"Senhoras e senhores, está aberta a septuagésima quinta edição dos Jogos Vorazes!", anuncia Claudius Templesmith, o locutor oficial dos Jogos. Um cronômetro localizado no canto superior direito da tela mostra a contagem regressiva, começando em sessenta segundos. Quando chegar a zero, os tributos poderão se mexer e sair de suas plataformas de metal.

— Esse vai ser inesquecível — diz Soren ao amigo Atticus. Eles estão assistindo aos Jogos Vorazes no Caesar's Bar & Grill, um dos mais populares bares esportivos da Capital. Ele levanta o copo e faz um brinde:

— À Panem.

— À Panem — responde Atticus, o homem de pele azul, batendo o copo no de Soren. Eles viram suas bebidas em um só gole.

Faltam dez segundos:

— Dez, nove, oito, sete, seis, cinco, quatro, três, dois, um! — grita a multidão no Caesar's, emitindo um ruído ensurdecedor de gritos e palmas quando soa o gongo no poderoso sistema de som.

Ouve-se um barulho quando os tributos caem na água. Alguns deles, provavelmente os que não sabem nadar, ficam imóveis. Brutus é o primeiro tributo a surgir na ilha onde está a Cornucópia dourada, repleta de armas, alimentos e suprimentos. Os outros rapidamente o seguem rumo à praia, os primeiros trinta segundos são um verdadeiro caos. De repente, a televisão corta para um tridente sendo tirado de um corpo ainda sem identificação. A primeira morte! Finnick Odair, um dos Carreiristas do Distrito 4 arranca o tridente e o sangue se espalha na areia. Os espectadores então veem um replay do tridente voando em câmera lenta, com as pontas de metal afiado brilhando à luz do sol até perfurar o corpo do agora falecido tributo.

— Isso foi *demais*! — diz Soren. Uma tomada ampla da ilha revela que vários outros tributos foram mortos e seus corpos flutuam na água suja de sangue.

Nos dias seguintes, todas as mortes serão repetidamente reprisadas para satisfazer a sede de sangue do público da Capital. Nesse cenário, que não foi mostrado nos livros, Soren e Atticus não são normalmente sedentos de sangue, mas quando recebem a permissão para ceder a seus instintos mais primitivos, eles não têm o menor problema em apreciar a carnificina transmitida pelos Idealizadores dos Jogos.

Por que cidadãos comuns, normalmente pacíficos, gostam de assistir a todas essas mortes e sofrimento desnecessários? A apreciação faz deles que tipo de pessoa? E com quem nós, os leitores, nos parecemos mais? Com os inocentes lutando pela sobrevivência na arena ou os observadores que bebem cerveja e se alegram com a desgraça alheia?

O vício diabólico

Para entender os cidadãos da Capital, vamos começar analisando nossa sociedade e como tratamos as celebridades. Colocamos os astros e estrelas de TV e cinema em um pedestal e adoramos isso — mas adoramos ainda mais expulsá-los de lá. Nossa cultura é obcecada pelos últimos casos amorosos, roupas que mostram demais e idas às clínicas de reabilitação das celebridades. Você já visitou um site de fofocas sobre famosos como o TMZ ou folheou uma revista *Us Weekly* no supermercado para rir do último erro idiota cometido por alguma celebridade? Se respondeu "sim", então pode ter sentido a emoção chamada *schadenfreude* (pronuncia-se "chádêinfroide"), palavra de origem alemã que significa "prazer obtido com o sofrimento alheio".

O filósofo alemão Arthur Schopenhauer (1788-1860) acreditava que ter prazer com o sofrimento alheio é um dos piores traços da natureza humana. "Apreciar *schadenfreude* é diabólico", escreveu ele. "Não há sinal mais infalível de um coração profundamente perverso e de profunda falta de valor moral do que a inclinação a ter uma simples e indisfarçada alegria maligna [com a desgraça alheia]... Devemos excluir para sempre o homem em quem este traço é observado."[2]

Seu colega filósofo e também alemão Immanuel Kant (1724-1804) pensava o mesmo que Schopenhauer, chamando a *schadenfreude* de "vício diabólico".[3] Se estes dois filósofos estiverem certos, então nossos amigos que estão assistindo aos Jogos Vorazes no Caesar's Bar & Grill na Capital definitivamente não são pessoas boas.

A primeira pessoa a usar a palavra *schadenfreude* em inglês foi o arcebispo R.C. Trench (1807-1886), para quem a existência de uma palavra apenas para designar o prazer sentido com a dor alheia evidenciava a falência moral dos povos de língua alemã. Trench não estava lá muito certo, visto que sentir alegria com o sofrimento alheio não é uma característica exclusiva do povo alemão. *Schadenfreude* parece ser um traço humano universal, embora possamos ser suscetíveis a ele em graus diferentes. O mesmo evento pode produzir *schadenfreude* em uma pessoa e simpatia, empatia ou pena em outra. Além disso, cientistas acreditam que mulheres e pessoas com autoestima elevada tenham probabilidade menor do que homens e pessoas com baixa autoestima, respectivamente, de sentir prazer quando outra pessoa sofre.[4]

As últimas pesquisas científicas apontam para as origens químicas dessa emoção "diabólica": um estudo de 2009 acusa o hormônio oxitocina de ser um ingrediente fundamental para a quantidade de *schadenfreude* que sentimos. Em um estudo realizado com 56 participantes, os pesquisadores foram capazes de aumentar a sensação de *schadenfreude* apenas administrando oxitocina por meio de spray nasal.[5] Embora hormônios como a oxitocina possam indicar a existência de uma base biológica para algumas diferenças na forma de vivenciar a *schadenfreude*, essa ainda é uma emoção mais fácil de examinar em termos psicológicos e filosóficos.

O filósofo alemão Friedrich Nietzsche (1844-1900) acreditava que a *schadenfreude* era um resultado inevitável da sociedade humana. Dentro de um contexto social, somos condicionados a julgar o próprio bem-estar comparando nossa situação a de outras pessoas. Em um mundo em que muitos têm vantagens que podemos considerar não merecidas, a *schadenfreude* é o grande nivelador social. "O mal que atinge o outro o *equipara* a ele, apazigua nossa inveja",[6] escreveu Nietzsche. Nessa visão, ao vermos alguém arrogante em uma situação pior que a nossa, nos sentimos melhor com a própria situação e elevamos nossa posição social.

Nada põe uma pessoa acima da outra como vê-la morrer. Nos Jogos Vorazes, vemos a *schadenfreude* em sua forma mais radical. Os cidadãos da Capital aplaudem as mortes dos tributos dentro da arena, em uma exibição pública sem precedentes de sede de sangue. Porém, mesmo em nossa sociedade, a violência e o sofrimento sempre atraem multidões. De que outra forma se explica a fascinação do público por eventos esportivos transmitidos ao vivo nos quais a ameaça de acidentes e explosões (como nas corridas NASCAR) é onipresente? No entanto, mesmo que nosso interesse coletivo em entretenimento perigoso seja difícil de ser questionado, uma *schadenfreude* tão descarada e radical quanto a dos Jogos Vorazes é rara em nossa cultura —, ainda bem.

"Os jovens que estavam morrendo na arena"

Se os Jogos Vorazes parecem terríveis demais para ser verdade, vamos voltar alguns milhares de anos no tempo, para a Roma Antiga. Suzanne Collins se baseou no Coliseu romano como inspiração real para os Jogos Vorazes de Panem. "Mandei os meus tributos para uma versão atualizada dos jogos de gladiadores romanos", disse ela, "que dizem respeito a um governo brutal obrigando pessoas a lutarem até a morte como entretenimento popular".[7] De que forma os cidadãos de Roma justificavam o fato de *eles* gostarem do massacre que aplaudiam no Coliseu? Embora alguns gladiadores fossem voluntários, muitos dos que entraram no Coliseu para combate e execução eram criminosos, escravos fugidos ou traidores. Os espectadores poderiam, portanto, convencer a si mesmos de que a justiça estava sendo feita nessas circunstâncias, e essa crença lhes dava liberdade total para torcer quando os gladiadores lutavam até a morte ou eram destroçados pelos leões.

Será que a multidão no Caesar's Bar & Grill acredita que a justiça está sendo feita nos Jogos Vorazes? Ao contrário dos criminosos que são julgados no Coliseu, os tributos são civis inocentes. O único crime cometido por Katniss, Peeta Mellark e os tributos dos outros 11 distritos foi terem nascido fora da Capital. Será que isso é "crime" suficiente? Os Jogos Vorazes existem como lembrete de uma antiga rebelião reprimida pela Capital. Nos Dias Escuros, a humanidade quase foi extinta na luta entre a Capital e os distritos. O Tratado da Traição assinado entre as partes em guerra trouxe paz à Panem e estabeleceu os Jogos Vorazes. Será que os cidadãos da Capital racionalizam o fato de gostarem de ver a morte de tributos na arena dos Jogos como uma punição justa dada aos distritos rebeldes?

Para termos uma sensação de justiça, geralmente precisamos ver os perpetradores do crime sendo punidos. Será que a punição de substitutos aleatórios nos dá a sensação de que a justiça está sendo feita? Há uma ideia duradoura na sociedade ocidental de que "os pecados dos pais recaem sobre os filhos". Mesmo que não faça parte de nosso atual sistema de leis (os filhos não são punidos pelos crimes dos pais), esse conceito é encontrado na Bíblia: "Eu sou o Senhor, teu Deus, um Deus zeloso que vingo a iniquidade dos pais nos filhos, nos netos e nos bisnetos daqueles que me odeiam." (Êxodo 20:5). Então, não é impensável que a multidão no Caesar's possa ter a mesma sensação de justiça sendo feita ao punir os tributos pelos "crimes" de seus ancestrais contra Panem.

Mesmo assim, fica difícil entender como o público da Capital pode ignorar o fato de que crianças estão sendo massacradas, especialmente quando a primeira gota de sangue escorre na arena. Considerando a natureza obrigatória de assistir aos Jogos Vorazes, como estes cidadãos outrora morais de repente se transformam em espectadores sedentos de sangue que torcem para um tributo dar um golpe fatal? É duro acreditar, mas é exatamente o que acontece. Veja Katniss descrever a indiferença e insensibilidade dos moradores da Capital quanto ao valor das vidas que estão sendo tiradas para lhes dar entretenimento: "[Eles] só falam sobre onde estavam ou o que estavam fazendo ou o que sentiram quando determinado evento ocorreu [nos Jogos]. 'Eu ainda estava na cama!' 'Eu tinha acabado de tingir as sobrancelhas!' 'Eu juro que quase desmaiei!' Tudo se refere a eles, não aos jovens que estavam morrendo na arena."[8] Tamanha falta de empatia em relação aos tributos sugere a existência de outras forças atuando que permitem aos cidadãos da Capital sentir tanto prazer assistindo aos Jogos Vorazes.

"Selvagens"

A desumanização, isso é, negar a alguém o status de ser uma pessoa, é uma técnica muito usada por opressores a fim de atrair o populacho para apreciar o sofrimento alheio. No século XX, os nazistas foram pioneiros em novas técnicas de desumanização para fazer os cidadãos da Alemanha apoiarem o extermínio dos judeus. Os nazistas usaram meios de comunicação populares, pôsteres e escolas para transmitir a mensagem de que os judeus não eram seres humanos. "Os nazistas sabiam muito bem que a crueldade generalizada exige [uma crença na] alegação de que as vítimas da crueldade não são pessoas", escreve o acadêmico contemporâneo John Portmann. "Muitas sociedades percebem intrusos, inimigos e criminosos como estando além do 'contrato social'. Convencidos de que intrusos não precisam ser tratados com o mesmo respeito que os locais, quem se deleita com o mal sofrido pelos intrusos pode então lançar a reflexão moral comum ao vento."[9]

Obviamente, só porque uma vítima não é considerada humana não significa que as pessoas vão necessariamente gostar de vê-la sofrer. Alguns nazistas insistiam que estavam apenas fazendo seu trabalho e alegaram não ter sentido prazer algum em exterminar judeus. Porém, uma vez que a vítima é reduzida ao status de subumano, fica mais fácil para muitas pessoas dar livre curso à *schadenfreude*.

Não sabemos qual o papel da propaganda feita pela Capital na desumanização dos moradores dos distritos, visto que não conseguimos ter uma verdadeira ideia das táticas usadas pela Capital pelo ponto de vista de seus cidadãos. Mas sabemos que os habitantes da Capital consideram os tributos, bem como os outros habitantes dos distritos, como "bárbaros", em parte devido à aparência deles. Os mineiros do Distrito 12, por exemplo, têm ombros arqueados, joelhos inchados, unhas quebradas e rostos magros. Os habitantes dos distritos também são excessivamente peludos comparados aos da Capital, o que sem dúvida faz com que eles se assemelhem mais a animais do que a seres humanos aos olhos de seus detratores sem pelos. A equipe de preparação toma grande cuidado para remover todos os resquícios de pelos dos tributos, seja raspando, depilando ou arrancando à pinça cada pelinho do corpo de Katniss em uma tentativa de fazê-la parecer mais "humana". Depois que ela está limpa e vestida para os Jogos, Flavius, um integrante da equipe de preparação exclama: "Excelente! Agora você está quase parecida com um ser humano!"[10]

Os costumes são regras sociais não escritas para definir o que é aceitável e inaceitável em uma cultura. Quando os costumes a respeito da higiene pessoal, aparência e boas maneiras diferem entre as sociedades, como acontece entre a Capital e os distritos, eles viram uma forma fácil de identificar alguém como não humano. Quando Effie Trinket elogia os "bons modos" de Peeta e Katniss, ela não resiste a alfinetar a conduta dos tributos do ano anterior: "O par do ano passado comeu tudo com as mãos, como um casal de selvagens. Perturbou completamente minha digestão." (É de se perguntar como ficou a digestão dela ao ver o mesmo casal ser massacrado na arena logo depois.) Katniss observa de modo sensato que os dois garotos eram da Costura e provavelmente nunca tiveram comida suficiente na mesa todos os dias. "E quando tiveram comida, a etiqueta certamente foi a última coisa em que pensaram",[11] disse ela. Quando Effie depois diz que estava promovendo Katniss e Peeta para os patrocinadores, porque eles "lutaram com sucesso para superar a barbárie do distrito em que vivem", nossa heroína não perde a verve: "Barbárie? Isso chega a ser irônico vindo de uma mulher que está nos ajudando a nos preparar para uma chacina."[12]

Os Idealizadores dos Jogos levam a desumanização ao extremo na 74ª edição dos Jogos Vorazes literalmente transformando tributos mortos em *bestantes* subumanos, híbridos de humanos e lobos que rosnam e grunhem. Eles representam o insulto máximo aos distritos: "Mesmo na morte, somos seus donos", parece dizer a Capital. "Vocês nunca serão mais do que animais."

Como aqueles que vivem nos distritos são bárbaros selvagens aos olhos dos habitantes da Capital, fica mais fácil para eles gostar de assistir ao sofrimento dos tributos, que são crianças inocentes. Na verdade, imaginar os tributos como subumanos é uma sugestão dada à Katniss para que ela possa sobreviver à 74ª edição dos Jogos Vorazes:

— Katniss, a coisa não passa de uma caçada. Você é a melhor caçadora que conheço.
— Não é só caçada. Eles estão armados. Eles usam a cabeça.
— Assim como você. E você tem mais experiência. Experiência real. Você sabe como matar.

— Não pessoas.

— E que diferença pode ter? — indaga Gale, de modo sinistro.

A parte mais horrorosa é que se eu puder esquecer que se trata de pessoas, não vai fazer a menor diferença.[13]

"Dizem que a comida é excelente"

As praças de Panem ficam lotadas apenas na noite em que os Jogos começam. Todas as televisões do país ficam ligadas. Claro que nem todos em Panem gostam de assistir aos Jogos Vorazes. Há um mundo de diferença na forma pela qual a Capital e os distritos os veem.

Os cidadãos da Capital assistem por entretenimento, ou seja, pelo banho de sangue. Katniss reflete sobre o que acontece quando um dia se passa sem alguma morte: "O público na Capital vai ficar entediado, afirmando que a edição deste ano dos Jogos está ficando uma chatice. Essa é a única coisa que os Jogos não podem ser."[14] Gale se lembra de uma edição anterior dos Jogos em que os Idealizadores não forneceram lenha para o fogo. "Metade das pessoas morreu de frio", ele disse sobre as mortes "tranquilas e sem luta". "Não foi nem um pouco divertido."[15] A diversão é definitivamente o ponto alto quando se trata dos Jogos Vorazes. De acordo com Katniss, "as arenas são sítios históricos, preservados após os Jogos. Destinos populares para os visitantes da Capital em férias. Passar um mês, rever os Jogos, passear pelas catacumbas, visitar os locais onde as mortes ocorreram. Você pode até participar das remontagens. Dizem que a comida é excelente."[16]

Em um contraste gritante, os cidadãos dos distritos assistem aos Jogos horrorizados, torcendo silenciosamente para que seus tributos sobrevivam. "Para fazer com que a coisa seja humilhante, além de torturante, a Capital nos obriga a tratar os Jogos Vorazes como uma festividade, um evento esportivo que coloca todos os distritos como inimigos uns dos outros", diz Katniss.[17] Enquanto os cidadãos da Capital entram na onda festiva, "não nos comportamos assim a respeito dos Jogos no Distrito 12. Nós cerramos os dentes e assistimos porque devemos tentar voltar ao trabalho o mais rápido possível quando a transmissão acaba."[18] No dia da colheita no Distrito 12, "apesar dos vistosos cartazes pendurados nos prédios, o que se tem é uma atmosfera de terror. As equipes de filmagem, empoleiradas como gaviões em cima dos telhados, apenas pioram a sensação".[19]

O "romance" entre Katniss e Peeta atrapalhou a máquina de propaganda dos Idealizadores dos Jogos. Mais do que simples bárbaros aos olhos do público da Capital, eles viraram amantes desafortunados. Se os tributos vivenciam o amor, como podem não ser pessoas? Os amantes, contudo, não chegam a ser totalmente humanizados: Katniss não faz qualquer menção a abaixo-assinados pedindo a interrupção dos Jogos Vorazes, mas está claro que a plateia os considera personagens simpáticos. Katniss e Peeta tocam o coração dos habitantes da Capital. Como resultado, os Idealizadores fazem uma mudança inédita nas regras da 74ª edição dos Jogos Vorazes que permitiria ao casal sair da arena com vida. Claro que a mudança na regra acaba sendo rescindida e, em uma tentativa de provar como os cidadãos dos distritos são realmente selvagens, os Idealizadores dos Jogos transformam os tributos mortos em bestantes.

Quando o presidente Snow tenta evitar outro levante obrigando os vitoriosos anteriores a voltar para a arena na 75ª edição dos Jogos Vorazes, ele acredita que isso mostrará aos distritos que nem mesmo o mais forte de seus cidadãos é páreo para a Capital. Se essa foi uma tentativa de desumanizar ainda mais os distritos, ela se mostrou um imenso erro de cálculo, pois, como Katniss explica, antigos vitoriosos que se tornaram bem conhecidos do público não são tão fáceis de desumanizar quanto tributos desconhecidos. Ela reflete:

> É interessante quando penso no que Peeta disse sobre o atendente no trem demonstrar infelicidade em relação aos vitoriosos terem de lutar novamente. Sobre as pessoas na Capital não estarem gostando disso. Ainda acho que tudo isso vai ser esquecido assim que soar o gongo, mas até que é surpreendente saber que as pessoas na

Capital sentem algo por nós. Elas certamente não se importam nem um pouco em assistir a crianças sendo assassinadas ano após ano. Mas, talvez, conheçam bem demais os vitoriosos, principalmente aqueles que são celebridades há anos, para se esquecerem que são seres humanos. Seria, talvez, como assistir a seus próprios amigos morrerem. Ou como se os Jogos fossem para nós que residimos nos distritos.[20]

Para piorar a situação na Capital, Peeta anuncia ao vivo na televisão que, além de ele e Katniss terem se casado, ela está grávida, lançando "para todos os lados acusações de injustiça e barbarismo e crueldade", observa Katniss. "Até mesmo os mais ferrenhos adoradores da Capital, os mais sedentos pelos Jogos Vorazes, as pessoas que mais aprovam o banho de sangue não têm como ignorar, pelo menos por um instante, o quanto a coisa toda é hedionda."[21] No entanto, mesmo se ela tiver avaliado corretamente a situação na Capital, os Jogos continuam conforme planejado e tudo indica que os cidadãos se mantêm tão empolgados em sua *schadenfreude* quanto antes.

"Aqueles monstros chamados seres humanos"

Em *A esperança*, mesmo no meio da rebelião contra a Capital, Katniss vê que a nova líder (presidenta Coin) não é assim tão diferente do presidente Snow. Quando ela descobre o plano de Coin para fazer uma última edição dos Jogos Vorazes usando crianças da Capital, sua fé na bondade fundamental da humanidade desaba. "Não tenho mais nenhum compromisso com aqueles monstros chamados seres humanos. Eu mesma me desprezo por fazer parte deles",[22] diz ela.

Katniss acaba reconhecendo a existência de algo monstruoso (Kant diria "diabólico") na natureza humana. A linha traçada na areia entre ser herói e vilão foi apagada quando ela percebeu que *todos* nós temos tendência à crueldade: os cidadãos da Capital que celebram a morte dos tributos nos Jogos Vorazes, o presidente Snow e a presidenta Coin que, apesar de serem inimigos, têm o mesmo desprezo pela vida humana, e também Gale, que assusta Katniss ao abraçar a filosofia de "vender a qualquer custo". Os únicos verdadeiros inocentes no mundo de Katniss são as crianças, como Prim.

"Agora estamos naquele período tranquilo onde todo mundo concorda que os nossos horrores recentes jamais deveriam se repetir," diz Plutarch Heavensbee a Katniss. Como muitas pessoas de hoje, ele sonha com um mundo no qual a raça humana terá evoluído para além de suas tendências repugnantes, mas não tem muita esperança de que a lição perdure. "Somos seres volúveis e idiotas com uma péssima capacidade para lembrar das coisas e com uma enorme volúpia pela autodestruição",[23] lamenta. Não podemos escapar da natureza humana, ele parece dizer. Estamos fadados a repetir nossos erros.

Obviamente, a crueldade não é o mesmo que a *schadenfreude*, pois é possível ser brutal e insensível não por gosto, e sim como meio que justifica um fim, como vemos nos atos de Gale. Entretanto, a percepção de Katniss de que os seres humanos têm algum desejo inato de ver os outros sofrerem é a mesma conclusão a que muitos filósofos chegaram. Gostando ou não, a propensão à *schadenfreude* parece ser uma parte inevitável da natureza humana.

Demasiado humano e demasiado familiar

Embora faça parte da natureza humana, a *schadenfreude* virou uma espécie de obsessão cultural em nossa sociedade. Podemos até ficar coletivamente envergonhados por observarmos em admiração constante os erros das celebridades e os programas movidos a *schadenfreude*, como *Cops* (e talvez você até seja um dos poucos que evite essas ignorâncias em prol de algo mais nobre como, uau, ler livros!), mas não há como negar que a maioria de nós adora uma gafe cometida por uma celebridade. Na verdade, alguns dos personagens da trilogia *Jogos Vorazes* parecem tão familiares que nos deixam constrangidos. Como indica a blogueira Kate Eastman: "As únicas pessoas no universo de Collins que são remotamente parecidas conosco são os habitantes da Capital. Saturados de comida, moda e reality shows exibidos em rede nacional, os materialistas e alterados por cirurgias cosméticas que moram na Capital não estão longe dos norte-americanos modernos."[24]

Podemos dizer até que ler a trilogia *Jogos Vorazes* significa ceder à *schadenfreude*. Embora os personagens sejam fictícios, há uma empolgação ao ler sobre a violência na arena. Simpatizamos com alguns dos personagens e não queremos que eles sofram, mas vamos ser sinceros: os livros seriam tão divertidos de ler se não houvesse tanto em jogo?

Sem dúvida a execução de Snow em *A esperança* parece ter sido montada como um espetáculo de *schadenfreude*, tanto para os personagens do livro quanto para o próprio leitor. Se ele tivesse sido executado silenciosamente a portas fechadas e longe dos olhos do público, a justiça teria sido feita de qualquer modo. Mas há uma ideia de conclusão que acontece quando vemos um vilão receber o castigo merecido. Podemos até argumentar que há um valor terapêutico nisso. Você, por exemplo, teve uma sensação de conclusão quando a presidenta Coin foi assassinada pela flecha de Katniss?

O rabino Mark S. Glickman escreveu um artigo no *Seattle Times* sobre a morte de Osama Bin Laden, dizendo: "Parte de mim queria gritar e comemorar, enquanto outra parte jamais ficaria feliz com a morte de uma pessoa, mesmo sendo Bin Laden. Esta parte de mim se encolheu de medo quando vi a multidão comemorando nas ruas."[25] A *schadenfreude* pode ser uma emoção difícil de decifrar.

Podemos de alguma forma justificar o fato de cedermos à *schadenfreude*? Para Schopenhauer e Kant a resposta é não. Independente de o evento que a motiva ser aparentemente trivial (como alguém escorregar e cair) ou grave (um tributo ser brutalmente assassinado na arena), a *schadenfreude* é sempre diabólica. Mas se aceitarmos o conselho de Schopenhauer e excluirmos todos os que já riram da desgraça alheia, não nos restaria muitos amigos. Talvez tenhamos até que nos excluir!

É fácil julgar os frequentadores do Caesar's Bar & Grill por apreciar os Jogos Vorazes. Torcer pela morte de outro ser humano? Terrível! Mesmo assim, Katniss dá o benefício da dúvida a sua equipe de preparação, dizendo a Gale que eles não são "maldosos ou cruéis",[26] apesar de estarem envolvidos no ato de mandar crianças à arena para morrer em nome da diversão alheia. Contudo, cabe exclusivamente a nós decidir se estamos dispostos a eximir de culpa os cidadãos da Capital (ou nós mesmos) tão facilmente.

Notas

1. Suzanne Collins, *Em chamas* (Rocco, 2011).
2. Arthur Schopenhauer, *On the Basis of Morality*, trad. E.F.J. Payne (Indianapolis: Hackett, 1998).
3. Immanuel Kant, *A religião nos limites da simples razão*, disponível em http://www2.uefs.br/filosofia-bv/pdfs/kant_02.pdf. Para saber mais sobre Kant, ver o Capítulo 4 — "Ultimamente as probabilidades não andam muito confiáveis": Moralidade e sorte na trilogia *Jogos Vorazes*; o Capítulo 7 — Competição e bondade: O mundo darwiniano dos Jogos Vorazes; o Capítulo 11 — Às vezes o mundo tem fome de pessoas que se importam: Katniss e a ética feminista do cuidado; e o Capítulo 14 — "Seguras para fazer o quê?": Moralidade e a guerra de todos contra todos na arena.
4. Warren St. John, "Sorrow So Sweet: A Guilty Pleasure in Another's Woe", *New York Times*, 24 de agosto, 2002, http://www.nytimes.com/2002/08/24/arts/sorrow-so-sweet-a-guilty-pleasure-in-another-s-woe.html?pagewanted=all&src=pm.
5. Simone G. Shamay-Tsoorya et al., "Intranasal Administration of Oxytocin Increases Envy and Schadenfreude (Gloating)," *Biological Psychiatry*, Novembro, 2009.
6. Friedrich Nietzsche, *Humano, demasiado humano II* (Companhia das Letras, 2008).
7. Entrevista em vídeo com Suzanne Collins, *Scholastic*, http://www2.scholastic.com/browse/video.jsp?pID=1640183585&bcpid=1640183585&bclid=1745181007&bctid=1840656769

8. Suzanne Collins, *Jogos Vorazes* (Rocco, 2010).
9. John Portmann, *When Bad Things Happen to Other People* (New York: Routledge, 2000)
10. Collins, *Jogos Vorazes*.
11. *Id.*
12. *Ibid.*
13. *Ibid.*
14. *Ibid.*
15. *Ibid.*
16. *Ibid.*
17. *Ibid.*
18. *Ibid.*
19. *Ibid.*
20. Collins, *Em chamas*.
21. *Id.*
22. Suzanne Collins, *A esperança* (Rocco, 2011).
23. *Id.*
24. Kate Eastman, "Child Star Hunger Games", *Oology*, http://ology.com/screen/child-star-hunger-games
25. Mark S. Glickman, "The Appropriate Response to bin Laden's Death", *Seattle Times*, 13 de maio de 2011.
26. Collins, *A esperança*.

6
"ENTÃO AQUI ESTOU EU NOVAMENTE EM DÉBITO COM ELE": KATNISS, PRESENTES E O QUE ESTÁ POR TRÁS DELES

Jennifer Culver

> Ele não fez tanto esforço assim para se conectar com Peeta. Talvez ele pense que uma tigela de caldo seria apenas uma tigela de caldo para Peeta, ao passo que eu saberia ver o que está por trás dela.
>
> *Katniss Everdeen, em* Jogos Vorazes[1]

Katniss Everdeen não acredita em presentes dados sem segundas intenções. Não importa se é um pãozinho ou apenas lealdade. Ela jamais consegue se libertar da sensação de estar em dívida — sensação que impõe a si mesma — até conseguir retribuir a seu benfeitor de alguma forma. É impressionante quantas vezes ela usa a palavra *dever* e como ela se sente com um peso nas costas enquanto não consegue se livrar de suas "dívidas". Mesmo quando os outros não pedem nada em troca, Katniss jamais aceita um presente sem supor que há algo por trás. Por que ela vê algo por trás de cada presente, mesmo quando mais ninguém faz isso?

Pães, laços e fardos

Para entender por que Katniss acredita haver algo por trás de presentes, vamos procurar o filósofo e antropólogo Marcel Mauss (1872-1950), que fez uma das análises mais perspicazes do ato de presentear no século XX. Mauss afastou-se da sociedade moderna e estudou comunidades arcaicas, examinando o papel do ato de presentear em sociedades variadas, indo das culturas indígenas da África à Europa medieval. De acordo com Mauss, o ato de presentear era uma "mentalidade definida" nessas comunidades, de modo que "tudo — comida, mulheres, crianças, bens, talismãs, terras, trabalho, serviços, ofícios sacerdotais e classes — é matéria de transmissão e de entrega".[2] Em seus estudos, Mauss descobriu um ciclo de distribuição de presentes que envolvia tanto formalismo quanto a economia.

Imagine uma celebração na Europa durante a Idade Média. Enquanto a alegria vai diminuindo, o rei recebe presentes e os apresenta a vários convidados em uma grande mesa. Um dignitário visitante pode receber uma taça de ouro coberta de joias. O dignitário agora entende que deve retribuir com outro presente, talvez uma espada preciosa ou um belo colar para a rainha. Se não retribuir, ambas as partes entendem que o rei anfitrião conquistou uma vantagem no relacionamento. O dignitário "está em dívida" com o rei pelo presente e deve retribuir de alguma forma para que eles voltem a ficar na mesma condição.

Contudo, nem todos no salão precisariam retribuir os presentes do rei na mesma moeda, pois não se espera que quem lute por ele ou trabalhe para ele possa dar presentes no mesmo nível de extravagância que o rei. Quando o monarca presenteia seus súditos, eles retribuem na forma de serviços. Ao aceitar uma espada do rei, o súdito concorda em usá-la para defender a ele e ao reino. Mauss argumentou que todos os envolvidos na economia do ato de presentear entenderam essa necessidade de retribuir e as várias formas que ela poderia assumir. A troca de presentes fortalece os laços sociais, as cordas invisíveis que prendem os indivíduos uns aos outros e unem a comunidade. A espada é mais do que uma simples arma. Ela representa o laço entre o súdito e seu rei, assim como a taça do dignitário representa o laço entre duas nações. Até hoje dignitários e países anfitriões trocam presentes para representar os laços de afeto entre duas nações, como ocorreu quando o presidente Barack Obama deu um iPod à rainha Elizabeth II da Grã-Bretanha.

Mauss descreve uma época em que havia muitas regras determinando o ato de presentear, que geralmente ocorria em um cenário cerimonial e aderia a padrões formais rígidos. As sociedades modernas, porém, usam a moeda para fazer as mercadorias circularem, tirando um pouco a importância dos presentes. Hoje, há menos formalidade em torno do ato de presentear, mas justamente por isso temos mais oportunidades para constrangimentos. Quando devo dar um presente? Quanto devo gastar? O que significa receber um presente repentino? Talvez nas festas de fim de ano surja um presente inesperado de alguém. Quem recebe pode ficar sem graça por não ter retribuído com outro. Ou pode acontecer de presentes serem trocados, mas um não se igualar ao outro em valor monetário ou sentimental. Alguém pode se sentir menosprezado. Embora o termo *presente* implique algo dado livremente, sempre parece haver laços sutis e expectativas por trás dele.

A vida em Panem pode não ser exatamente igual a das culturas arcaicas estudadas por Mauss, mas Katniss parece ter internalizado a compreensão deles sobre presentes de tal modo que sempre vê algo por trás dos presentes mesmo quando foram dados de boa vontade. Ao se lembrar do pãozinho dado pelo Peeta quando ela mais precisou, Katniss primeiro reconhece a importância do presente, chamado de "o pão que me deu a esperança", depois observa que Peeta poderia ter sido punido (e provavelmente foi) por ter lhe dado o alimento, e por fim reflete: "Sinto uma espécie de dívida para com ele. E detesto dívidas. Quem sabe se eu não tivesse agradecido a ele em alguma ocasião eu não estaria sentindo o conflito que me consome agora."[3]

Mauss diria que Katniss se sente em dívida justamente porque internalizou a ideia de que "recebe-se uma dádiva 'sobre as costas'".[4] (Isso é, como se fosse um fardo.) Esse fardo em particular pesa nos ombros de Katniss quando ela entra nos Jogos, limitando sua liberdade de ação devido ao laço criado entre ela e Peeta, que continua intacto muito tempo depois de o pão ter sido comido.

Quando o ciclo do ato de presentear é reconhecido pela comunidade como um todo, há repercussões sociais por não retribuir adequadamente. Quem não o faz a contento, seja por meio de presentes ou serviços de igual valor, pode ficar desacreditado na comunidade ou perder alguns dos benefícios de fazer parte dela. Mas e quanto a um presente particular, como o pão dado por Peeta, que não é testemunhado pela comunidade? Ele cria alguma obrigação?

Mesmo um presente particular cria um laço entre pessoas, de acordo com o acadêmico contemporâneo Lewis Hyde, que estende a obra de Mauss para a sociedade moderna. Para Hyde, o ato de presentear não tem significado apenas no sistema organizado do cerimonial arcaico, ele também pode ocorrer em particular e ainda assim ter um significado profundo para as partes envolvidas.[5] Da perspectiva de Hyde, o pão dado de presente discretamente por Peeta tem um peso mesmo se a sociedade não tiver testemunhado o ato.

Peeta protesta, dizendo "Acho que a gente pode esquecer aquilo" quando Katniss menciona o pão após ter ajudado o rapaz a se recuperar das lesões sofridas na arena. Mas ela acredita que o presente ainda não foi devidamente retribuído: "Tenho a impressão de nunca conseguir deixar de ter essa dívida com você",[6] diz ela. Embora ser incapaz de retribuir não prejudique a situação de Katniss na comunidade, ela enfrenta repercussões internas na forma de orgulho ferido devido à incapacidade de pagar o que considera uma dívida. Katniss se orgulha de ser autossuficiente e conseguir sustentar a família, mas o que ela precisou trocar pelo pão quando recebeu a caridade de Peeta foi rejeitado. Aceitar o pão como presente, e consequentemente admitir que o que ela tinha a oferecer não era o bastante, magoa Katniss e fere sua noção de autossuficiência.

O presente de Peeta foi motivado pelo amor que sente por Katniss. Um dos motivos que a fazem se sentir em dúvida é que a princípio ela não retribui esse amor e não pode devolver o sentimento de modo sincero. Ela luta com a sensação de dever algo a ele e, posteriormente, luta com as sensações conflitantes de afeto cada vez maior por Peeta. Katniss também percebe que o outro tributo do Distrito 12 preferia que os sentimentos dele fossem correspondidos de modo verdadeiro — e saber que ela não consegue fazê-lo só aumenta a sensação de culpa. Para Katniss, o amor, bem como a obrigação da reciprocidade, cria uma ligação que pode se mostrar perigosa mais adiante, se a vida dela estiver em risco. Os contínuos atos de generosidade de Peeta fazem o fardo da dívida de Katniss ficar cada vez mais pesado, sobrecarregando-a.

Dívidas dentro da arena que jamais poderão ser pagas

No início da 74ª edição dos Jogos Vorazes, Katniss vê uma relação marcante entre os presentes dos patrocinadores (chamados de "dádivas") e as ações dentro da arena. Quando o Distrito 11 a recompensa com pão pelo tratamento carinhoso que deu a Rue, Katniss se pergunta por que o distrito autorizou Haymitch Abernathy a mandar esse presente: "Como agradecimento? Ou porque, como eu, eles não gostam de deixar de quitar as dívidas?" Ela em seguida agradece em voz alta para que eles saibam "que todo o valor daquela dádiva foi reconhecido".[7]

Como Katniss avalia o mundo por meio da dívida e da reciprocidade, ela supõe que o povo do Distrito 11 pensa da mesma maneira. Embora não tenha tratado Rue com carinho porque queria alguma recompensa, ela parece acreditar que o Distrito 11 ainda se sentiria em dívida com ela por aquele ato, do mesmo modo que ela se sente em dívida com Peeta por seus vários atos de generosidade. Como Mauss e Hyde dizem, presentes criam obrigações, mesmo que a intenção original não tenha sido essa.

Katniss parece estar certa quanto ao modo de pensar do Distrito 11, pois acaba encontrando outro tributo do mesmo distrito que vê o mundo dessa forma: Thresh. Ao saber que ela tratou Rue muito bem e que cantou para ela até o último suspiro da criança, ele salva a vida de Katniss, dizendo, em um tom que nossa heroína considera quase acusatório: "Agora eu e você estamos quites. Não te devo mais nada. Tá me entendendo?" Katniss aquiesce e reflete: "Entendo, sim. Entendo a dívida. Entendo o ódio que ele sente por isso."[8] Ela reconhece em Thresh o mesmo ressentimento que sente quando precisa modificar suas ações ou seu discurso por pensar que deve algo a alguém. A dívida compromete sua independência, algo que nem Katniss nem Thresh aceitam bem.

Peeta não entende a atitude do tributo do Distrito 11 quando Katniss conta o ocorrido para ele depois, mas ela não se surpreende: "Não espero que você entenda. Você sempre teve tudo de que precisava. Mas se morasse na Costura, eu não teria de explicar nada."[9] Os moradores da Costura dependem basicamente de trocas para atender às suas necessidades, visto que têm pouco dinheiro para fazer parte da economia em um âmbito maior. Em tal ambiente, semelhante às sociedades arcaicas estudadas por Mauss, as pessoas têm grande consciência do que receberam dos outros e das retribuições que devem fazer. Some-se a isso o desejo predominante de autossuficiência por parte de Katniss, que a faz desconfiar de qualquer coisa que se assemelhe à caridade, e podemos ver por que ela odeia receber um presente que não pode retribuir. Como Peeta jamais sentiu o peso de dever algo a outra pessoa, não consegue entender esse fardo.

Já veterana e experiente na arena no livro *Em chamas*, Katniss tenta evitar as dívidas, mas não consegue. Aliada a Finnick Odair, ela pensa em atirar nele pelas costas enquanto caminham juntos, visto que ele vai acabar tendo que morrer se ela quiser sobreviver. "É algo deplorável, é claro, mas por acaso seria mais deplorável se eu esperasse? Se eu o conhecesse melhor? Se eu passasse a dever ainda mais a ele?"[10] Ela não o mata, mas a preocupação quanto a "dever ainda mais a ele" se mostra visionária mais tarde, quando Finnick escolhe salvar Peeta em vez de Mags. Katniss lamenta: "Só sei que jamais conseguirei pagar a dívida que tenho para com ele."[11] Sua única opção é deixar que ele sofra pela perda da amiga querida.

O fato de Katniss nunca conseguir pagar Finnick significa que o sacrifício dele cria um laço entre ambos, no qual se espera que ela lhe forneça ajuda e proteção indefinidamente no futuro e Katniss não gosta disso, pois detesta qualquer coisa que ameace sua independência. Porém, suas proezas como tributo e (posteriormente) como símbolo para a Revolução do Tordo deixam-na cada vez mais conectada às pessoas ao seu redor. A independência que ela tanto aproveitou enquanto sustentava a família caçando e coletando na floresta é coisa do passado. À medida que ela e a família ficam mais ligadas à comunidade, Katniss se sente cada vez mais limitada por dívidas.

Nem todos os laços são um fardo

Quanto Katniss volta da 74ª edição dos Jogos Vorazes, ela descobre que as pessoas do Prego, alguns dos habitantes mais pobres do distrito, economizaram dinheiro para patrociná-la. Ela não precisa mais ir ao Prego para obter suprimentos, mas continua indo porque "embora jamais mencionem isso, devo muito às pessoas que frequentam o Prego".[12] Ela distribui as moedas pelo mercado como um ato de reciprocidade. Ela agora pode gastar dinheiro e quer retribuir o apoio recebido da única forma que essas pessoas aceitariam: comprando o máximo de mercadorias que pode dos comerciantes que a patrocinaram. Katniss acredita que as pessoas do Prego têm o mesmo orgulho e apreço pela independência que ela, e usa sua capacidade de pagar pelas mercadorias como forma de demonstrar gratidão.

Katniss lida maravilhosamente bem com essa situação, pois encontra um jeito de retribuir, mantendo o orgulho do pessoal do Prego intacto e fortalecendo os laços entre eles. Em nenhum momento ela menciona que está comprando tantas coisas por acreditar que tem uma dívida com eles. Fazer isso seria grosseiro, quase uma rejeição do presente recebido.

Imagine receber um presente de aniversário e retribuir com o valor exato do presente em dinheiro a fim de quitar a obrigação na qual aquele presente o colocou. Que insulto! O presente seria reduzido a uma simples transação comercial. Enquanto a troca de presentes tende a criar e fortalecer laços, pagar dívidas em dinheiro geralmente tem o efeito oposto, afastando as pessoas.

As pessoas do Prego conhecem Katniss, e o presente que deram a ela reflete o laço já existente entre eles que, ao contrário do laço criado pelo pãozinho ofertado por Peeta, foi inicialmente feito nos termos dela. Katniss gerencia sua dívida com eles de modo a fortalecer esses laços, em vez de lamentar o simples fato de eles existirem.

Katniss e Peeta se sentem em dívida com o Distrito 11, pois os dois tributos daquele distrito, Rue e Thresh, ajudaram a manter nossa heroína viva e, portanto, indiretamente ajudaram a salvar Peeta. Ele faz um discurso eloquente no qual promete às famílias daqueles dois tributos "um mês de nossos ganhos a cada ano enquanto estivermos vivos", garantindo que essas famílias nunca mais passarão fome enquanto Katniss e Peeta viverem. "O momento... é perfeito", diz Katniss, admirada. No entanto, o olhar da irmã de Rue deixa claro para ela que mesmo isso não é o bastante: "Minhas dívidas são grandes."[13]

Mais do que dever ao povo do Distrito 11 uma parte de seus ganhos, Katniss lhes deve gratidão. "Obrigada por suas crianças", diz ela. "E obrigada a todos vocês pelo pão."[14] Embora o presente de uma parte dos ganhos possa ser considerado uma forma de pagar a dívida, suas palavras de gratidão reconhecem que um laço duradouro entre os distritos foi criado, desafiando a Capital, que criou os Jogos Vorazes em parte para fomentar a animosidade entre os distritos. Forjado na arena e reforçado por meio de presentes e palavras de agradecimento, esse laço desperta sensações de solidariedade que depois vão alimentar a rebelião.

O relacionamento de Katniss e Peeta com o povo do Distrito 11 e com seus patrocinadores no Prego mostra que nem todos os laços devem ser vistos como um fardo. Mauss acreditava que presentes criam o tipo de laço exigido para unir uma sociedade. O presente dado por Katniss e Peeta de uma parte de seus ganhos para o Distrito 11, junto com o discurso sincero de agradecimento feito por Katniss, criou uma relação que ajudou a subverter uma ordem social injusta, cujo pilar consiste em manter as pessoas isoladas e hostis umas com as outras.

O presente da lealdade

Em *A esperança*, Katniss não fala de dívidas da mesma forma que nos livros anteriores, possivelmente porque a rebelião a colocou em uma posição de pagá-las com trabalho. Ela continua a ver o mundo em termos de pessoas que presenteiam e fazem atos que criam laços e exigem reciprocidade, mas o que mudou foi sua capacidade de retribuir.

Mesmo em um ambiente militar podemos observar o ciclo do ato de presentear. Mauss argumenta que a lealdade pode ser um presente e, ao se colocar em uma posição de acumular lealdade, a pessoa cria a obrigação de ser digna desta lealdade. Promessas ou juramentos concretizam essa expectativa de lealdade e uniformes e armas podem atuar como símbolos desta promessa.[15] Isso significa que vestir um uniforme de oficial exige que o oficial aja de modo a inspirar lealdade em seus subordinados. Para os subordinados, o uniforme indica o reconhecimento da lealdade prometida. Isso destaca o fato de que a reciprocidade pode vir em formas intangíveis e criar laços entre todos os envolvidos.

Katniss se coloca em uma posição subordinada quando se junta à rebelião. Ao aceitá-la sob seu comando, Boggs lhe deve uma certa quantidade de lealdade e tratamento justo. Em troca, Katniss deve ser capaz de esperar um grau correspondente de lealdade de Boggs, que ele demonstra salvando a vida dela, embora Coin queira ver Katniss morta como mártir pela causa.

Ao usar um uniforme, Katniss declara sua lealdade à rebelião e cria um laço entre ela e os outros que usam o mesmo uniforme. Quando seus companheiros de armas sacrificam a vida pela causa da rebelião, Katniss começa a sentir o peso dos laços que criou. Escondida na loja de Tigris, ela hesita momentaneamente em sua luta, mas depois percebe: "Tenho com os outros uma dívida que só poderá ser paga de uma única maneira."[16] Essa dívida pode ser paga apenas completando a missão e matando o presidente Snow, o homem que causou tanta dor em sua vida e de tantos outros em Panem.

A essa altura, como anda a noção de dívida de Katniss com o garoto do pão? Ainda sem estar pronta para reconhecer o amor que sente por Peeta (se é que ela o ama *mesmo*) e fazer disso a base do laço que os une, Katniss pode ao menos dar o presente da lealdade. Ela negocia por ele como parte de seus termos para ser o tordo e não se sente confortável em abandonar a fantasia do caso amoroso deles, mesmo em âmbito particular.

Contudo, o que ela sente por Peeta fica mais complicado quando ele volta ao Distrito 13 como vítima de telessequestro, lavagem cerebral e acreditando nas piores coisas sobre Katniss e os outros rebeldes. Embora jamais admita abertamente, Katniss fica claramente perturbada pelo fato de Peeta não valorizar mais o laço existente entre eles e forjado por seus repetidos atos de altruísmo e generosidade.[17] Em vez disso, ele fica violento quando a vê. Mas nem isso basta para afastar Katniss. Independente das lembranças de Peeta, ela lhe deve muito mais do que isso. Mesmo depois de ele tentar matá-la, Katniss ainda busca restabelecer a conexão perdida, dizendo que "isso é o que você e eu fazemos. Protegemos um ao outro".[18]

Vale notar que Katniss não diz mais que "deve" algo a Peeta. O dever foi substituído pela reciprocidade, pagando as dívidas com a proteção mútua. Aqui, nós vemos outra demonstração da força dos presentes para forjar laços. No fim das contas, é esse laço entre os dois que realmente importa e tem valor. O presente pode ser valioso por si, como o pão que alimentou a família de Katniss.

No entanto, às vezes, o presente pode ser símbolo do laço entre duas pessoas, como quando Katniss tira com carinho os cabelos da testa de Peeta enquanto ele se recupera no Distrito 13, mesmo sendo algo que ele poderia facilmente fazer sozinho. Mauss observa que em algumas sociedades o presente-símbolo pode não ter valor algum e ser algo como um galho ou uma pedra. O importante é o *momento* em que o laço foi forjado. O presente apenas marca a importância deste momento.

Como Katniss e Peeta repetem o ciclo de reciprocidade ao longo do tempo que passaram juntos, o laço entre eles se fortalece cada vez mais, o que tanto Mauss quanto Hyde argumentariam ser o resultado desejado da troca de presentes. Katniss pode não perceber, mas os repetidos atos de generosidade por parte de Peeta a transformaram lentamente em alguém que não precisa mais ser totalmente independente e autossuficiente. É por isso que ela não desiste dele quando Peeta rejeita sua bondade, passando a trabalhar para restaurar o laço aos qual ela originalmente resistiu. Katniss não detesta mais a forma pela qual os laços criados pelos presentes restringem a sua liberdade de ação e passa a valorizar o que eles têm a oferecer em troca: uma conexão com outras pessoas.

O presente da lembrança

O laço entre Peeta e Katniss ajuda no processo de cura quando a revolução termina e eles voltam para casa no Distrito 12. Enquanto ela chora as perdas que sofreu, Peeta retribui de forma pequena e controlada. Em vez de sobrecarregar Katniss com sua presença ou cobri-la de presentes, ele começa com uma lembrança da irmã dela, Prim. E aí algo diferente acontece. Pela primeira vez, Katniss não reclama que um ato de bondade de Peeta está lhe dando o fardo de uma nova dívida. Talvez Katniss não veja mais a generosidade como uma ameaça a sua autossuficiência, por ter se dado conta de que não é completamente autossuficiente e nunca será. Ela aprendeu a aceitar a bondade apreciando a ligação forjada por ela em vez da dívida que ela impõe.

Com ajuda de Peeta, Katniss reconhece sua dívida com os colegas mortos e os entes queridos através da criação de um livro. Ao manter viva a lembrança de pessoas como Cinna, que sacrificou a vida por ela e seu pai, que ajudou a transformá-la na mulher que se tornou, Katniss expressa sua gratidão aos mortos pelos sacrifícios feitos por eles. Em última instância ela percebeu que a melhor forma de fazer isso é tentando viver bem para que estas mortes importem e os presentes recebidos deles sejam utilizados da melhor forma possível.

Notas

1. Suzanne Collins, *Jogos Vorazes* (Rocco, 2010).
2. Marcel Mauss, *Ensaio sobre a dádiva* (Edições 70, 1988, Portugal).
3. Collins, *Jogos Vorazes*.
4. Mauss, *Ensaio sobre a dádiva*.
5. Lewis Hyde, *The Gift: Imagination and the Erotic Life of Property* (New York: Vintage Books, 1983).
6. Collins, *Jogos Vorazes*.
7. *Id.*
8. *Ibid.*
9. *Ibid.*
10. *Ibid.*
11. *Ibid.*
12. Suzanne Collins, *Em chamas* (Rocco, 2011).
13. *Id.*
14. *Ibid.*
15. Mauss, *Ensaio sobre a dádiva*.
16. Suzanne Collins, *A esperança* (Rocco, 2011).
17. Para saber mais sobre o telessequestro de Peeta, veja o Capítulo 13 — Quem é Peeta Mellark?: O problema da identidade em Panem.
18. *Id.*

TERCEIRA PARTE

"ESTOU TÃO RADIANTE QUANTO O SOL": O NATURAL, O NÃO NATURAL E A CIÊNCIA QUE NEM É TÃO ESTRANHA ASSIM

7

COMPETIÇÃO E BONDADE: O MUNDO DARWINIANO DOS JOGOS VORAZES

Abigail Mann

> Pode ser que a gente esteja testemunhando a evolução da raça humana.
>
> Plutarch Heavensbee, em *A esperança*[1]

Embora Greasy Sae seja hábil para disfarçar o gosto de cão selvagem em seu cozido especial diário, a trilogia *Jogos Vorazes* não esconde o fato de nos levar para o mundo cão da competição darwiniana. Os Jogos em si parecem a epítome do darwinismo. A cada ano, 24 tributos são colocados em uma árida paisagem "natural", onde lutam com intempéries, animais, plantas e também entre si até que sobre apenas um vitorioso para colher riquezas e recompensas pelo resto da vida. Afinal, toda essa competição cruel em que "os mais aptos sobrevivem" não seria uma interpretação fiel da obra do teórico e pioneiro da evolução Charles Darwin (1809-1882)?

Contudo, por mais que a trilogia seja centrada na competição, a trama dos livros também depende do altruísmo, definido pelo psicólogo Daniel Batson como "um desejo de beneficiar alguém em detrimento de si mesmo".[2] Às vezes, Katniss põe as necessidades de Rue ou de Peeta Mellark acima das próprias na arena, mesmo colocando sua vida em grande risco.

E Peeta constantemente faz o mesmo por Katniss. Finnick Odair, Johanna Mason, Mags e Beetee também fazem sacrifícios para salvar Katniss no Massacre Quaternário. Essas não seriam aberrações no mundo cão da competição darwiniana?

Na verdade, alianças e atos de altruísmo têm papel crucial na teoria da evolução e seleção natural de Darwin, que é frequentemente incompreendida mesmo sendo alvo de constantes discussões. A evolução, conforme descrita por Darwin, depende tanto da cooperação e da abnegação quanto da competição e da luta.

"Uma tirinha de papel entre milhares"

O lema dos Jogos Vorazes — "Que a sorte esteja sempre a seu favor" — destaca a importância do acaso. A teoria da evolução darwiniana também. Na verdade, o que levou a teoria de Darwin a vencer entre as outras que competiam para definir a evolução no século XIX foi o fato de compreender e aceitar o acaso. Darwin não inventou a ideia da evolução: a noção de que uma espécie evolui a partir de outra está por aí desde a Grécia Antiga, mas ele foi o primeiro a descrever de forma plausível o funcionamento para a evolução: através do mecanismo que ele chamou de *seleção natural*.

A seleção natural diz respeito essencialmente à sorte estar a seu favor. Vamos ver como o próprio Darwin a descreve na introdução de *A origem das espécies*:

> Como, de cada espécie, nascem muito mais indivíduos do que o número capaz de sobreviver, e como, consequentemente, ocorre uma frequente retomada da luta pela existência, segue-se daí que qualquer ser que sofra uma variação, mínima que seja, capaz de lhe conferir alguma vantagem sobre os demais, dentro das complexas e eventualmente variáveis condições de vida, terá maior condição de sobreviver, tirando proveito da *seleção natural*.[3]

Primeiro, deve-se notar que essa luta envolve a competição por recursos, uma ideia familiar à maioria dos habitantes de Panem que não sejam da Capital. Quando Katniss vai à Capital pela primeira vez, o que mais a impressiona não é a publicidade, as festas ou a morte quase certa que deve sofrer, e sim a facilidade para obter comida: "Como deve ser, imagino, viver num mundo onde a comida surge com um apertar de botões? Como eu passaria as horas que agora dedico vasculhando a floresta em busca de sustento se a comida fosse assim tão fácil de se conseguir?"[4] Darwin também sugeriu que a escassez marca a vida da maioria dos indivíduos. Baseando suas ideias nas do economista Thomas Malthus (1766-1834), ele argumentou que as populações animais tendem a se expandir até não poderem ser sustentadas pelos recursos disponíveis, fazendo com que a subsistência seja o problema principal de quase todos os seres.

Como Katniss vive no Distrito 12, sua vida foi marcada pela busca por comida, mas ela tem vantagens significativas sobre os outros habitantes do distrito — os conhecimentos sobre caça e orientação na floresta, a habilidade com arco e flecha e a coragem, vista em sua disposição de ultrapassar a cerca rumo à floresta. É por isso que ela e a família não definharam e conseguiram sobreviver após a morte do pai.

As habilidades excepcionais de Katniss apontam para o segundo componente principal da teoria darwiniana. Os indivíduos variam e algumas dessas "variações", como as habilidades de Katniss, podem "conferir alguma vantagem sobre os demais". Segundo a teoria de Darwin, Katniss tem mais chances de sobreviver, "tirando proveito da seleção natural", o que significa que ela sobreviverá enquanto outras crianças definham e morrem de fome. O termo científico para esse conceito é *aptidão*: a chance de um indivíduo sobreviver (pelo menos por tempo suficiente para deixar uma prole).

Contudo, a genialidade de Darwin se revelou mesmo ao compreender a aleatoriedade de todo o sistema. Como ele destacou na citação acima, uma variação que confira alguma vantagem precisa ser útil "dentro das complexas e eventualmente variáveis condições de vida". De modo mais simples, podemos dizer que as variações precisam ser úteis no ambiente onde o indivíduo se encontra.

Katniss é um bom exemplo disso. Por um lado, ela é excepcionalmente bem adaptada para caçar na floresta perto do Distrito 12 e, por extensão, na arena. Por outro, ela não é muito bem equipada para os jogos políticos de poder e intriga da Capital. Peeta sempre tem a exata noção de como encantar o público, mas Katniss geralmente dá a impressão de ser inexpressiva e mal-humorada. Da perspectiva da teoria darwiniana, é tão "natural" para Katniss fracassar em um ambiente (como ela realmente o faz durante a Turnê da Vitória sem a ajuda de Peeta, Haymitch Abernathy e Cinna) quanto ter sucesso no outro.

Hoje em dia, algumas pessoas falam que a seleção natural não consegue funcionar adequadamente devido à interferência humana. Por exemplo, muitos discursos repletos de ódio são dirigidos aos pobres, considerados "inaptos" e que, segundo esse raciocínio, pereceriam merecidamente se não fosse pela proteção dada pelo governo, permitindo que eles tenham sucesso contra as leis da seleção natural. Porém, do ponto de vista científico, como a evolução não tem um objetivo, logo não pode haver um "funcionamento incorreto" na seleção natural.[5]

Um conceito errôneo bastante popular sobre a evolução é que ela seria *teleológica*, isto é, busca um fim específico. Na verdade, a seleção natural depende totalmente do acaso e das circunstâncias. Nada é determinado antecipadamente e não se faz qualquer julgamento de valor em nenhuma das incontáveis formas pelas quais os indivíduos são "selecionados" para seus ambientes. A reflexão de Katniss quando o nome de Prim é chamado — "Uma tirinha de papel. Uma tirinha de papel em milhares. A probabilidade era completamente favorável a ela."[6] — enfatiza tanto a brutalidade darwiniana de Panem quanto o fato de a seleção natural depender do acaso.

A vantagem competitiva da bondade

Mesmo que a teoria darwiniana não privilegie um tipo de adaptação sobre qualquer outro, Darwin admitiu que o mundo natural pode ser brutal: ele o comparou a "uma superfície macia, na qual haja 10 mil cunhas agudas, cravadas umas ao lado das outras, vão sendo continuamente enfiadas para o interior da superfície por meio de golpes incessantes, ora numa cunha, ora noutra, cada vez com mais força".[7] (Os Idealizadores dos Jogos deveriam ler isso e criar um belo projeto para a Cornucópia.)

Ao mesmo tempo, porém, ele reconheceu que a competição brutal não pode ser o único caminho se a teoria dele quiser explicar a evolução dos seres humanos incluindo nossa natureza social, os sentimentos profundos de compaixão e o senso moral que é considerado por muitos como a característica humana mais importante. Afinal, nós, seres humanos, não somos de natureza "rubra em dentes e em garras", — frase cunhada pelo poeta Alfred Lord Tennyson (1809-1892) —, somos? Não o tempo todo e nem em todos os aspectos! Somos criaturas sociais que geralmente colocam as necessidades dos outros acima das próprias. Mesmo nos Jogos Vorazes, criados especificamente para trazer à tona a competitividade mais cruel, os combatentes agem com bondade e generosidade uns com os outros: não só Katniss e Peeta se ajudam como Thresh chega a poupar a vida de Katniss porque ela tentou proteger Rue.

O que Darwin mencionou de forma apressada nas páginas finais de seu volumoso *A origem das espécies* — que uma "nova luz será lançada" tanto sobre a origem física do homem quanto sobre a "psicologia" humana — foi dito de modo mais ousado em sua próxima grande obra, *A origem do homem*: nossa natureza moral também evoluiu de formas inferiores.[8] Neste livro, Darwin respondeu aos críticos que rejeitavam a evolução humana por não conseguirem entender como a compaixão e a bondade poderiam ter sido favorecidas pela seleção natural. Parte do argumento dele consistia simplesmente em mostrar que a cooperação e a compaixão eram, na verdade, características comuns no reino animal, ao contrário do que acreditavam muitos que não tinham a vivência direta de Darwin na observação da vida dos outros animais.[9] Ele demonstrou que animais vivendo em grupos sociais realmente possuíam "instintos sociais [que] levam um animal a comprazer-se com a companhia de seus semelhantes, a sentir um certo grau de simpatia por eles e a prestar-lhes vários serviços".[10]

Porém, ele também precisava explicar como essas características evoluíram. O altruísmo é intrigante do ponto de vista evolucionista, visto que parece aumentar a aptidão de outros indivíduos em detrimento da própria. Afinal, quando Thresh poupa a vida de Katniss, ele aumenta a probabilidade *dela* se sair vitoriosa, reduzindo assim as próprias chances de voltar para o Distrito 11 com vida. Se a evolução diz respeito a ter a sorte a seu favor, como esse comportamento tão justo e altruísta poderia ter evoluído?

Darwin respondeu que não é necessário explicar todas as adaptações bem-sucedidas em termos de contribuição para o interesse *individual*, já que a competição ocorre tanto entre indivíduos como entre grupos. "Certamente", escreveu ele, "uma tribo que conta com alguns membros que (...) estão sempre dispostos a ajudar um ao outro e a sacrificar-se em prol do bem comum, poderia sair vitoriosa sobre algumas outras tribos". Ele conclui dizendo que "isso não seria nada mais e nada menos do que seleção natural".[11]

A Capital normalmente não tem medo dos tributos na arena, porque eles estão ocupados demais lutando um contra o outro para juntar as forças contra um inimigo comum. Porém, quando eles se unem e estão dispostos a sacrificar tudo pela causa, como ocorre no livro *Em chamas*, podem representar uma grande ameaça. Da mesma forma, Darwin acreditava que o instinto cooperativo seria favorecido pela evolução devido à vantagem competitiva que ele dá a quem trabalha bem em equipe. Isso é conhecido como *seleção de grupo*.

Uma forma de seleção de grupo particularmente enfatizada por Darwin é a *seleção de parentesco*. No altruísmo baseado no parentesco, os indivíduos sacrificam riquezas, oportunidades de procriar e até a própria vida pelo bem de outro indivíduo com o qual tenha parentesco genético. Lançar-se em uma situação perigosa para salvar integrantes da família é algo familiar aos leitores da trilogia *Jogos Vorazes*, pois é exatamente o que Katniss faz quando o nome de Prim é chamado na colheita. Embora Darwin tenha publicado suas conclusões antes da compreensão científica dos genes, ele sabia que os parentes passavam características aos filhos. A aptidão de um organismo é, em última instância, medida pelo tamanho da prole deixada por ele. Os sobreviventes desta prole vão passar os genes adiante, incluindo quaisquer variações vantajosas, para outra prole. Portanto, desde que um indivíduo se sacrifique por um parente com quem compartilhe um número significativo de genes, a seleção natural tenderá a favorecer o altruísmo baseado no parentesco.

Darwin tinha um interesse particular no altruísmo encontrado nas formigas e abelhas, porque a maioria dos integrantes de uma comunidade tem relação de parentesco genético. Isso significa que mesmo se o indivíduo que se sacrifica morra, uma boa quantidade de parentes próximos (filhos, filhas, irmãos, irmãs, sobrinhas e sobrinhos) pode viver como resultado direto de suas ações. Uma criança terá metade dos genes do pai e metade da mãe, mas irmãos, irmãs, sobrinhos e sobrinhas também têm em comum pelo menos uma porcentagem de genes. Então, em termos darwinianos, o altruísmo baseado no parentesco tem grandes vantagens.

Aplicando essa percepção aos Jogos Vorazes, vemos que mesmo se Katniss tivesse morrido, haveria uma boa probabilidade de Prim ter sobrevivido para ter muitos filhos. Com as formigas e abelhas, esse efeito é imensamente multiplicado, já que todos no grupo têm alguma relação de parentesco genético. Portanto, salvar a colmeia para uma abelha altruísta significa que todas as suas 5 mil irmãs vão sobreviver para passar os seus genes adiante!

Ao explicar como o altruísmo pode aumentar a aptidão de um grupo e seus genes, Darwin mostrou como a bondade pode ser produto da seleção natural em vez de uma característica que nos separa de nossos parentes animais. A decisão de Katniss de se sacrificar por Prim serve como modelo perfeito dos fatores destacados por Darwin para explicar a evolução da bondade: uma queda na aptidão individual seguida de um aumento na aptidão do parente desse indivíduo.

Mesmo se a evolução do altruísmo tiver sido inicialmente movida pela seleção de parentesco, isso não significa que os indivíduos estejam dispostos a sacrificar a própria aptidão apenas para beneficiar parentes próximos.

Se Thresh e Katniss são parentes, nenhum dos dois parece ter ciência disto. Mesmo assim, ele reduz a própria aptidão ao não usar sua pedra para atingir a cabeça de Katniss.

Além disso, essa não é uma decisão impulsiva, como quando Katniss se ofereceu para salvar Prim. Quando o nome de Prim foi chamado na colheita, o instinto de autopreservação de nossa heroína foi imediatamente empurrado para o lado, exatamente como a multidão que estava entre ela e o palco, pois o instinto mais forte de proteger Prim a levou adiante. Mas, a julgar pelas palavras de Katniss, a decisão de Thresh de poupá-la foi muito mais complicada e ambivalente.

"Emoções conflitantes estão estampadas no rosto de Thresh",[12] diz Katniss quando ele abaixa a pedra com a qual planejara abrir seu crânio. Temos certeza que uma dessas emoções era o forte desejo e instinto de sobreviver e voltar para casa em segurança. No entanto, algo dentro dele, que podemos chamar de consciência ou senso moral, anulou esse desejo normalmente tão poderoso. A teoria da evolução pode explicar isto?

Não salvar a Avox: consciência e arrependimento

Quando Katniss se sacrifica por Prim, ela não reconsidera a situação nem por um segundo, apenas faz, agindo sem premeditação no que pode ser considerado um ato instintivo. Darwin tinha ciência de que algumas pessoas hesitariam em usar a palavra *moral* para descrever essa ação, visto que foi "realizada impulsivamente", não "deliberadamente, depois de uma vitória sobre desejos conflitantes ou (...) sugeridas por algum motivo elevado".[13]

O filósofo Immanuel Kant (1704-1804) argumentou que apenas uma ação feita pelo "motivo elevado" do dever merece realmente ser chamada de "moral".[14] Um ato abnegado movido por algum desejo ou inclinação *natural*, como o instinto protetor de Katniss em relação à Prim, pode ter bons resultados e deve ser elogiado e estimulado, mas, para Kant, esse tipo de ação não tinha a dignidade de um ato genuinamente *moral*, que nos obriga a ir além de nossas inclinações imediatas, como acontece quando Thresh se abstém de golpear a cabeça de Katniss.

Thresh parece ser movido por um senso de dever tão forte quanto ele. O tributo do Distrito 11 venceu suas inclinações antagônicas de modo tão decisivo quanto fez com sua oponente Clove apenas alguns momentos antes. Esse senso de dever nos separa dos outros animais, de acordo com Kant. Porém, quando Katniss arrisca a vida pela irmã, estava apenas obedecendo à sugestão do seu instinto natural — ou "animal". No julgamento de Kant, o sacrifício dela não tem mais valor moral do que a feroz exibição de instinto maternal promovida pelos tordos que, como sabemos, "podem ser perigosos, se você se aproximar demais de seus ninhos".[15]

Darwin, porém, acreditava que a linha que separa os seres humanos dos outros animais era muito mais tênue do que alguns estavam preparados para admitir. Segundo ele, "pelo que tange a deliberação e a vitória sobre motivos conflitantes, podemos ver animais em dúvida sobre instintos opostos, ao socorrerem a prole ou os companheiros".[16] E se outros animais às vezes devem lutar contra inclinações opostas a fim de agir de modo altruísta, os seres humanos são conhecidos por agir com nobreza sem qualquer tipo de conflito interior.

Darwin também observou que "todos nós sentimos que uma ação não pode ser considerada perfeita, ou realizada na maneira mais nobre, se não o for impulsivamente, sem decisão ou esforço, como se fosse realizada por um homem, cujas qualidades requeridas são inatas". Visto assim, o fato de Katniss não ter que parar e pensar faz sua ação ser *ainda mais* digna de elogios em termos morais. As ações morais, conclui Darwin, podem ser "realizadas deliberadamente, depois de uma luta com motivos conflitantes", embora também possam ser realizadas "impulsivamente através do instinto ou por efeito de um hábito adquirido lentamente".[17]

Ainda assim, Darwin admitiu que há algo singular no senso moral humano. Outros animais podem agir de modo altruísta, mas Darwin acreditava que apenas o ser humano está "em condições de comparar as suas ações e os motivos passados e futuros e de aprová-los ou desaprová-los".[18] A fonte de nossa consciência moral reside na capacidade humana de refletir sobre os motivos e julgar alguns como bons e outros como maus. A evolução nos favoreceu com instintos egoístas e altruístas, e, às vezes, eles entram em conflito, como vimos no caso de Thresh.

Seria ótimo se nossos instintos mais nobres vencessem, mas, infelizmente, não é o caso. Como Darwin observou, embora os instintos altruístas façam parte da natureza humana (exceto, talvez, em aberrações como o presidente Snow), nem sempre eles são tão fortes quanto nossos outros impulsos, como o desejo de evitar o perigo. O famoso cientista britânico dá o exemplo de como "uma jovem e tímida mãe, levada pelo instinto materno, sem um momento de hesitação, correrá o maior perigo pelo próprio filhinho, mas não se exporá ao mesmo em se tratando de um simples semelhante seu".[19]

Ou lembre-se de Katniss, que correu para salvar Prim, mas deixou o instinto de autopreservação superar qualquer impulso de ajudar a garota na floresta que estava sendo perseguida pelo aerodeslizador da Capital, a mesma que depois ela reencontraria na Capital como Avox. "Estou envergonhada por não ter tentado ajudá-la na floresta", reflete Katniss. "Deixei a Capital matar o garoto e mutilá-la sem erguer um dedo contra isso."[20]

Darwin não acreditava que outros animais sociais sentissem esse tipo de remorso, não porque não sucumbam a impulsos egoístas quando seu lado mais nobre enfraquece, mas porque suas faculdades mentais não evoluíram a ponto de conseguirem se lembrar de suas ações passadas e refletir sobre elas. Porém, quando nós, seres humanos, ignoramos os interesses alheios, nossos impulsos altruístas deixados de lado geralmente nos assombram na forma de vergonha e remorso, exatamente o que acontece quando Katniss encontra a Avox na Capital. Essa capacidade de avaliar os motivos e as ações de modo retrospectivo é a fonte de nossa consciência moral, de acordo com Darwin. Ele explica:

No momento da ação, o homem não hesitará em seguir o impulso mais forte; e embora isso possa ocasionalmente sugerir-lhe os mais nobres cometimentos, mais comumente o levará a satisfazer seus desejos à custa de outros homens. Mas depois de os ter satisfeito, quando as impressões passadas e mais débeis são julgadas pelos instintos sociais que perduram (...) ele sentirá então remorso, arrependimento, dor ou vergonha, sendo que o último sentimento se refere quase que exclusivamente ao juízo dos outros. Então decidirá agir de maneira diferente para o futuro, mais ou menos firmemente: esta é a consciência. Com efeito, a consciência olha pra trás e serve de guia para o futuro.[21]

Em resumo, o senso moral humano, que ele reconhecia como sendo "de todas as diferenças existentes entre o homem e os animais inferiores, (...) inigualavelmente o mais importante",[22] é o produto de nossos impulsos altruístas que evoluíram naturalmente somados à nossa capacidade de lembrar e refletir.

No fundo, não somos todos egoístas?

Alguns filósofos duvidaram da existência de atos genuinamente altruístas, planejados e deliberados do tipo que Darwin acreditava que nossa consciência moral altamente evoluída tinha nos equipado para realizar. Quando Katniss se oferece para o lugar de Prim, ela age por puro instinto, sem deliberação ou plano verdadeiramente racional. Mas o quanto ela é realmente altruísta em outras ocasiões, quando a razão e a premeditação regem seus atos? Veja, por exemplo, seu relacionamento com Peeta na arena. Claramente, boa parte dele é estratégico: Haymitch recompensa Katniss quando ela segue o roteiro romântico.

Além disso, quando decide salvar Peeta na arena pela primeira vez, nem Katniss nem o leitor sabem ao certo se ela age por preocupação (altruísmo "verdadeiro") ou pela necessidade de se proteger do desprezo que enfrentaria no Distrito 12 caso o traísse.[23] Até a decisão de abaixar o arco e flecha após Claudius Templesmith anunciar que só poderia haver um vencedor envolve uma reflexão sobre o que seria melhor para seus interesses. Ela pensa: "Se ele morrer, nunca vou poder ir para casa. Nunca mesmo. Vou passar o resto da vida nessa arena tentando traçar um caminho de volta."[24] E quanto a Peeta? Ele definitivamente ama Katniss e está disposto a dar a vida por ela, mas também sabe que sua representação de apaixonado faz a plateia comer em sua mão. Ou seja, a relação beneficia igualmente os dois.

É possível interpretar o "altruísmo" de Katniss na arena como algo motivado pelo que os filósofos chamam de *egoísmo esclarecido*: fazer algo de bom aos outros apenas porque, em última instância, acaba resultando em algo de bom para si. O filósofo Thomas Hobbes (1588-1679) teria preferido essa interpretação, pois argumentava que o altruísmo puro e abnegado não pode existir. Na opinião dele, as pessoas são coagidas psicologicamente o tempo todo para escolher o que lhes dará mais benefícios, pelo menos quando agem racionalmente e não sucumbem de modo impetuoso a impulsos irracionais.[25] Ele comentou que uma vez deu dinheiro a um mendigo não para ajudar o pobre homem, e sim para aliviar o próprio sofrimento ao ver a desgraça do mendigo, exemplificando assim sua crença de que todo homem busca "naturalmente o que é bom para ele, e apenas acidentalmente, e a fim de ter paz, o que é justo".[26] Se nós ajudamos os outros, é apenas porque indiretamente estamos tentando nos ajudar. Essa linha de pensamento filosófico, conhecido como *egoísmo psicológico*, encontra um número razoável de defensores a cada geração, bem como vários críticos.

Uma guinada moderna no egoísmo psicológico especialmente relevante para essa discussão vem do biólogo evolucionista contemporâneo Richard Dawkins, criador da teoria do "gene egoísta". Como Hobbes, Dawkins nega a possibilidade do altruísmo puro, mas seu raciocínio se baseia na biologia em vez da psicologia. Ele alega que somos todos "robôs desajeitados gigantescos", criados por nossos genes para servir como "máquina de sobrevivência".[27]

Consequentemente, não é o egoísmo esclarecido que motiva nossos atos de decência e bondade. Na verdade, somos apenas robôs obedientes seguindo as ordens de nossos genes e agindo em prol do interesse *deles*, ajudando-os para sobreviverem até a próxima geração. Servimos aos interesses deles ao nos reproduzir e também ao proteger integrantes da família e outros indivíduos com quem compartilhamos material genético. Claro que genes não têm sentimentos, planos ou motivações, então não se pode falar que eles são *literalmente* egoístas. Darwin usa a metáfora do gene egoísta como forma dramática de transmitir sua ideia principal: que nossos cálculos e planos racionais podem ter um papel muito menor em nossa vida do que gostaríamos de acreditar.

Como todos os organismos, frequentemente nos comportamos de modo a beneficiar o interesse de nossos genes a longo prazo, mesmo quando essas ações entram em conflito com o que acreditamos ser nossos interesses. Katniss, por exemplo, jurou abrir mão de ter filhos por medo de que eles fossem obrigados a lutar nos Jogos Vorazes algum dia, mas seus genes ainda "querem" fazer muitas cópias, o que ajuda a explicar a atração sexual que ela sente por Peeta e Gale.

Outros cientistas questionaram se os genes ditam mesmo nosso destino de modo tão determinista quanto sugere a teoria de Dawkins. Será que a vida é apenas uma longa dança de marionetes ao som de uma melodia tocada pelas cordinhas do DNA? Mesmo se os genes nos equipararam com certas disposições porque, pelo menos de vez em quando, elas serviram ao interesse "egoísta" deles em se reproduzir, isso ainda deixa espaço para a crença de Darwin de que nosso senso moral também evoluiu ao longo do tempo, o que nos permite escolher a qual destes instintos conflitantes devemos obedecer. E mesmo que os "genes egoístas" de Dawkins possam explicar alguns dos impulsos altruístas que os seres humanos às vezes sentem, isso não faz com que os impulsos sejam menos verdadeiros.

Nem todos os filósofos foram tão amargos e cínicos quanto às nossas motivações como Hobbes e Dawkins. David Hume (1711-1776), por exemplo, antecipou Darwin ao argumentar que a preocupação com os outros é algo que acontece naturalmente nos seres humanos. "Tudo o que contribui para a felicidade da sociedade recomenda-se diretamente a nossa aprovação e receptividade."[28]

Mais recentemente, o psicólogo Daniel Batson também argumentou que o altruísmo genuíno realmente existe. Mesmo admitindo que o egoísmo (esclarecido ou não) tem grande papel na motivação humana, ele não consegue usá-lo para explicar todos os atos de altruísmo realizado pelas pessoas. Por exemplo, Batson observa que o jeito mais fácil de alguém como Hobbes se sentir melhor quanto ao mendigo teria sido simplesmente caminhar para o outro lado. Se ele não visse o mendigo, não sofreria mais. O que os olhos não veem, o coração não sente.

O fato de algumas pessoas darem esmolas (e serem voluntárias em organizações de caridade, trabalharem para aprovar leis que beneficiem os pobres e gastarem tempo e dinheiro de várias formas com a intenção de ajudar os menos afortunados) demonstra que nem sempre escolhemos o caminho mais fácil e que por vezes preferimos ações que acreditamos ser capazes de gerar mais benefícios para os necessitados.

Talvez Peeta tenha, *sim*, dado o pão à Katniss porque se sentia atraído por ela desde o primeiro dia no jardim da infância e queria ser notado. Porém, se fosse apenas isso, ele poderia ter conseguido seu objetivo simplesmente dando a ela meio biscoito por dia no colégio. Peeta queimou o pão e suportou uma surra porque Katniss e a família estavam precisando muito de sustento naquela época e ele se preocupava o suficiente para ajudar.

Altruísmo: verdadeiro ou falso?

De certa forma, pode-se dizer que o debate filosófico sobre o altruísmo nos últimos séculos é uma rodada infinita de Verdadeiro ou Falso. A própria Katniss parece girar em círculos em torno dessa mesma pergunta, sempre duvidando dos motivos alheios. Pensando bem, contudo, ela claramente quer acreditar que as pessoas podem ser altruístas no sentido definido por Hume, e isso pode ajudar a explicar por que ela escolhe Peeta em vez de Gale.

Gale quase conquistou o coração de Katniss, em boa parte devido às contribuições bastante verdadeiras e práticas que faz para a aptidão dela. O rapaz divide as funções de caça e ajuda a alimentar a família de Katniss nos dias em que ela não consegue caçar comida suficiente, e ela faz o mesmo por ele. Se Gale fosse um discípulo de Richard Dawkins, poderia argumentar que o amor de Katniss depende do quanto ele seria útil para o acervo genético dela. Na verdade, ele chega bem perto de formular essa hipótese: "A minha única responsabilidade era cuidar da sua família",[29] diz ele no último encontro dos dois.

Obviamente há um elemento do egoísmo esclarecido no altruísmo de Gale: ele ajuda Katniss e sua família em parte porque recebe benefícios em troca. É interessante que ela jamais questiona os motivos de Gale como faz com os de Peeta. Pelo fato de conseguir ver os benefícios tangíveis que ele recebe com o relacionamento (a família de Gale também consegue se alimentar melhor devido à união dos dois), ela aceita a reciprocidade dele para beneficiar a própria família. Não há mistério no egoísmo esclarecido que trabalha a fim de manter um acordo benéfico para ambas as partes.

Contudo, o que poderia em última instância ter evitado que Katniss escolhesse Gale não foi o fato de ele ter projetado uma bomba que matou Prim, e sim o fato de ter projetado uma bomba que mata os altruístas, manipulando seus instintos mais nobres. A bomba dele foi projetada especificamente para capturar esse tipo de pessoa: a detonação inicial é seguida de uma explosão total quando as pessoas estiverem correndo para salvar as crianças feridas. Gale sabe explorar os impulsos altruístas bem demais para o gosto de Katniss.

Ao longo de suas tribulações, Katniss luta para entender o altruísmo e os motivos geralmente ambíguos e complicados que estão por trás das ações das pessoas. No fim, porém, ela prefere acreditar na bondade pura e simples. "Nas manhãs desagradáveis", diz no final de *A esperança*, "é quando faço uma lista em minha cabeça com todos os atos de bondade que vi alguém realizando. É como um jogo. Repetitivo. Até um pouco entediante após mais de vinte anos." Mas ela acrescenta: "Há jogos muito piores do que esse."[30]

Notas

1. Suzanne Collins, *A esperança* (Rocco, 2011).
2. C. Daniel Batson, *Altruism in Humans* (New York: Oxford University Press, 2011).
3. Charles Darwin, *A origem das espécies* (Itatiaia, 2002).
4. Suzanne Collins, *Jogos Vorazes* (Rocco, 2010).
5. Os darwinistas sociais sempre usaram a ideia da "sobrevivência do mais apto" para justificar a negligência e os maus-tratos aos pobres e promover o medo do "crescimento" antinatural desse grupo. A doutrina do darwinismo social alega que os pobres devem ser abandonados para que morram o mais rapidamente possível. O próprio Darwin destacou que a sobrevivência era apenas uma questão do acaso, mas em seu *A origem do homem e a seleção sexual* ele também se mostrou temeroso, alegando que "os membros fracos das sociedades civilizadas propagam o seu gênero" devido ao aumento do bem-estar social.
6. Collins, *Jogos Vorazes*.
7. Darwin, *A origem das espécies*.
8. *Id*.
9. Para um relato atualizado das pesquisas sobre o altruísmo e a cooperação no reino animal, ver Mark Bekoff e Jessica Pierce, *Wild Justice: The Moral Lives of Animals* (Chicago: University of Chicago Press, 2010).
10. Charles Darwin, *A origem do homem e a seleção sexual* (Hemus, 2002).
11. *Id*.
12. Collins, *Jogos Vorazes*.
13. Darwin, *A origem do homem e a seleção sexual*.
14. Immanuel Kant, *Fundamentação da metafísica dos costumes*. (São Paulo: Companhia Editora Nacional, 1964). Para saber mais sobre Kant, ver o Capítulo 4 — "Ultimamente as probabilidades não andam muito confiáveis": Moralidade e sorte na trilogia *Jogos Vorazes*; o Capítulo 11 — Às vezes o mundo tem fome

de pessoas que se importam: Katniss e a ética feminista do cuidado; e o Capítulo 14 — "Seguras para fazer o quê?": Moralidade e a guerra de todos contra todos na arena.

15. Collins, *Jogos Vorazes*.
16. Darwin, *A origem do homem e a seleção sexual*.
17. *Id*.
18. *Ibid*.
19. *Ibid*.
20. Collins, *Jogos Vorazes*.
21. Darwin, *A origem do homem e a seleção sexual*.
22. *Id*.
23. Para saber mais sobre o significado da incerteza de Katniss quanto aos próprios motivos, ver o Capítulo 4 — "Ultimamente as probabilidades não andam muito confiáveis": Moralidade e sorte na trilogia *Jogos Vorazes*.
24. Collins, *Jogos Vorazes*.
25. Para um debate sobre como a visão de Thomas Hobbes sobre a natureza humana influenciou sua filosofia política, ver o Capítulo 14 — "Seguras para fazer o quê?": Moralidade e a guerra de todos contra todos na arena.
26. Thomas Hobbes, *Do cidadão* (Martins Fontes, 1998).
27. Richard Dawkins, *O gene egoísta* (Itatiaia, 1979).
28. David Hume, *Investigações sobre o entendimento humano e sobre os princípios da moral* (UNESP, 2003).
29. Collins, *A esperança*.
30. *Id*.

8
"NENHUM BESTANTE É DO BEM" — SERÁ MESMO?: UNINDO ESPÉCIES PARA CRIAR QUIMERAS

Jason T. Eberl

Katniss Everdeen e seus colegas tributos têm vários desafios na arena dos Jogos Vorazes, o mais apavorante deles é enfrentar uns aos outros. No entanto, a segunda ameaça mais apavorante sem dúvida são as *mutações*, criaturas que, como as vespas teleguiadas (cujo veneno induz à loucura) e os animais semelhantes a lobos com os olhos dos tributos mortos, fazem a morte de Cato na 74ª edição dos Jogos Vorazes ser a mais longa e horripilante de todas.

Essas não são as únicas bestas criadas pelos maléficos cientistas da Capital. Durante a rebelião que se encerrou com o Tratado da Traição, que instituiu os Jogos Vorazes, a Capital produziu uma série de insetos e outros animais híbridos e quimeras (a diferença entre ambos será explicada daqui a pouco) com características especialmente projetadas para cometer atos de espionagem, terror e violência pura e simples. Essas armas de guerra que unem espécies são mais do que meras ferramentas para provar a superioridade tecnológica da Capital — são também um sinal de arrogância científica e tentativas de manipular a natureza em prol dos humanos. Mas será que interferir na Mãe Natureza ou, como descrevem alguns, "brincar de Deus", é sempre *errado*? Existem propósitos não destrutivos para os quais certos tipos de bestas podem servir?

Embora analisar essas perguntas possa a princípio parecer um exercício puramente acadêmico para filósofos e eticistas, a verdade é que a ficção científica geralmente encontra um jeito de se tornar fato científico. Os bestantes da trilogia *Jogos Vorazes* são criaturas de fantasia, mas outros tipos de bestas já foram criadas no mundo real e certamente muitas serão criadas no futuro.

Entidades criadas a partir da combinação do DNA de duas espécies diferentes de animais não humanos sempre atiçaram a curiosidade científica. Também existem quimeras produzidas através da mistura de DNA humano e não humano. Algumas delas encontram apenas uma leve desaprovação, mas os cientistas imaginaram outras formas de quimeras humanas/não humanas que verdadeiramente forçam a fronteira da moralidade, talvez até a ponto de rompê-la, e desafiam o conceito que temos do que significa ser humano.

"Uma mistura de seres humanos e lagartos e sabe-se lá mais o quê"

As bestas descritas na trilogia *Jogos Vorazes* são de dois tipos: *híbridos* e *quimeras*. Ambos os termos se referem a um organismo que possui DNA de duas espécies, mas a diferença está na forma pela qual os genomas dessas espécies são combinados. No caso de um híbrido, todas as células do corpo têm DNA das duas espécies, resultando em uma criatura que é uma mistura das duas por meio do acasalamento entre as espécies. O exemplo mais conhecido do mundo real é a mula, prole híbrida de um burro e uma égua. No mundo de Panem, os tordos são híbridos produzidos pelo acasalamento entre os gaios tagarelas criados por meio de engenharia genética e os tordos naturais.

As quimeras, por outro lado, são criadas enxertando células de uma espécie no embrião de outra, resultando em uma criatura que tem algumas partes do corpo de uma espécie e algumas partes da outra. Em 1984, os cientistas criaram o que chamaram de *geeps*, animais feitos com DNA de bode (*goat*, em inglês) e ovelha (*sheep*).[1]

Outro exemplo de quimera, agora envolvendo DNA humano, é o camundongo SCID-hu,[2] que tem a aparência de um camundongo normal e age exatamente como um, mas tem sistema imunológico humano.[3] O camundongo SCID-hu permite que os cientistas estudem doenças relacionadas ao sistema imunológico, como a Aids, por meio de experimentos arriscados demais para serem feitos em humanos. Por exemplo, não se pode infectar alguém com o HIV intencionalmente a fim de observar como o vírus se estabelece e se propaga pelo corpo, mas é possível fazer isso com camundongos.[4]

Os gaios tagarelas, antes de se acasalarem com os tordos normais para criar uma nova espécie, parecem ser quimeras, visto que são pássaros comuns em todos os aspectos, exceto pela nova capacidade de imitar a fala humana. "Os gaios tagarelas eram bestantes, pássaros do sexo masculino geneticamente aprimorados, criados como armas pela Capital, para espionar os rebeldes nos distritos. Eles conseguiam lembrar e repetir longas passagens de conversas humanas. Por isso eram enviados para áreas de rebelião, com o intuito de capturar nossas palavras e retransmiti-las para a Capital."[5]

A possibilidade de criar gaios tagarelas no mundo real é demonstrada por um experimento dramático envolvendo uma quimera galinha-codorna. O neurocientista Evan Balaban e seus colegas tiraram pequenas partes do cérebro de uma codorna em desenvolvimento e as transplantaram para o cérebro de uma galinha também em desenvolvimento, criando uma galinha que tinha o garganteio e os movimentos de cabeça característicos de uma codorna. O experimento, portanto, forneceu evidências de que comportamentos complexos podem ser transferidos de uma espécie para outra.[6]

Ainda que os *geeps* e o camundongo SCID-hu levantem questões éticas relacionadas ao uso de animais em experimentos médicos e preocupações mais genéricas quanto à moralidade dos seres humanos ao assumir o controle do processo evolutivo, a criação de tais entidades não chamou muito a atenção do público.[7] Afinal, um camundongo com DNA humano não parece ser algo problemático, desde que ele se pareça, ande e aja como um camundongo. Mas e se fosse um híbrido ou quimera que de alguma forma se pareça, ande, aja e talvez até fale como uma *pessoa*?

"Uma aparência fantasmagoricamente humana"

Na etapa final da 74ª edição dos Jogos Vorazes, quando restam apenas Katniss, Peeta e Cato, os Idealizadores dos Jogos lançam um ataque terrível sobre os tributos. "Bestantes", diz Katniss. "Nenhuma dúvida a respeito. Nunca vi essas bestas, mas não são animais naturais. Parecem lobos imensos, mas que espécie de lobo aterrissa e depois se equilibra com tanta facilidade sobre as pernas traseiras?"[8] Em pouco tempo, ela está cara a cara com esse novo tipo de bestante: "Os olhos verdes que brilham para mim não são iguais ao de nenhum cão ou lobo, ou qualquer outro animal canino que eu jamais tenha visto. Eles são eminentemente humanos. Estou quase registrando a revelação quando reparo o colar com o número 1 adornado com joias, e todo o horror me atinge como um raio. Os cabelos louros, os olhos verdes, o número... é Glimmer."[9]

Ao mandar lobos criados com o DNA dos tributos falecidos com os quais Katniss lutou na arena, seja contra ou ao lado deles, os Idealizadores dos Jogos deram uma nova dimensão ao horror da luta pela sobrevivência. "Nenhum bestante é do bem. Todos têm a intenção de causar algum dano a você", observa ela. "Entretanto, as verdadeiras atrocidades, as mais assustadoras, incorporam uma perversão psicológica elaborada para aterrorizar a vítima. A visão do bestante lobo com os olhos dos tributos mortos. O som dos gaios tagarelas replicando os torturados gritos de Prim. O cheiro das rosas de Snow misturado com o sangue das vítimas."[10]

Embora Katniss fique inicialmente chocada ao encarar os olhos verdes de Glimmer, um pensamento ainda mais perturbador lhe ocorre: "Os olhos são a menor das minhas preocupações. E o cérebro? Será que as bestas receberam alguma lembrança dos tributos reais? Será que foram programadas para odiar especificamente nossos rostos porque sobrevivemos e eles foram assassinados de maneira tão cruel? E os que matamos de fato... será que acreditam que estão vingando sua própria morte?"[11]

Um bestante com características claramente humanas, em especial características faciais, é macabro o suficiente para eriçar os cabelos da nuca de qualquer um. Porém, a sugestão de que este bestante também possa ter os pensamentos e lembranças de um ser humano morto, alguém que conhecemos, geraria uma repugnância inata em qualquer pessoa. Embora apenas a sensação de repugnância não defina algo como moralmente errado, é pelo menos um indicativo de que algo está fora da ordem e justifica uma investigação ética cuidadosa.[12]

O quanto devemos temer que uma quimera humana/não humana que se pareça, aja e talvez até pense como um ser humano possa ser criada algum dia? Quais parâmetros éticos devem guiar os cientistas à medida que eles se aproximam cada vez mais da possibilidade de criar tal ser? O primeiro passo para responder a essas perguntas consiste em definir o que é uma *pessoa* e até onde ser humano faz de alguém uma pessoa.

Há muito tempo, os filósofos estabeleceram a diferença entre animais *racionais* e *irracionais*.[13] Os seres humanos são tradicionalmente considerados a única espécie de animal racional, o que estimulou alguns a acreditar que ocupamos uma posição privilegiada de soberanos legítimos sobre o restante do reino animal. Esta crença geralmente encontra base na doutrina religiosa, conforme expresso nos Salmos 8:3-8 na Bíblia.

> Quando contemplo os teus céus, obra dos teus dedos, a lua e as estrelas que ali firmaste, pergunto: que é o homem, para que com ele te importes? E o filho do homem, para que com ele te preocupes? Tu o fizeste um pouco menor do que os seres celestiais e o coroaste de glória e de honra. Tu o fizeste dominar sobre as obras das tuas mãos; sob os seus pés tudo puseste: todos os rebanhos e manadas, e até os animais selvagens, as aves do céu, os peixes do mar e tudo o que percorre as veredas dos mares.

No entanto, o *Homo sapiens* não é necessariamente a única espécie racional. Mesmo que os filósofos tradicionais geralmente considerem os seres humanos como os únicos animais racionais de nosso planeta, o estudo prolongado dos golfinhos, chimpanzés, gorilas, elefantes e outros animais com capacidade cognitiva altamente desenvolvida pode acabar exigindo a inclusão destas espécies no rol dos animais racionais.[14]

No entanto, ser humano, ou ser um animal racional, é o mesmo que ser uma pessoa? Historicamente, relaciona-se o termo *pessoa* a um ser com uma importância moral que o coloca acima de todos os outros seres, uma importância que vem da posse da racionalidade. Em geral, ser uma pessoa significa ser um integrante completo da comunidade moral.[15]

Esse privilégio de ser uma pessoa sempre foi dado a todos os seres humanos. Instituições como a escravidão são possíveis apenas quando se classifica um grupo de seres humanos como não sendo pessoas, e permitindo assim que sejam propriedade de alguém e explorados. Do mesmo modo, os Idealizadores dos Jogos não consideram os tributos como pessoas, e sim como propriedades a serem usadas e abusadas de acordo com os caprichos da Capital.

A categoria de "não pessoa" tradicionalmente inclui todos os animais não humanos, ainda que muitos sejam pensantes, sencientes e tenham sentimentos. É irônico pensar que uma sociedade defina um monstro como o presidente Snow como pessoa e o trate como integrante da comunidade moral, enquanto gorilas pacíficos que podem se comunicar usando a linguagem humana de sinais e criar pinturas impressionistas não sejam considerados pessoas e sejam tratados como propriedades.[16]

Há uma definição objetiva de pessoa que não seja apenas uma desculpa para obrigar os outros a cultivar nossos campos ou lutar até a morte na arena? A definição filosófica mais antiga vem de Anício Mânlio Torquato Severino Boécio (aproximadamente 480-524), para quem "a pessoa é uma substância [ou ser] individual de natureza racional".[17] Essa definição resistiu no mundo ocidental por mais de mil anos e foi utilizada por estudiosos cristãos para identificar vários tipos de pessoa não humana, como os anjos e as três pessoas da Trindade cristã.[18]

No início da era moderna, o filósofo John Locke (1632-1704) veio com outra definição de pessoa: "Um ser inteligente pensante, que possui raciocínio e reflexão, e que pode pensar a si próprio como o mesmo ser pensante em diferentes tempos e espaços."[19] Essa definição abre a possibilidade para infinitas espécies de pessoas não humanas. E também nos faz questionar se bestantes com as lembranças dos tributos se encaixam nela. Afinal, se eles podem vingar as injustiças sofridas pelos tributos cujas lembranças possuem, não estariam exercendo um pensamento e uma reflexão autoconsciente?

Os filósofos contemporâneos geralmente aceitam a definição de pessoa como qualquer ser com capacidade de pensamento racional e autoconsciente (aumentado, talvez por outras capacidades, como o uso da linguagem para se comunicar) e que tenha interesses próprios não momentâneos, além de possuir agência ou autonomia moral.[20] As diferentes formas consideradas aqui para definir o que é uma pessoa não necessariamente se excluem. Na verdade, todas fazem da posse da capacidade do raciocínio ou da consciência de si o limiar mínimo para considerar um ser como uma pessoa.

"Animais não se comportam assim no mundo natural"

Embora esteja claro que os seres humanos que vivem em Panem se qualifiquem como pessoas segundo qualquer definição razoável, a questão não fica tão clara quando se trata dos vários bestantes criados pela Capital. Os gaios tagarelas, por exemplo, podem memorizar frases humanas e repeti-las perfeitamente. A questão relevante, contudo, é se os gaios tagarelas *entendem* o que ouvem e depois repetem. Eles parecem meros gravadores biológicos que compreendem o som que memorizam tanto quanto uma antiga fita cassete.

Já as teleguiadas, as vespas alteradas por engenharia genética, parecem ser bestantes muito inteligentes, pois conseguem cercar uma determinada pessoa e coordenar um ataque mortal em massa. Mas o que não está evidente é se as vespas teleguiadas têm pensamentos conscientes em primeira pessoa, como: "Vamos atacar esta pessoa que perturbou o sossego de nosso ninho!"[21]

Katniss desconfia dos lobos que foram claramente feitos com DNA de seres humanos e que, portanto, têm potencialmente a capacidade de pensar como os indivíduos a partir dos quais foram criados. No entanto, ter algumas células com DNA humano não transforma automaticamente uma quimera humana/não humana em uma pessoa. Na verdade, considerando as definições filosóficas que estamos analisando, mesmo uma criatura que tenha DNA humano em *todas* as células pode não ser considerada uma pessoa. Por exemplo, algumas gestações humanas resultam na chamada *mola hidatiforme*, uma massa de tecido placentário com a mesma identidade genética de um embrião humano. No entanto, ao contrário de um embrião, uma mola hidatiforme jamais chega a desenvolver um cérebro funcional, apesar de possuir um conjunto completo de cromossomos. O mesmo se aplica a alguns embriões geneticamente defeituosos.

Observe, porém, a diferença entre o motivo pelo qual os Idealizadores dos Jogos não consideram os tributos como pessoas e a razão pela qual uma mola hidatiforme não é considerada pessoa: um é definido como não sendo pessoa para que possa sofrer abusos, enquanto que o outro simplesmente não atende ao critério da racionalidade exigido pela maioria das definições filosóficas.

Um camundongo SCID-hu com um sistema imunológico humano completo ainda é claramente um camundongo,[22] mas será que algum dia poderemos criar outras quimeras humanas/não humanas com cérebros semelhantes ao nosso e que sejam capazes do pensamento racional e a consciência de si? Se pudermos produzir tal criatura implantando células humanas em um embrião não humano, o resultado certamente seria um animal racional, possivelmente mais até do que Katniss imagina que sejam os bestantes responsáveis pela morte de Cato. Porém, se as células humanas implantadas forem insuficientes para o embrião desenvolver pensamento racional e ter autoconsciência, ele continuaria sendo um animal irracional, independente de quaisquer outras características humanas que possam desenvolver, como os gaios tagarelas e sua capacidade de repetir frases humanas sem entendê-las.

Qual a possibilidade de concedermos a capacidade de pensamento racional e consciência de si implantando células humanas em um embrião não humano? Nunca saberemos ao certo até o dia em que tais entidades forem criadas e puderem se desenvolver até a maturidade. Entretanto, aí está justamente o problema: esse experimento entraria em conflito com princípios éticos básicos. Por exemplo, caso a quimera criada por nós seja realmente uma pessoa, estaríamos violando seus direitos morais fundamentais ao mantê-la presa em um laboratório e sujeitando-a a pesquisas experimentais sem o seu consentimento.

Há relativamente pouco tempo, os nazistas declararam os judeus como *untermenschen* ("subumanos") e os fundadores da república norte-americana elaboraram uma Constituição que considerava um escravo de ascendência africana como apenas três quintos de uma pessoa. Mesmo hoje em dia, nós não conseguimos decidir se alguns organismos humanos (embriões e fetos) se qualificam como pessoas. Considerando tudo isso, provavelmente é melhor não arriscar a confundir ainda mais as fronteiras existentes entre animais com DNA humano — que são inquestionavelmente pessoas, como você e eu — e outros animais com DNA humano que não são pessoas.[23] Infelizmente, nessa questão, como em tantas outras, os tomadores de decisões da Capital parecem não ter quaisquer escrúpulos morais.

Eticistas liberaram alguns experimentos com células-tronco neurais humanas, como o do professor Irving Weissman, da Stanford University, que criou uma quimera humano/camundongo, na qual as células-tronco neurais foram implantadas em fetos de camundongos a fim de produzir cérebros que sejam cerca de 1% humanos.[24] Mas os eticistas se mostram mais cautelosos quanto a experimentos com células-tronco neurais humanas em primatas, visto que nossos parentes biológicos podem ter a capacidade craniana para desenvolver um cérebro de tamanho humano.

Em um experimento deste tipo, milhões de células-tronco neurais humanas foram implantadas por cientistas no cérebro de macacos-verdes africanos (um parente próximo do *Homo sapiens* em termos evolutivos) em busca de um tratamento para o mal de Parkinson. Embora as quimeras resultantes tenham sido cuidadosamente monitoradas de modo a garantir que não apresentariam traços comportamentais associados a uma pessoa, esse tipo de sinal nem sempre fica evidente e pode passar despercebido.[25]

É muito difícil determinar se um bestante atende aos critérios para ser uma pessoa. Ao se ver diante de bestantes humano/lagarto, Katniss observa um comportamento claramente selvagem:

> Pela primeira vez, dou uma boa olhada neles. Uma mistura de seres humanos e lagartos e sabe-se lá mais o quê. Pele branca e firme de répteis salpicadas de sangue, mãos e pés com garras, seus rostos uma mistura de características conflitantes. Sibilando, berrando meu nome agora, enquanto seus corpos se contorcem em fúria. Debatendo-se com rabos e garras, arrancando enormes pedaços uns dos outros ou de si mesmos com bocas grandes e espumosas, enlouquecidos pela necessidade de me destruir.[26]

Essa descrição dá a entender que esses bestantes são animais irracionais? O comportamento violento e autodestrutivo movido pela necessidade de destruir a presa não parece o comportamento de seres racionais e com consciência de si. Mesmo assim, eles são capazes de expressar raiva e falar o nome de Katniss. Será que estão apenas repetindo os sons sem compreendê-los, como os gaios tagarelas? Será que eles são capazes de sentir apenas raiva e outras emoções básicas? Talvez sim, mas isso está longe de ser óbvio. A verdadeira pergunta é se esses bestantes ameaçam apenas a sobrevivência de Katniss ou se também são vítimas da crueldade dos Idealizadores dos Jogos. Quem são as *verdadeiras* bestas neste contexto?

Se esses bestantes são de fato quimeras com base genética suficientemente humana a ponto de terem desenvolvido cérebros capazes de ter pensamentos racionais e consciência de si, então eles são pessoas a quem a Capital manipulou de forma inescrupulosa para objetivos perversos. Contudo, na maioria dos casos de quimeras humanas/não humanas (que não envolvem o implante de células-tronco neurais em embriões de primatas) o risco de um animal racional, uma pessoa, ser criado é suficientemente baixo para permitir que pesquisas potencialmente benéficas sejam feitas no mundo real.

Criar quimeras para serem usadas como armas, como fizeram os cientistas da Capital, ainda não está nos planos de ninguém (pelo menos, não que se saiba). A trilogia *Jogos Vorazes* é uma história que serve de alerta, indicando o que pode acontecer se não observarmos atentamente as pesquisas científicas sobre os bestantes em nosso mundo. Estas pesquisas já estão bem avançadas e podem ajudar a desenvolver tratamentos para várias doenças atualmente incuráveis, bem como criar armas hediondas e antinaturais ou pessoas racionais e com consciência de si a quem provavelmente trataríamos como monstros.

Notas

1. Para mais discussões sobre os vários tipos de híbridos e quimeras criados ou imaginados por cientistas, ver Andrea L. Bonnicksen, *Chimeras, Hybrids, and Interspecies Research: Politics and Policymaking* (Washington, DC: Georgetown University Press, 2009). Para uma discussão mais extensa das questões levantadas neste capítulo, ver Jason T. Eberl e Rebecca A. Ballard, "Metaphysical and Ethical Perspectives on Creating Animal-Human Chimeras", *Journal of Medicine and Philosophy* 34, no. 5 (2009).
2. SCID é a sigla em inglês para "imunodeficiência combinada grave" e "hu" se refere a "humano".
3. H. Kaneshima et al., "Today's SCID-hu Mouse", *Nature* 348, no. 6301 (1990).
4. Para uma discussão sobre outros usos possíveis para as quimeras humanas/não humanas, ver National Research Council and Institute of Medicine, *Guidelines*

for Human Embryonic Stem Cell Research (Washington, DC: National Academies Press, 2005).

5. Suzanne Collins, *Em chamas* (Rocco, 2011).

6. Ver Evan Balaban, Marie-Aimee Teillet e Nicole Le Dourain, "Application of the Quail-Chick Chimera System to the Study of Brain Development and Behavior", *Science* 241, no. 4871 (1988).

7. Para encontrar um desafio sério ao paradigma atual de aplicação dos padrões éticos aos animais (especialmente os grandes primatas) em pesquisas utilizando quimeras criadas a partir eles, ver David DeGrazia, "Human-Animal Chimeras: Human Dignity, Moral Status, and Species Prejudice", *Metaphilosophy* 38, nos. 2-3 (2007). Para saber mais a respeito da preocupação sobre o impacto geral das inovações biotecnológicas na natureza, inclusive na natureza humana, ver Bill McKibben, *Enough: Staying Human in an Engineered Age* (New York: Henry Holt, 2003); e Jeremy Rifkin, *The Biotech Century: Harnessing the Gene and Remaking the World* (New York: Penguin Putnam, 1998).

8. Suzanne Collins, *Jogos Vorazes* (Rocco, 2010).

9. *Id.*

10. Suzanne Collins, *A esperança* (Rocco, 2011).

11. Collins, *Jogos Vorazes*.

12. Leon Kass, "The Wisdom of Repugnance", *New Republic*, 2 de junho, 1997.

13. Aristóteles, *Da alma* (Imprensa Nacional-Casa da Moeda, Portugal, 2010) e *História dos animais* (Imprensa Nacional-Casa da Moeda, Portugal, 2006).

14. Ainda pode haver diferenças significativas entre a capacidade cognitiva dos seres humanos e de outras espécies de animais, mesmo se estas se qualificarem como racionais. Ainda que apenas os humanos possam apreciar completamente o arsenal dos direitos morais e legais (como o direito a participar de uma sociedade democrática), os direitos morais mais fundamentais (como o direito de não ser usado em pesquisas científicas que provavelmente causarão danos ao sujeito e servem apenas a benefício alheio) e as consequentes proteções legais possivelmente se aplicam a *todos* os animais racionais, humanos ou não.

15. Immanuel Kant (1724-1804), por exemplo, descreve os seres humanos como *pessoas* dotadas de "valor absoluto" ou "dignidade". Ver a *Fundamentação da metafísica dos costumes* (São Paulo: Companhia Editora Nacional, 1964).

16. Para ver as pinturas feitas pelos gorilas Koko e Michael, ver "Koko and Michael's Art — Emotional Representations", Koko's World, http://www.koko.org/world/art_emotional.html (em inglês).

17. Anicius Boëthius, "Contra Eutychen et Nestorium", in *Theological Tractates and the Consolation of Philosophy*, trad. H.F. Stewart, E.K. Rand e S.J. Tester (Cambridge, MA: Harvard University Press, 1918).

18. São Tomás de Aquino, *Suma teológica I*, "Questão 29: As pessoas divinas" e "Questão 30: A pluralidade de pessoas em Deus" (Edições Loyola, 2003).

19. John Locke, *Ensaio sobre o entendimento humano* (Fundação Calouste Gulbenkian, 1999). Para um debate sobre a relação entre o critério de pessoa de Locke e o problema filosófico da identidade pessoal, ver o Capítulo 13 — Quem é Peeta Mellark?: O problema da identidade em Panem.

20. Ver Peter Singer, *Ética prática* (Gradiva, 2000) e Mary Anne Warren, *Moral Status: Obligations to Persons and Other Living Things* (New York: Oxford University Press, 2000).

21. Para o argumento de que a capacidade de ter perspectiva em primeira pessoa faz de algo uma pessoa, ver Lynne Rudder Baker, *Persons and Bodies: A Constitution View* (New York: Cambridge University Press, 2000).

22. Henry T. Greely et al., "Thinking about the Human Neuron Mouse", *American Journal of Bioethics* 7, no. 5 (2007).

23. Ver Jason Scott Robert e Francois Baylis, "Crossing Species Boundaries", *American Journal of Bioethics* 3, no. 3 (2003).

24. Rick Weiss, "Of Mice, Men and in Between: Scientists Debate Blending of Human, Animal Forms", *Washington Post*, 20 de novembro, 2004.

25. Ver "Extended Interview: Eugene Redmond", http://www.pbs.org/newshour/bb/science/july-dec05/chimeras_redmond-ext.html (em inglês).

26. Suzanne Collins, *A esperança* (Rocco, 2011).

QUARTA PARTE

"PEETA FAZ PÃO. EU CAÇO": O QUE KATNISS PODE NOS ENSINAR SOBRE AMOR, CARINHO E QUESTÕES DE GÊNERO

9

POR QUE KATNISS ESCOLHEU PEETA: UM OLHAR SOBRE O AMOR PELAS LENTES DO ESTOICISMO

Abigail E. Myers

Na trilogia *Jogos Vorazes*, Katniss Everdeen é jogada de modo inesperado e relutante no mundo do amor romântico. Antes de participar dos Jogos, para Katniss, o *amor* significava proteger a mãe e a irmã. Amor também talvez defina a parceria dela com Gale Hawthorne, marcada pelas ocorrências ocasionais de ciúme, carinho e carência. No entanto, os esquemas criados por Peeta Mellark obrigam Katniss a pensar na verdadeira natureza do amor romântico pela primeira vez e a fazer uma escolha que vai definir o rumo de sua vida após a Revolução do Tordo.

A decisão final tomada por Katniss de ter Peeta como parceiro amoroso pode parecer definitivamente pouco romântica. Não se deve esquecer que quando Peeta entra novamente na vida de Katniss em *A esperança*, a Capital lhe fez uma lavagem cerebral para detestá-la, a ponto de ele tentar matá-la sempre que pode. Ela poderia muito bem ter escolhido Gale, seu melhor amigo de infância e irmão de armas durante a Revolução, que nunca tentou assassinar Katniss (o que parece ser uma vantagem imensa em um relacionamento). Mesmo assim, ela escolhe Peeta. Por quê? "Katniss vai escolher aquele sem o qual ela acha impossível conseguir sobreviver",[1] observa Gale, reduzindo a escolha e as emoções subjacentes a um cálculo puramente pragmático. Mas os filósofos do estoicismo podem nos ajudar a entender que a escolha de Katniss, na verdade, se baseia em algo muito mais nobre do que apenas o utilitarismo. A escolha de ficar com Peeta é não apenas prática, como também estoica.

O que Katniss pode aprender, sentada em seu pórtico?

O estoicismo, escola filosófica fundada por Zenão de Cítio (224-242 a.C.), defende a bondade moral, o viver no presente, o controle dos desejos e o desapego ao que não se pode controlar. O nome do movimento vem do *stoa* (pórtico) em Atenas, onde os integrantes do movimento originalmente se reuniam e davam aulas. Além de Zenão, entre os filósofos estoicos mais conhecidos encontram-se Lúcio Aneu Sêneca (4 a.C.-65 d.C.), Epiteto (55-135) e o imperador romano Marco Aurélio (121-180).[2]

Como os outros filósofos da Grécia Antiga, os estoicos acreditavam que a origem da infelicidade humana estava em querer algo além do essencial para o desenvolvimento do verdadeiro eu. Está claro que esta filosofia dificilmente seria aceita na Capital, onde a maioria das pessoas parece acreditar que a felicidade vem da satisfação excessiva dos desejos relacionados à comida, bebida, moda e entretenimento. Imagine alguém tentando explicar que eles seriam muito mais felizes se não estivessem se empanturrando em banquetes, vomitando e depois se empanturrando ainda mais. Imagine alguém tentando dizer que o que eles realmente precisam é se concentrar no cultivo do verdadeiro e se privar de toda a opulência.

Os estoicos tinham uma visão bastante simples do que deveria ser procurado e do que deveria ser evitado. A única coisa verdadeiramente ruim, de acordo com Zenão, é o mal moral, assim como a única coisa verdadeiramente boa é a bondade moral. Tudo o mais que as pessoas consideram bom e desejável, como amor, dinheiro, poder e prazer devem ser vistos com indiferença, o mesmo valendo para coisas como pobreza e doenças, que geralmente são consideradas ruins.

A esta altura, você pode estar pensando em sugerir educadamente que os estoicos eram meio malucos. Talvez os cidadãos da Capital tenham ido longe demais na busca por certos prazeres, mas quem poderia realmente acreditar que uma doença terminal não é necessariamente ruim? Ou que o amor romântico não é maravilhoso? Contudo, um realista mais imparcial já deve ter visto onde os estoicos queriam chegar com isso.

Pense em Plutarch Heavensbee, que abandona a riqueza e o prestígio de ser um homem importante na Capital, arriscando tudo para fazer o certo: juntar-se à rebelião. Os estoicos aplaudiriam essa escolha, pois ele buscou algo que sabia ser moralmente bom e foi indiferente ao apelo da riqueza. Da mesma forma, e se a possibilidade de ser diagnosticado com uma doença terminal inspirar um homem a doar sua fortuna e passar o resto dos dias apreciando a companhia dos amigos e da família? Os estoicos elogiariam a coragem dele e aprovariam a forma pela qual ele reordenou suas prioridades morais. Em casos como esses, o que geralmente se assume como bom pode ser uma barreira para fazer o certo, e uma situação que poderia ser tragicamente dolorosa pode criar a oportunidade para fazer um grande bem.

O que realmente importa é se o caráter de alguém é moralmente bom ou mau, e isso não depende de riqueza ou boa sorte, apenas de nossas escolhas. Pense, por exemplo, na irmã de Katniss, Prim, que passa de garotinha tímida, ainda que bondosa, a cuidadora eficiente e incansável em *A esperança*. A existência tragicamente curta de Prim nos lembra de que é possível ter uma vida moralmente boa mesmo estando cercados por circunstâncias terríveis.

Além de enfatizar a importância do caráter moral, os estoicos se concentravam em viver o presente. Sêneca, por exemplo, escreveu um texto chamado *Sobre a brevidade da vida*, no qual desejava enfatizar que a vida é curta, fato que a morte prematura de Prim ajuda a destacar. Essa é mais uma razão para parar de se preocupar com o futuro e viver o hoje, enquanto ainda podemos.

Veja a reposta de Sêneca à crença otimista por parte de um servo civil que conseguirá se aposentar em breve e, aí sim, viverá como deseja. As palavras de Sêneca continuam tão verdadeiras hoje quanto há 2 mil anos, quando foram escritas:

> E que fiador tens de uma vida tão longa? E quem garantirá que tudo irá conforme planejas? Não te envergonhas de reservar para ti apenas as sobras da vida e destinar à meditação somente a idade que já não serve mais para nada? Quão tarde começas a viver, quando já é hora de deixar de fazê-lo. Que negligência tão louca a dos mortais, de adiar para o quinquagésimo ou sexagésimo ano os prudentes juízos, e a partir deste ponto, ao qual poucos chegaram, querer começar a viver![3]

É triste dizer, mas ainda hoje bilhões de pessoas não chegam a este ponto, nem mesmo nos países desenvolvidos, que dirá nas nações assoladas pela guerra e fome, onde a morte ainda na infância é para muitos uma inevitabilidade. Sem dúvida isso também vale para o mundo dos *Jogos Vorazes*, onde os jovens são escolhidos para serem massacrados e os residentes de distritos pobres, como o Distrito 12, raramente chegam à velhice.

O último princípio importante dos estoicos a ser examinado aqui é o desapego. Não se apegue a nada ou ninguém, dizem eles. Procure dominar seus desejos em vez de tentar dominar o que parece fora de seu controle. O principal pensador sobre o desapego entre os estoicos era Epiteto, que nasceu escravo, mas cuja sabedoria foi reunida por um aluno leal em uma obra conhecida como *Enchiridion*, ou *O manual*.

O *Enchiridion* começa sem meias-palavras: "Algumas coisas estão dentro de nosso controle; outras não. Entre as que se encontram dentro de nosso controle estão: a opinião, a busca, o desejo, a repulsa. Em suma: tudo quanto seja ação nossa. Não estão dentro de nosso controle o corpo, as posses, a reputação, os cargos públicos. Em suma: tudo quanto não seja ação nossa."[4] Essa afirmação é bem fácil de entender e até um tanto reconfortante. Mas o desapego é o que faz o estoicismo ser desconfortável para algumas pessoas. Epiteto também aconselhou o seguinte: "Sobre cada uma das coisas que encantam, tanto as que são úteis quanto as profundamente amadas, lembre-se de dizer qual a natureza geral de que se compõem, começando pelas mais insignificantes. Caso ame um vaso de argila, lembre-se de que ama apenas vasos de argila em geral. Assim, se ele quebrar, não se inquietará."[5]

É um bom conselho, até para a vida contemporânea. Substitua *vaso de argila* por *carro*, *Nike* ou *iPhone* e você basicamente entendeu a essência do negócio. No entanto, logo depois, Epiteto escreve: "Quando beijar seu filho ou sua mulher, diga que beija apenas um ser humano, pois se eles morrerem, não se inquietará."[6]

Marco Aurélio deveria ser presidente de Panem

Aposto que isso o desconcertou. Você deve estar pensando que definitivamente se inquietaria se seu cônjuge morresse (a menos talvez se ele ou ela tiver sofrido lavagem cerebral por parte de um governo totalitário sinistro e queira matar você). Mesmo assim, o falecimento de alguém que você amou ainda pode ser bastante inquietante. A morte de Prim deixa Katniss perturbada a ponto de fazê-la abandonar Gale de uma vez por todas. E se você tem um filho, a palavra *inquietação* não chega nem perto de descrever como você se sentiria caso ele morresse.

Não se sinta mal, muita gente não vai longe no estoicismo. Por isso, é bom nos voltarmos agora para Marco Aurélio. Como imperador e político, Marco Aurélio pode não parecer o candidato ideal para uma vida de desapego. Imagine o desastre que seria ter como slogan de campanha "Minha plataforma se baseia no desapego"? Apesar disso, ele transformou o estoicismo em uma filosofia prática que vem sendo útil a várias pessoas por quase 2 mil anos.

Marco Aurélio ganhou fama merecida como um dos bons imperadores de Roma. Ele foi totalmente diferente de alguém como o presidente Snow, pois estava muito mais concentrado em ser uma pessoa melhor do que obrigar os súditos a fazer suas vontades. Boa parte do que sabemos sobre Marco Aurélio hoje vem da coletânea de seus pensamentos conhecida como *Meditações*. No entanto, uma tradução mais exata do título seria algo como "Para ele mesmo". Essa tradução nos lembra de que a intenção de Marco Aurélio não era que suas *Meditações* fossem ensinamentos para as massas, e sim um ponto de referência para mantê-lo ciente do tipo de vida que desejava viver.

As *Meditações* dão conselhos para a vida que são acessíveis e imediatamente aplicáveis hoje, ao mesmo tempo mantendo-se próximas da filosofia estoica tradicional. Sobre simplificar, ele tem um pensamento bem parecido com o de Zenão: "Apenas porque você desistiu de ser um grande lógico ou estudante de física, não é razão para desesperar de ser livre, modesto, altruísta e obediente à vontade de Deus."[7]

Marco Aurélio, assim como Sêneca, entendeu a brevidade da vida: "Como se estivesse à beira da morte, despreze a carne, por ser sangue e ossos... Concentre-se na mente que o governa: você está velho. É hora de parar de fazer a mente agir como escrava, puxada tal qual marionete pelas cordas de seus desejos selvagens."[8] Quanto ao desapego dos objetos materiais e da riqueza, à moda de Epiteto, Marco Aurélio também acertou em cheio: "Aceite a prosperidade sem orgulho e sempre esteja pronto para abandoná-la."[9]

Marco Aurélio pode ser um guia bem mais fácil, uma espécie de "estoicos para iniciantes", especialmente nos conselhos sobre as relações com outras pessoas. A respeito das "virtudes da família e dos amigos", ele escreveu: "Quando quiser se alegrar, pense nas boas qualidades daqueles com quem vive. (...) Pois nada nos dá tanto prazer quanto ver os exemplos de virtude presentes em abundância nos que vivem entre nós. Portanto, mantenha-os sempre ao seu alcance."[10] Ele também falou da conexão que existe entre todos os seres vivos: "Como todas as coisas criadas estão unidas em harmonia, todos os fenômenos que venham a existir mostram não apenas sucessão, como também uma maravilhosa conexão orgânica."[11] Nessas e em outras passagens, Marco Aurélio parece bem menos frio e talvez seja mais fácil se identificar com ele do que com Epiteto.[12]

Vemos nos ensinamentos de Marco Aurélio uma forma de encarar o mundo que difere fundamentalmente da perspectiva dos cidadãos da Capital e do presidente Snow. Por um lado, Marco Aurélio defende a moderação, o desapego e a afirmação dos relacionamentos que nos unem a nossos companheiros humanos e a outras criaturas vivas. Por outro lado, a cultura da Capital estimula a satisfação excessiva dos próprios desejos, a ganância e o egoísmo. Comparado à perversidade e aos excessos da Capital, o estoicismo parece mesmo muito sensato.

Katniss, a estoica?

Vamos voltar agora para nossa heroína Katniss Everdeen, a garota em chamas. A vida dela mostra algum dos princípios do estoicismo que vimos aqui? Há boas evidências na trilogia *Jogos Vorazes* indicando que Katniss tem algo de estoica, mesmo que ela provavelmente jamais tenha estado em um pórtico.

Katniss, por exemplo, tem um código moral forte, uma noção vigorosa de certo e errado, mesmo que sua participação nos Jogos Vorazes (particularmente na 74ª edição) tenha dificultado (praticamente impossibilitado) que ela seguisse esse código. No cerne de sua moralidade está a lealdade firme à família. Desde a morte do pai, ela lutou para manter a mãe e a irmã vivas e em segurança. Até durante os Jogos, o bem-estar delas é a principal preocupação de Katniss, mais até do que a própria sobrevivência.

Também é dolorosamente óbvio que Katniss tem uma compreensão muito maior da brevidade da vida do que a maioria das adolescentes. A perspectiva de morte prematura é fato corriqueiro para todas as crianças nos distritos de Panem, enquanto esperam se serão escolhidas para os Jogos Vorazes e enfrentam a possibilidade de morrer de fome caso os pais não consigam sustentá-los. Katniss é lembrada dessa realidade sempre que se inscreve para obter tésseras, acrescentando mais vezes seu nome ao sorteio para os Jogos Vorazes, e, com isso, obtendo uma pequena ração extra de alimentos para a família, sabendo que isso aumenta a probabilidade de ser escolhida para os Jogos. Os pais de Katniss e Gale morreram em acidentes de trabalho na mina, algo comum no Distrito 12 — e outro lembrete constante da natureza precária da vida. Talvez viver à sombra da morte permita a Katniss ter prazer nos pequenos momentos de alegria antes dos Jogos, como caçar com Gale ou observar Prim cuidar de sua cabra.

Também descobrimos logo de cara que Katniss não se preocupa muito com confortos materiais. Em um mundo em que a sobrevivência é um desafio, ela valoriza poucos objetos, como a jaqueta de caça do pai e o livro de remédios caseiros da mãe. Nossa heroína vê todo o resto de suas posses apenas como meios para um fim, não sendo valiosas em si. Veja a falta de prazer que ela sente diante dos trajes suntuosos e dos alimentos que a Capital lhe fornece por ser participante dos Jogos Vorazes. Ela até aprecia a comida, mas apenas porque não está acostumada a comer tão bem e precisa se alimentar para aumentar suas forças. Katniss adora as roupas feitas por Cinna, mas só porque são um lembrete do quanto o estilista acredita nela.

Contudo, ao analisar o apego que ela tem por outras pessoas, Katniss não se parece mais com uma estoica. Na verdade, algumas de suas decisões mais grandiosas (e, de uma perspectiva estoica, talvez até inadequadas) vêm de seu apego aos outros. Expressar o luto pela morte de Rue faz dela um alvo para a Capital nos Jogos. A garota em chamas acaba valorizando a lealdade de Peeta e até começa a acreditar que ele realmente pode amá-la. Ela reluta totalmente em matá-lo, preferindo cometer suicídio junto com ele a ser responsável pela morte do filho do padeiro, mesmo sabendo que assassinar Peeta permitiria a Katniss voltar para casa, junto da mãe e de Prim. E, no final da saga, é o amor desesperado pela irmã que a afasta de Gale, seu melhor amigo e parceiro em tantas coisas, e a joga nos braços de Peeta. Katniss Everdeen, um modelo de desapego às pessoas? Nem tanto.

Por que Katniss escolheu Peeta

Katniss acaba escolhendo Peeta como parceiro amoroso, para a surpresa (e talvez decepção) de alguns leitores da trilogia *Jogos Vorazes*. Será que ele foi a melhor escolha? Ninguém pode questionar a lealdade extraordinária do filho do padeiro em relação a Katniss ao longo de *Jogos Vorazes* e *Em chamas*, e até mesmo a raiva e crueldade dele em *A esperança* não se originaram em uma verdadeira mudança de ideia, e sim da tortura cruel e da lavagem cerebral feitas pela Capital. Mesmo assim, o Peeta com quem Katniss fica no final de *A esperança* não é o jovem totalmente sincero e confiável que ela conheceu nos livros anteriores.

Gale, por sua vez, embora tenha sido cúmplice da morte de Prim, conhece Katniss há mais tempo, passou por muito mais coisas a seu lado, ajudou a família dela e teve uma criação parecida, fazendo com que ele entenda como ela vê o mundo. Há muitos bons motivos para Katniss escolher Gale.

Mas ela não o escolhe, talvez porque no final de *A esperança*, Katniss realmente seja uma estoica. Ao escolher Peeta, ela o perdoa pelos comportamentos sobre os quais o rapaz não tinha controle. Ela o escolhe apesar da incerteza quanto ao que ele sentia por ela durante os Jogos. Ela o escolhe sabendo que, de certa forma, Peeta nunca mais será o mesmo devido ao que a Capital lhe fez e o aceita pelo que ele é, não pelo que ela gostaria que fosse.

Por fim, ela o escolhe porque a outra opção, escolher Gale, significaria trair um de seus valores mais importantes: a preservação da vida inocente. Para Katniss, escolher Gale seria aprovar implicitamente a conspiração entre ele e Alma Coin que resultou na morte da irmã e de outros jovens inocentes. É uma escolha inaceitável. Como Zenão, ela tem uma forte noção do que é moralmente correto e não aceita traí-la, nem mesmo por uma amizade ou amor romântico que muitas outras pessoas qualificariam como bons.

"Um ato que está de acordo com a Natureza também está de acordo com a Razão", diz Marco Aurélio quase no fim de suas *Meditações*.[13] Como Katniss permanece fiel à sua natureza ao escolher Peeta, essa escolha faz sentido tanto em termos racionais quanto morais. Considerando tudo o que sabemos sobre ela, é a única escolha que realmente faz sentido. Gale está certo quando diz que Katniss escolheria quem melhor a ajudaria a sobreviver, mas não apenas fisicamente. Peeta a ajuda a sobreviver sendo ela mesma, com seus valores intactos.

No final de *A esperança*, Katniss finalmente pode pensar em uma vida além da mera sobrevivência física. Finalmente, após o suplício que passou na arena e no Distrito 13, ela tem uma nova oportunidade de viver sendo fiel a seus valores mais importantes. Ela escolhe Peeta a fim de aproveitar ao máximo essa oportunidade. A escolha pode parecer pouco romântica, mas o único tipo de amor romântico que Katniss consegue imaginar é o que lhe permita ser fiel a si mesma. Portanto, ela escolheu como uma verdadeira estoica.

Notas

1. Suzanne Collins, *A esperança* (Rocco, 2011).
2. Para saber mais sobre o estoicismo em geral e Sêneca em particular, ver o Capítulo 18 — "Tudo isso é errado": Por que um dos maiores pensadores romanos detestaria a Capital.
3. Sêneca, *Sobre a brevidade da vida*. Tradução de William Li. Disponível em: http://ateus.net/artigos/filosofia/sobre-a-brevidade-da-vida/
4. Epiteto, *The Enchiridion*, trad. Elizabeth Carter (Los Angeles: Bukamerica, 2007).
5. *Id.*
6. *Ibid.*
7. Mark Forstater, *The Spiritual Teachings of Marcus Aurelius* (New York: HarperCollins, 2000).
8. *Id.*
9. *Ibid.*
10. *Ibid.*
11. *Ibid.*
12. No entanto, Epiteto não era totalmente frio e desprovido de emoções. Por exemplo, depois de já ter vivido bastante, ele adotou uma criança abandonada e se casou com uma mulher que o ajudou a tomar conta do bebê.
13. Forstater, *The Spiritual Teachings of Marcus Aurelius*.

10

"ELA NÃO FAZ IDEIA DO EFEITO QUE CAUSA": KATNISS E A POLÍTICA DE GÊNERO

Jessica Miller

Quando somos apresentados a Katniss Everdeen, ela está acordando no dia da colheita, dia em que duas crianças do distrito onde vive serão escolhidas por sorteio para participar dos Jogos Vorazes, uma luta até a morte entre 24 participantes, um menino e uma menina de cada um dos 12 distritos de Panem. Mas agora Katniss não está pensando na colheita. É preciso alimentar a família. Vestindo botas, calças e camisa, ela pega o arco e flecha do esconderijo e segue para a floresta a fim de caçar, ação que, por sinal, é considerada ilegal.

Exceto pela referência às "longas tranças pretas" (que ela enfia em um quepe) nada indica que Katniss seja uma garota. Longe de ficar de olho nos garotos, ela insiste que "nunca houve nada romântico entre Gale e eu",[1] apesar da boa aparência, do charme e do óbvio interesse que ele tem nela. E Katniss declara que nunca terá filhos, pois não quer que eles tenham uma vida brutal e precária sob o jugo da Capital. Até mesmo o nome de nossa heroína se refere a uma raiz, um tubérculo azulado que não tem "a melhor das aparências", mas é uma sobrevivente forte.[2] Quando levamos em conta que tanto o desejo de ser mãe quanto a dedicação empolgada à aparência física são fortemente recomendados para as mulheres de nossa cultura, Katniss se destaca por ser atípica.

Katniss se rende às normas femininas quando precisa, isso é, quando a Capital a obriga a fazê-lo. Não é à toa que Katniss logo recebe um pedido para se adequar aos padrões convencionais de feminilidade, quando seu amigo e parceiro de caça Gale Hawthorne diz, ironicamente, "vê se veste alguma roupa bonita" ao se despedir dela para que ambos se arrumem para a colheita.[3] As palavras de Gale são um prenúncio de como a Capital vai exigir que Katniss adote algumas normas associadas ao feminino para sobreviver quando entrar nos Jogos Vorazes.

O que faz de alguém, uma mulher ou um homem, feminina ou masculino? É a biologia, a cultura ou ambos? Em Katniss e em seu colega tributo Peeta Mellark, como veremos, Suzanne Collins nos deu personagens que convidam à reflexão sobre as categorias de sexo e gênero, o que elas significam em Panem e o que podem significar para nós.

"Ela é uma sobrevivente, aquela lá"

Katniss é uma protagonista incomum, pois seu comportamento, temperamento, atitudes e caráter parecem se encaixar mais nas normas da masculinidade do que da feminilidade. Embora seja típico pensar que os pais transmitam certas habilidades aos filhos em vez das filhas, foi o pai de Katniss que a ensinou a caçar, usar um arco e flecha, além de coletar alimentos e ervas medicinais na floresta, as mesmas habilidades que seriam cruciais para a sobrevivência dela nos Jogos Vorazes.

Quando o pai morreu em uma explosão de mina, deixando a mãe catatônica e incapaz de agir devido ao luto, foi Katniss quem assumiu a responsabilidade de sustentar a família. Com apenas 11 anos, ela aprendeu a burlar as regras para manter a família unida. Ela se envolveu na caça ilegal com uma arma também ilegal e coletava alimentos em uma área proibida, cheia de animais carnívoros, cujo acesso era impedido por uma cerca eletrificada. Depois, demonstrando habilidade como negociadora obstinada, ela vende o que caça no Prego, um mercado negro perigoso que fica localizado em um galpão de carvão abandonado. Katniss não aceita docilmente seu destino, ela faz o que pode para sobreviver. Muitos leitores associariam qualidades como sustentar a família, resistência física e mental e lutar (literalmente) pela sobrevivência com masculinidade e virilidade. Mas elas descrevem perfeitamente Katniss.

O estereótipo da mãe protetora tende a ser associado ao calor humano e à bondade. Por outro lado, a característica protetora de Katniss demanda ações geralmente associadas à masculinidade. O primeiro livro da trilogia começa e termina com duas incríveis demonstrações físicas de proteção. Primeiro, Katniss se oferece para ir aos Jogos no lugar de Prim, sabendo que é praticamente uma sentença de morte. Depois, Katniss ameaça se matar em vez de permitir que o outro tributo do Distrito 12, Peeta Mellark, morra.

O único assassinato direto cometido por Katniss durante os Jogos é para proteger uma amiga e aliada. No livro *Em chamas*, ela se joga entre um Pacificador e Gale para evitar que ele seja chicoteado e acaba levando uma chicotada. Demonstrando características prescritas para homens em nossa sociedade, Katniss corre riscos e age de modo forte e vigoroso. Ela pode não ser afetuosa no sentido tradicionalmente associado às mulheres, mas é intensamente leal e capaz de mentir, roubar, lutar e até matar para manter vivas as pessoas que ama.

Katniss é uma jovem de poucas palavras, nenhuma delas floreada ou emotiva. Ela costuma ser mal-humorada e hostil, quase nunca sorri e está longe de ser doce. Como ela mesma diz: "Até que um pouco de açúcar não faz mal a ninguém."[4] A cordialidade é altamente recomendada para as mulheres em nossa cultura, daí o comentário de Haymitch — "Você tem tanto charme quanto uma lesma morta" — descrever tão bem nossa heroína.[5]

Em geral, a reação imediata de Katniss ao ser iludida ou surpreendida é violenta. Ela é direta e prática. Dizer que a garota em chamas não é dada à introspecção, especialmente a exagerada, que normalmente (ainda que de forma injusta) é associada às adolescentes (como ocorre com Bella Swan da saga *Crepúsculo*) é amenizar muito a incapacidade dela para refletir.

Referindo-se ao efeito que Katniss tem sobre ele, bem como ao potencial de servir como símbolo unificador para um povo dividido, Peeta observa: "Ela não faz ideia do efeito que causa."[6] Ela não faz ideia porque não é narcisista e nem um pouco egocêntrica.

Teseu, Spartacus e Katniss

Não é por acaso que Katniss tem características masculinas: Suzanne Collins disse que a protagonista (e a trilogia em si) foi inspirada em duas figuras famosas do sexo masculino: Teseu e Spartacus.[7] Na mitologia grega, o rei de Creta, Minos, obrigava os atenienses a mandar 14 crianças a cada nove anos para enfrentar o Minotauro (um monstro assustador, meio homem, meio touro) em seu labirinto. Assim como Katniss fez por Prim, Teseu assumiu o lugar de um de seus compatriotas. Ele matou o Minotauro e resgatou seus colegas tributos. Já Spartacus ficou famoso por liderar uma rebelião de escravos contra o Império Romano. "Katniss segue o mesmo arco", de acordo com Collins, "passando de escrava a gladiadora, depois rebelde e se tornando por fim o rosto de uma guerra".[8]

Como Teseu e Spartacus, Katniss é rebelde, mas a rebeldia nunca é usada apenas para afirmar a própria vontade. Rebeldia e desobediência estão intimamente associadas à masculinidade em nossa cultura e tendem a ser desestimuladas em mulheres. No entanto, Katniss sabe o que quer e confia em seus instintos, recusando-se a seguir cegamente a autoridade. Embora procure ajuda de vez em quando, ela é independente demais para que alguém lhe diga o que fazer, seja um admirador como Gale ou Peeta, um mentor como Haymitch ou um líder político como o presidente Snow ou Alma Coin. Ela não tem a mesma sede de sangue indiscriminada dos tributos Carreiristas, mas também não é "do tipo que perdoa".[9] Ela tem raiva e desejo de vingança e sente prazer ao se imaginar matando os inimigos.

Katniss é capaz de gestos heroicos, que nos faz dar socos no ar de alegria, geralmente associados a heróis do sexo masculino. Meu exemplo favorito acontece no terceiro dia do treinamento para os Jogos, durante a sessão com os Idealizadores dos Jogos, que querem ver a habilidade dela com arco e flecha. Quando eles ignoram a impressionante demonstração para dar atenção a um suculento porco assado, que acabou de ser servido em uma mesa de banquete já superlotada, o orgulho de Katniss não deixa tamanho desrespeito passar batido:

> De repente, fico furiosa pelo fato de que, mesmo com minha vida por um fio, eles não prestam a mínima atenção em mim. Por meu espetáculo estar sendo preterido por um porco morto. Meu coração começa a bater. Sinto meu rosto queimando. Sem parar para pensar, puxo uma flecha da aljava e mando na direção da mesa dos Idealizadores dos Jogos. Ouço gritos de alerta à medida que as pessoas se afastam da mesa aos trancos e barrancos. A flecha espeta a maçã na boca do porco e a prende à parede. Todos me encaram sem conseguir acreditar.
> — Obrigada pela consideração de vocês. — Então, faço uma leve mesura e caminho diretamente para a saída sem ter sido dispensada.[10]

Por meio de múltiplas recontagens ao longo dos séculos, as histórias de Teseu e de Spartacus representam a dignidade inerente ao ser humano e seu potencial de inspirar a oposição a regimes opressores. Como os heróis homens e muito masculinos nos quais seu personagem se baseia, Katniss defende instintivamente a dignidade humana básica, agindo como uma fagulha que espalha o fogo e muda o rumo da história para o povo de Panem.

"Tão fresco quanto uma gota de chuva": Prim e a feminilidade

Katniss pode não ser *feminina*, mas é definitivamente *mulher*. A filósofa francesa Simone de Beauvoir (1908-1986) colocou a distinção entre sexo e gênero na filosofia ao dizer que "Ninguém nasce mulher: torna-se mulher."[11]

O *sexo* se refere às características biológicas ou fisiológicas imutáveis que distinguem homens de mulheres, como órgãos genitais e níveis hormonais. O *gênero*, por sua vez, diz respeito aos papéis, comportamentos, atividades e características de personalidade mutáveis que uma sociedade considera apropriados ou "normais" para homens e mulheres.

As normas de gênero são influenciadas pela família, amigos, meios de comunicação de massa e a comunidade em geral. Na civilização ocidental, por exemplo, cuidar dos dependentes, preparar as refeições da família, usar maquiagem e ser compreensiva são consideradas características femininas, enquanto que sustentar a família, fazer consertos em casa, ter músculos e defender quem precisa são consideradas características masculinas.

O exemplo mais claro de personagem tradicionalmente feminino nos *Jogos Vorazes* é a irmã mais nova de Katniss, Primrose Everdeen. Batizada com o nome de uma delicada flor, Prim é pequena, esguia e bonita, cabelos claros e olhos azuis. O rosto dela "é tão fresco quanto uma gota de chuva, tão adorável quanto a flor que lhe deu o nome".[12] O discurso e outras vocalizações da menina são descritos de acordo com os estereótipos associados ao feminino: ela fala baixo, dá risadinhas e é tagarela. A principal característica de Prim são a empatia e o carinho: "A doce e pequenina Prim, que chorava quando eu chorava, antes mesmo de saber o motivo, que penteava e trançava o cabelo de minha mãe antes de irmos à escola, que limpava todas as noites o espelho que meu pai usava para se barbear porque ele odiava a camada de fuligem que se juntava em todas as coisas na Costura."[13]

A preocupação de Prim se estende até a animais não humanos: "Sempre que eu atirava em alguma coisa ela começava a chorar e a falar que a gente talvez conseguisse curar o ferimento do bicho se fôssemos correndo para casa."[14] Prim é descrita como uma pessoa frágil, que tem medo da floresta e via aventuras como experiências desagradáveis. Diz-se que ela leva jeito para ocupações tradicionalmente femininas, como cozinhar e fazer arranjos de flores. Com um talento especial para cuidar dos doentes, a menina mostra um tipo de força mais aceitável para mulheres em nossa cultura do que a força física de Katniss. A morte de Prim, que ocorre enquanto ela cuidava dos feridos em *A esperança*, por mais terrível que seja tanto para Katniss quanto para nós, leitores, é basicamente um aspecto de uma feminilidade que se sacrifica pelos outros.

De acordo com Beauvoir, é o fato de serem limitadas ao que é definido como feminino que faz as mulheres serem consideradas não só como diferentes dos homens como também inferiores a eles. As mulheres são vistas como o "outro", a quem falta iniciativa e capacidade para fazer escolhas e impor essas escolhas ao mundo. Insistindo que anatomia não é destino, Beauvoir nos pede para analisar atentamente a forma pela qual a estrutura patriarcal usa a diferença entre sexos para oprimir as mulheres, privando-as da liberdade para exercer suas aptidões. Ela rejeitou a ideia de que o gênero determina o seu destino. "Nenhum destino biológico, psíquico, econômico define a forma que a fêmea humana assume no seio da sociedade", escreveu ela. "É o conjunto da civilização que elabora esse produto (...) que qualificam de feminino."[15]

Infelizmente, parece que Beauvoir também pensava que as mulheres precisam parar de ser femininas para ter uma vida verdadeiramente satisfatória. Ela também parece pensar que as diferenças de gênero não são compatíveis com a verdadeira igualdade entre homens e mulheres. Contudo, outras filósofas feministas vêm defendendo características tradicionalmente femininas do tipo apresentadas por Prim, argumentando que o problema não é a feminilidade em si, mas sua desvalorização pela sociedade e a falta de escolhas disponíveis para mulheres e homens.[16]

O que está errado nesta visão não é o gênero em si, mas a desigualdade baseada em gêneros que reforça a subordinação social da mulher, junto com os estereótipos relacionados a papéis sexuais que obriga meninos a serem masculinos, meninas a serem femininas e faz com que ambos paguem um alto preço social caso não sejam. Já vimos que Katniss viola essas normas de gênero e praticamente não se recrimina e nem é recriminada pela sociedade. Panem parece ser diferente de nosso mundo nesse aspecto, o que nos leva à pergunta: como se configuram os papéis de gênero em Panem?

Gênero em Panem

Parece haver poucas diferenças entre os papéis reservados para mulheres e homens em Panem e no nosso mundo. Por exemplo, mineiros de carvão de nosso mundo são predominantemente homens, embora Katniss fale especificamente de "homens e mulheres" indo para as minas na Costura. Quando ela assume as funções de caça feitas pelo pai, os compradores do Prego não se importaram com a mudança: "Caça era caça, independente de quem houvesse atirado."[17]

Meninas e meninos participam igualmente dos Jogos Vorazes e não há alteração nas regras para tributos do sexo masculino e feminino, como acontece em vários de nossos esportes, como o tênis, em que as mulheres jogam partidas de três sets enquanto os homens jogam partidas de cinco, ou o basquete, no qual a bola dos times femininos é um pouco menor. Até os Idealizadores dos Jogos, que desenvolvem a arena e suas armadilhas diabólicas e fatais, vêm de ambos os sexos, enquanto hoje em dia apenas 11% dos desenvolvedores de jogos eletrônicos (o mais próximo que temos dos Idealizadores dos Jogos — ainda bem!) são mulheres.

Há pouquíssimas referências explícitas à sexualidade na trilogia *Jogos Vorazes*, mas as que encontramos indicam um mundo no qual o apetite sexual forte não está associado exclusivamente aos homens, como acontece em nosso mundo. Tendemos a pensar em "símbolos sexuais" como mulheres (vide a lista *Hot 100* da revista *Maxim's*), mas o único personagem chamado de símbolo sexual em Panem é Finnick Odair, tributo do Distrito 4 que venceu uma edição dos Jogos Vorazes.[18]

Em nosso mundo, a maior parte das prostitutas e vítimas da indústria do sexo é composta de mulheres e meninas. Em Panem, contudo, é Finnick que diz: "O presidente Snow costumava... me vender... ou seja, vender meu corpo."[19] Em uma entrevista dada aos rebeldes, Finnick revela todos os políticos que abusaram dele, mas Collins é muito cuidadosa e jamais menciona o sexo dos amantes de Finnick, referindo-se a eles de modo genérico como "pessoas", que são "velhas ou novas, lindas ou comuns, ricas ou muito ricas".[20] Compare isso aos Estados Unidos, onde os chamados escândalos sexuais em geral são associados a políticos do sexo masculino, gerando manchetes como a da capa de uma edição recente da revista *Time*: "Sexo. Mentiras. Arrogância. O que faz homens poderosos agirem como porcos."[21]

As normas de beleza associadas aos gêneros são um grande alvo feminista nos Estados Unidos, porque são muito mais caras, onerosas e até perigosas para mulheres do que para os homens, e também porque a violação dessas normas são punidas social, política e economicamente. Por exemplo, como a aparência é um indicador muito mais significativo de valor social para elas do que para eles, não surpreende que, embora a discriminação baseada no peso afete ambos os sexos, as mulheres obesas são punidas com muito mais severidade do que os homens em termos de empregos, promoções e salários.[22]

Por outro lado, as normas de beleza associadas aos gêneros não parecem estar presentes em Panem. O melhor lugar para analisar isso é provavelmente a Capital, onde grandes quantidades de dinheiro e tempo livres fazem a busca pela beleza ser muito mais complicada. Na nossa cultura, as diferenças entre gêneros podem ser vistas na aplicação de maquiagem e nos tipos de cirurgias plásticas feitas por mulheres e homens, bem como a localização e o estilo de tatuagens e piercings. Entretanto, na Capital, tudo isso é igual para todos.

Como os pares de todos os distritos, Katniss e Peeta se vestem de modo idêntico para a cerimônia de abertura. Os tributos mais bonitos, e não apenas as *mulheres* mais bonitas, são recompensados com patrocínios. Tanto homens quanto mulheres na Capital passam por elaborados processos de embelezamento. O narrador Caesar Flickerman usa maquiagem branca no rosto, além de pintar os cabelos e as pálpebras de azul. Na equipe de preparação de Katniss, Octavia pintou o corpo inteiro de verde e Venia tem cabelos azul-claros e tatuagens douradas acima das sobrancelhas.[23]

O Distrito 13 parece igualmente neutro em termos de gênero, sem distinção entre homens e mulheres, seja na roupa ou em suas funções. Aos 14 anos de idade, todos são considerados Soldados e assumem as mesmas funções quando suas unidades são enviadas em missões de combate. Compare isso aos Estados Unidos, onde as mulheres somam apenas cerca de 20% do efetivo militar e são oficialmente excluídas do combate direto. A líder do Distrito 13, Alma Coin, é uma mulher de meia-idade com cabelos grisalhos na altura dos ombros, o que poderia sugerir uma figura maternal, mas ela está longe de ser carinhosa ou protetora. Coin tem olhos pálidos, "da cor da neve caída no chão que você gostaria que derretesse".[24]

Costumamos ouvir dizer — às vezes, com base em dados, mas geralmente apenas refletindo suposições sobre os gêneros — que mulheres na política são mais cooperativas, mais capacitadas e menos interessadas no poder apenas pelo poder do que os políticos do sexo masculino. Isso não parece acontecer em Panem, pelo menos não quando vemos a forma autocrática pela qual Coin comanda o Distrito 13 e até onde ela vai para derrubar o presidente Snow, chegando a massacrar crianças inocentes. Quando Coin sugere uma nova edição dos Jogos Vorazes, a importância de seu nome fica clara como água: ela pode ser a versão feminina do Snow, mas eles são dois lados da mesma moeda ("coin", em inglês).

Dos principais personagens da trilogia *Jogos Vorazes*, é Peeta que chega mais perto de ser uma mistura andrógina das características masculinas e femininas mais desejáveis. Ele é confiante e autossuficiente como Katniss, mas, ao contrário de sua companheira tributo do Distrito 12, é ingênuo e franco. Ele é fisicamente forte, mas evita a violência e a agressão, exceto para se defender. A ocupação de padeiro combina com sua personalidade acolhedora e carinhosa. Ele dá banho e arruma o bêbado e desgrenhado Haymitch, oferece o casaco para amenizar o frio de Katniss e é gentil e atencioso.

Emocional e expressivo, Peeta não tem medo de declarar seu amor por Katniss diante de milhares de pessoas. E até chorou abertamente quando foi obrigado a abandonar a família para participar dos Jogos Vorazes. A lembrança mais antiga que Katniss tem de Peeta é o dia em que ele se arriscou a sofrer a ira dos pais ao queimar alguns pães para poder dar a ela.

Depois, eles se olharam rapidamente e, em seguida, Katniss viu de relance o primeiro dente-de-leão da primavera. Ao refletir sobre essas lembranças, ela comenta: "Até hoje não consigo deixar de fazer a ligação entre esse garoto, Peeta, o pão que me deu a esperança e o dente-de-leão que me fez lembrar que eu não estava condenada."[25]

Vamos comparar Peeta a Gale, seu rival pelo afeto de Katniss. Herói romântico clássico, Gale é alto, moreno e bonito. Além disso, é ligeiramente misterioso, protetor e dado a demonstrações de raiva e violência. Ele vê o mundo em preto e branco e defende um julgamento cruel para os malfeitores. Gale se encaixa no estereótipo da masculinidade forte, mas Katniss escolhe Peeta, o padeiro, junto com o dente-de-leão, a luz do sol e a ternura. Ela não só o escolhe como também o protege e o resgata repetidas vezes.

Resistindo à tendência popular da namorada indefesa (vide, novamente, Bella na saga *Crepúsculo*) que precisa ser salva pelo amado (Edward), Collins apresenta Katniss como salvadora e o lado forte do casal, embora nossa heroína precise da ternura e da decência de Peeta. Até a vida doméstica pós-guerra do casal desafia as expectativas de gênero. Peeta faz pão e Katniss caça. O romance entre eles oferece um elogiável contraste aos vários romances da cultura popular que se atêm às expectativas estereotipadas de masculinidade e feminilidade.

Os amantes desafortunados do Distrito 12

Até ele dizer que te queria, você era tão romântica quanto um monte de sujeira. Agora todos te querem.[26]

Haymitch Abernathy, em *Jogos Vorazes*.

Até agora, nós nos concentramos nas características e ações masculinas de Katniss. Contudo, sua condição de mulher parece mais clara quando ela é colocada como interesse amoroso de Peeta. Assim que Cinna pede a Katniss e Peeta para darem as mãos na cerimônia de abertura, vemos uma

Katniss diferente, que joga beijos, dá sorrisos abertos, acenos empolgados e fica muito mais interessante para todos assim que Peeta declara publicamente seu amor por ela. "Uma garota tola rodopiando num vestido cintilante", diz ela. "Rindo à toa."[27]

Inicialmente cética, Katniss acaba vendo méritos em usar o romance com Peeta para ficar mais agradável, pois significa que ela pode obter a ajuda dos fãs dedicados ao longo da competição. Basicamente, ela adota a feminilidade como uma *performance*. Durante os Jogos, ela faz questão de atuar para as câmeras e age como uma garota apaixonada, seja com beijos ternos, carinhos gentis, olhares afetuosos ou lutando desesperadamente para salvar o amado quando ele está gravemente ferido.

Para a filósofa feminista contemporânea Judith Butler, o gênero *sempre* é um tipo de performance, algo que fazemos em vez de algo que somos.[28] Nós dizemos coisas como: "Ah, ele faz isso porque é homem", como se ser "homem" fosse uma identidade estável a partir da qual se originam as ações masculinas. Na visão pós-moderna de Butler, porém, o gênero se constitui apenas pelo envolvimento repetitivo em ações de gênero. Tudo o que Katniss faz para convencer o mundo de que está apaixonada por Peeta não apenas expressa sua feminilidade como também a *compõe*.

De modo mais radical, Butler questiona a ideia de que o sexo seria uma categoria puramente biológica e o gênero seria cultural, com este se sobrepondo àquele do mesmo modo que um casaco é colocado em um cabide. Ela argumenta que o sexo não é "um dado corporal sobre o qual o constructo de gênero é artificialmente imposto, mas (...) uma norma cultural que governa a materialização dos corpos".[29] Em outras palavras, não há uma forma de identificar um ser humano como masculino ou feminino que não seja socialmente significativa. Depois que as palavras "É menino!" ou "É menina!" são pronunciadas, surge toda uma identidade construída por normas sociais que determina o rumo da vida de uma pessoa.

Pense: por que é mais importante em nossa sociedade se a criança tem um pênis ou uma vagina do que se é careca ou cabeluda? Por que não organizamos a sociedade com base na cor dos cabelos, dos olhos ou de ter um umbigo "para dentro" ou "para fora"? Para Butler, a resposta é simples: o pênis e a vagina são importantes porque nossa organização social se baseia em gêneros.

Voltando a Panem, pode parecer que quando a Capital escolhe um menino e uma menina para os Jogos Vorazes, ela está usando categorias pré-sociais e biológicas, mas Butler diria que a escolha *também* indica uma organização da sociedade baseada nos gêneros. Afinal, por que o sexo dos participantes é importante? Apenas porque se considera meninos e meninas como integrantes de dois grupos sociais diferentes.

Para Butler, receber uma identidade sexual significa também receber uma orientação sexual. Supõe-se que *mulher* seja "mulher heterossexual", ficando mais difícil conceber lésbicas como mulheres. Seguindo Adrienne Rich, Butler usa o termo "heterossexualidade compulsória" para se referir à ideia de que nossas normas culturais (que desestimulam demonstrações públicas de afeto entre pessoas do mesmo sexo), leis (o casamento entre pessoas do mesmo sexo não é universalmente legalizado) e regras (clubes, por exemplo, não aceitam casais do mesmo sexo no "plano familiar") exigem que os indivíduos sejam heterossexuais.[30] Butler não vê como derrubar a hierarquia de gênero sem ao mesmo tempo superar a heterossexualidade compulsória. Não sabemos se a heterossexualidade compulsória existe em Panem, mas a ligação que Butler faz entre orientação sexual e gênero ajuda a explicar por que Katniss parece mais feminina quando age como namorada de Peeta.

A alegação de Butler de que o gênero é uma performance pode parecer um convite a se comportar como quiser, como se fosse possível mudar o próprio gênero apenas usando uma roupa diferente. A visão da filósofa é que somos fortemente limitados pelos scripts de gênero que herdamos. Suas críticas, contudo, insistem que sempre há espaço para a reflexão crítica e a ação subversiva.[31]

Deixando o gênero de lado por um momento, vejamos o poder político que aparentemente está presente em todos os aspectos da Capital. A Capital parece imbatível, mas se mostra complacente com o Distrito 12, desligando a cerca elétrica e deixando seus Pacificadores ficarem amigos dos residentes. Essas ações criaram um ambiente em que alguém como Katniss pode prosperar, aprendendo a criar uma comunidade, pensar criticamente e desenvolver habilidades de sobrevivência que acabariam transformando-a em uma grande ameaça. Como o tordo, a mistura inesperada e indesejada entre os gaios tagarelas criados pela Capital e os tordos comuns, Katniss desenvolveu força onde a Capital se mostrou fraca.

Do mesmo modo, em um mundo em que os gêneros parecem menos predeterminados do que no nosso, Katniss e Peeta conseguem usar seus gêneros para acumular poder. Quando eles são os únicos tributos remanescentes, a Capital espera criar um final de cortar o coração em que um integrante do casal ficará contra o outro. Mas em vez de um matar o outro, eles ameaçam cometer suicídio. Como leitores, sabemos que esse é um ato desafiador, uma recusa deles em trair a própria integridade, mas a narrativa romântica que o casal veio construindo desde a cerimônia de abertura faz com que a audiência televisiva de Panem interprete esse ato de revolta apenas como uma atitude de amantes desesperados. Katniss usa subversivamente as ferramentas da feminilidade para controlar a forma pela qual sua história será interpretada.

Após os Jogos, para reforçar a interpretação romântica (e ajudar a salvar a vida de Katniss), o estilista Cinna veste a antiga garota em chamas como uma menina inocente e inofensiva, ainda que com enchimento nos seios para aumentar a feminilidade. E a farsa continua no livro *Em chamas*, quando Katniss e Peeta mantêm as aparências, fingindo que se casaram. A escolha do vestido de noiva é um evento transmitido nacionalmente.

Katniss, é claro, esquece totalmente os vestidos de noiva ao descobrir que será obrigada a lutar no Massacre Quaternário. E fica chocada quando é obrigada a usar o vestido escolhido pelo público na entrevista transmitida pela televisão antes dos Jogos. "Transformar meu véu de noiva em uma mortalha", diz ela, "é algo tão bárbaro".[32] Porém, Cinna tem outros planos. Seguindo as instruções do estilista, Katniss dá uma voltinha ao final da entrevista com Caesar Flickerman, fazendo com que o vestido pegue fogo e a transforme mais uma vez na garota em chamas:

Por um átimo de segundo, estou arquejando, completamente engolfada por estranhas chamas. Então, de imediato, o fogo desaparece. Começo a parar lentamente, imaginando se estou nua e por que Cinna resolveu queimar o meu vestido de noiva. Mas não estou nua. Estou num vestido com o exato desenho de meu vestido de casamento, só que da cor de carvão e feito de pequenas penas. Surpresa, levanto minhas longas e fluidas mangas no ar, e é aí que vejo a mim mesma na tela da televisão. Vestida toda de preto, exceto pelos pedacinhos brancos em minhas mangas. Ou será que deveria dizer asas?

Porque Cinna me transformou num tordo.[33]

O tordo, uma criatura que jamais deveria ter existido, é o símbolo da rebelião que começou quando Katniss desafiou a Capital no fim da 74ª edição dos Jogos Vorazes. Cinna elaborou uma cena em que a performance de Katniss como noiva, um dos papéis sociais mais femininos, ficou diretamente associada a seu crescente poder político. O gênero é uma performance para Katniss, talvez não exatamente do jeito entendido por Butler, mas no sentido de ser uma estratégia poderosa que é ao mesmo tempo política e profundamente pessoal.

"Eu não posso ficar pensando em beijos"

Os gêneros são construídos em Panem de modo diferente do nosso mundo, com personagens masculinos e femininos expressando uma vasta gama de características e ações de gênero. É significativo que, por um lado, Katniss seja sempre mostrada como igual em relação aos dois rapazes que disputam seu afeto. Por outro lado, a necessidade da narrativa dos amantes desafortunados parece reafirmar, pelo menos até certo ponto, a ligação entre sexo, gênero e orientação heterossexual.

Ainda assim, ao contrário de muitas heroínas da literatura juvenil, Katniss se recusa a se ver como a ingênua perdida entre dois amantes: "Eu não posso ficar pensando em beijos quando tenho uma rebelião para incitar",[34] ela diz de forma bastante sensata. Mesmo que alguns leitores certamente fiquem decepcionados por ela não ter escolhido Gale, Katniss e Peeta, a caçadora e o padeiro, têm algo que Gale e Katniss jamais conseguiriam: uma parceria que nos ajuda a imaginar uma alternativa para as narrativas românticas predominantes na sociedade e uma forma de valorizar os papéis masculinos e femininos, independente de quem os preencha.

Notas

1. Suzanne Collins, *Jogos Vorazes* (Rocco, 2010).
2. *Id.*
3. *Ibid.*
4. Suzanne Collins, *A esperança* (Rocco, 2011).
5. Collins, *Jogos Vorazes*.
6. *Id.*
7. James Blasingame, "An Interview with Suzanne Collins". *Journal of Adolescent and Adult Literacy 52*, no.8 (2009).
8. Susan Dominus, "Suzanne Collins's War Stories for Kids", *The New York Times*, 8 de abril de 2011, http://www.nytimes.com/2011/04/10/magazine/mag-10-collins-t.html (em inglês).
9. Collins, *Jogos Vorazes*.
10. *Id.*
11. Simone de Beauvoir, *O segundo sexo — Volume 2* (Difusão Europeia do Livro, 1970).
12. Collins, *Jogos Vorazes*.
13. *Id.*
14. *Ibid.*
15. Beauvoir, *O segundo sexo*.
16. Para uma discussão dos filósofos contemporâneos e seus argumentos em nome de uma ética feminista do cuidado que premia uma índole empática e

de cuidado como a de Prim, ver o Capítulo 11 — Às vezes o mundo tem fome de pessoas que se importam: Katniss e a ética feminista do cuidado.

17. Collins, *Jogos Vorazes*.
18. Collins, *A esperança*.
19. *Id.*
20. Suzanne Collins, *Em chamas* (Rocco, 2011).
21. Nancy Gibbs, *Time*, 30 de maio de 2011.
22. Janna L. Fikkan e Esther D. Rothblum. "Is Fat a Feminist Issue? Exploring the Gendered Nature of Weight Bias", *Sex Roles* (18 de junho, 2011).
23. Para saber mais sobre a importância da moda e da transformação corporal na Capital, ver o Capítulo 17 — Disciplina e o corpo dócil: controlando fomes na Capital.
24. Collins, *A esperança*.
25. Collins, *Jogos Vorazes*.
26. *Id.*
27. *Ibid.*
28. Judith Bubler, *Problemas de gênero: feminismo e subversão da identidade* (Civilização Brasileira, 2003).
29. Judith Butler, *Bodies That Matter: On the Discursive Limits of Sex* (New York: Routledge, 1993).
30. Adrienne Rich, "Compulsory Heterosexuality and Lesbian Existence" in *The Lesbian and Gay Studies Reader*, eds. Henry Abelove et al. (New York: Routledge, 1993).
31. Até onde os recursos adequados para a reflexão normativa e a ação política autônoma já estão presentes na visão de Butler sobre gênero ainda é motivo de debate entre feministas.
32. Collins, *Em chamas*.
33. *Id.*
34. *Ibid.*

11
ÀS VEZES O MUNDO TEM FOME DE PESSOAS QUE SE IMPORTAM: KATNISS E A ÉTICA FEMINISTA DO CUIDADO

Lindsey Issow Averill

Há uma cerca ao redor do Distrito 12 que separa Katniss Everdeen da floresta. Além disso, uma lei imposta pela Capital diz que é "proibido entrar na floresta" e a caça ilegal é punida com "penas mais severas".[1] Mesmo assim, ela consegue usar sua habilidade para ultrapassar a cerca e caçar, pois, afinal, sua família precisa comer. Quando o amigo Gale Hawthorne sugere fugir da opressão da Capital e viver na floresta, livre de responsabilidades e do horror dos Jogos Vorazes, Katniss responde com indignação, porque não consegue nem imaginar a ideia de deixar a família se sustentar sozinha. E quando Effie Trinket chama o nome de Prim na colheita, Katniss não hesita em se oferecer para o lugar da irmã. O tema comum presente nessas escolhas é que Katniss *se importa*.

Apesar dos obstáculos e perigos, nossa heroína acredita que tem a responsabilidade de sustentar e proteger quem ama, especialmente a irmã, Prim. Ao longo da trilogia *Jogos Vorazes*, Katniss estende essa noção de responsabilidade a um número cada vez maior de pessoas, chegando até a se colocar em grande perigo por um desconhecido. Porém, em todo esse processo, suas escolhas éticas revelam uma resposta intensamente pessoal às necessidades das pessoas que ama e de quem a afeta emocionalmente de várias formas. Ela *não* é motivada pelos princípios abstratos de certo e errado. Sendo assim, até onde Katniss é realmente moral?

Às vezes Katniss se importa primeiro e pensa depois

As escolhas morais de Katniss parecem ser guiadas por um tipo de favoritismo ou fortes ligações pessoais a determinados indivíduos, como a irmã. Alguns filósofos podem ver isso como uma grande falha de caráter, por acreditarem que devemos fazer nossas escolhas morais de modo imparcial, considerando igualmente os interesses de todos. Nessa visão, a imparcialidade distingue as ações morais daquelas motivadas pela parcialidade, por ligações pessoais e por nossas paixões particulares. Como a moralidade depende de princípios abstratos (como a Regra de Ouro que se aplica igualmente a todos, independente da situação), ela é indiferente a nossos desejos pessoais. Emoções poderosas, como a necessidade feroz que Katniss tem de proteger Prim acima de tudo, podem nem sempre ser as melhores aliadas para tomar decisões morais.

O filósofo alemão Immanuel Kant (1724-1804) iguala o raciocínio moral ao pensamento imparcial ou objetivo.[2] Do ponto de vista kantiano, todas as pessoas são iguais em termos de dignidade e, portanto, merecem direitos iguais e a mesma consideração moral. O raciocínio imparcial é o marco de uma pessoa autônoma, que não é escrava nem das opiniões da sociedade nem de suas paixões particulares. Uma pessoa autônoma e moral não é motivada principalmente por desejos pessoais, escolhendo sempre o caminho que considera mais justo ou benéfico para todos os envolvidos. A justiça exige o cumprimento das mesmas regras que aplicaríamos se estivéssemos legislando para todos. Quando se trata de moralidade, as mesmas regras precisam se aplicar a todos. Não fazemos exceções especiais para nós e muito menos para quem amamos.

Vamos examinar as ações de Katniss à luz das ideias de Kant. Como muitas de suas decisões são motivadas pela profunda preocupação com indivíduos específicos a quem ama, com uma parcialidade clara em relação à própria família, o raciocínio dela dificilmente se encaixaria nos padrões da imparcialidade kantiana. Gale observa o quanto a família é fundamental para todas as decisões de Katniss quando diz: "A minha única responsabilidade era cuidar da sua família."[3] Lutar contra a injustiça, derrotar a Capital ou beneficiar Panem, nada disso significa tanto para Katniss quanto ajudar a mãe e, principalmente, Prim.

Vejamos a decisão de Katniss de se oferecer para o lugar da irmã na colheita. Mesmo reconhecendo a injustiça da situação, ela não é motivada por algum ideal abstrato como justiça ou igualdade. Suas ações são motivadas apenas pelo compromisso de proteger Prim, algo que já vinha fazendo há anos. Sem dúvida, as emoções que levaram Katniss a agir com tamanha coragem são boas: lealdade, amor, devoção, compaixão e cuidado. Porém, a decisão de tomar o lugar da irmã não tem nada a ver com princípios imparciais que ela se sente no dever de seguir por serem igualmente obrigatórios para todos.

Muito pelo contrário, ela não fica nem um pouco surpresa ou ofendida quando nenhum dos dois irmãos de Peeta Mellark se oferece para assumir o lugar dele. "Procedimento padrão", explica ela. "A devoção familiar, para a maioria das pessoas, termina quando começa o dia da colheita. O que fiz foi a coisa mais radical do mundo."[4] Katniss se oferece para o lugar de Prim porque sua devoção a proteger a irmã é muito maior de que qualquer pessoa no Distrito 12 considere moralmente obrigatório, não sendo motivada por algum princípio moral abstrato igualmente obrigatório para todos.

Em geral, Katniss é guiada em suas decisões morais por uma conexão emocional com determinados indivíduos, e não pelo raciocínio imparcial. Vejamos como ela leva um tiro na batalha entre as forças rebeldes e os Pacificadores na Noz. Gritando para os rebeldes cessarem fogo quando um homem ferido sai cambaleando da estação e cai no chão, ela novamente arrisca a vida para salvar alguém. Dessa vez, contudo, é um desconhecido, embora seja uma pessoa com quem ela sinta uma conexão emocional muito especial. O soldado queimado do Distrito 2 faz Katniss se lembrar de "uma vítima de queimaduras de um acidente de mina" no Distrito 12.[5] Ele a faz lembrar especificamente de casa, do pai e da família.

Ao tentar acabar com o conflito na Noz, pode-se pensar que Katniss estaria servindo a um ideal nobre em termos morais: a conquista da paz e da liberdade para todos os cidadãos de Panem. Suas ações, contudo, não refletem um exercício de raciocínio imparcial, e sim a conexão que ela sente com esse soldado ferido em particular. Katniss *mata* vários soldados e atinge pelo menos uma pessoa civil no coração. Sua decisão de abaixar a arma nessa instância não pode ser atribuída a uma crença em ideais abstratos como justiça, liberdade, pacifismo ou democracia. A decisão vem quando ela vê o sofrimento *daquele* soldado, que provocou sentimentos profundos de preocupação baseados em sua ligação com o lar e a família na Costura.

Em resumo, se Kant está correto ao dizer que o raciocínio moral exige imparcialidade, então a "moralidade" de Katniss é altamente suspeita, pois nasceu de uma afinidade não relacionada com princípios abstratos, mas com indivíduos específicos a quem ela ama.

Às vezes você precisa se importar com algo mais do que a justiça

Embora as teorias sobre o raciocínio imparcial e os ideais abstratos tendam a dominar nossa compreensão da moralidade hoje, alguns grupos feministas argumentam que a preocupação que motivou as decisões de Katniss é uma base igualmente válida para a tomada de decisão moral. A teoria moral desenvolvida por esses grupos ficou conhecida como *ética feminista do cuidado* ou simplesmente *ética do cuidado*.

Uma das principais pensadoras a questionar a superioridade do raciocínio moral com base em uma estrutura kantiana foi a psicóloga feminista Carol Gilligan. No livro *In a Different Voice*, Gilligan examinou a ideia amplamente aceita de que uma noção totalmente desenvolvida de raciocínio moral era definida pela imparcialidade e o raciocínio desapaixonado.[6] Ela criticava especificamente a obra de seu mentor, o psicólogo Lawrence Kohlberg (1927-1987), que usava a filosofia kantiana para elaborar teorias sobre o desenvolvimento moral humano.

Para Kohlberg, os indivíduos deveriam passar por vários estágios até virarem pensadores morais maduros, capazes de entender e aplicar princípios morais de modo imparcial. Começamos na infância, no que ele chamou de *etapa pré-convencional*, durante a qual nossa consideração "moral" mais importante é agradar figuras de autoridade como os pais. No ápice do desenvolvimento moral, que Kohlberg chama de *etapa pós-convencional*, está o adulto maduro guiado por princípios abstratos universais de comportamento justo, como o agente moral ideal da filosofia de Kant. Kohlberg criou testes para determinar se uma pessoa havia chegado a este ápice da maturidade moral, mas algo curioso aconteceu quando esses testes foram administrados: os homens tendiam a apresentar pontuações consistentemente maiores que as mulheres na escala de desenvolvimento moral.

Deve-se interpretar esse resultado alegando que as mulheres são pensadoras morais inferiores devido a alguma deficiência natural ou à forma pela qual foram socializadas em uma sociedade patriarcal? Gilligan pensa que não. Segundo ela, o resultado revela que muitas mulheres apenas raciocinam *de modo diferente* da forma imparcial que filósofos como Kant e psicólogos como Kohlberg consideram ideal em termos morais.

Gilligan argumentou que *diferente* não necessariamente significa "ruim" ou "inferior". Ela cunhou a expressão "perspectiva de justiça" para designar a estrutura imparcial e abstrata favorecida por Kant e Kohlberg. Esta abordagem para o raciocínio moral faz todo o sentido nas situações e papéis historicamente reservados aos homens, como no sistema jurídico e no mundo dos negócios e da política, que foram feitos para garantir a justiça na interação entre adultos independentes de status mais ou menos igual.[7]

Um bom exemplo de raciocínio a partir da perspectiva de justiça é fornecido pela interação entre Thresh e Katniss depois que Claudius Templesmith manda os tributos à Cornucópia buscar aquilo de que mais precisam para sobreviver aos últimos dias na arena. Tendo matado Clove, Thresh agora tinha a oportunidade de acabar com Katniss. Se ele estivesse pensando apenas em se salvar, teria todos os motivos para matá-la. Porém, há algo mais em jogo: Thresh acredita que está em dívida com Katniss devido ao cuidado e proteção que ela estendeu à Rue. Em outras palavras, ele é fiel ao princípio abstrato de que *favores precisam ser pagos*. Observe que esse princípio é abstrato e universal, pois não diz nada sobre a pessoa a quem o favor é devido. Quando rapaz poupa a vida de Katniss, não é por se importar especificamente com ela. Na verdade, ele ainda a considera uma inimiga a quem está pronto e disposto a matar da próxima vez que seus caminhos se cruzarem. Ele só não o faz naquele momento por querer ser fiel a certos ideais abstratos como justiça e reciprocidade.

Katniss, por sua vez, não está tão preocupada com ideais abstratos de justiça quando cuida dos outros. Ainda assim, ela nos parece uma pessoa moralmente boa, talvez até uma heroína moral, mesmo que suas decisões mais importantes não tenham nada a ver com tratar as pessoas de modo imparcial. Gilligan explicaria que mesmo se o raciocínio de Katniss nem sempre atende aos padrões da perspectiva de justiça, há outra abordagem para o raciocínio moral que vê de modo mais favorável as ligações emocionais que guiam seu processo decisório. Gilligan a chamou de "perspectiva do cuidado".[8]

Segundo Gilligan, como a perspectiva do cuidado é mais típica das mulheres, a crença de muitos filósofos e psicólogos que a única abordagem válida para o raciocínio moral é a perspectiva de justiça lhes permitiu questionar ou desvalorizar a capacidade feminina de raciocínio moral. Enquanto homens confrontados com um dilema moral geralmente procuram uma solução concentrando-se nos princípios morais abstratos, as mulheres na mesma situação geralmente se voltam para as responsabilidades concretas e os laços emocionais oriundos de relacionamentos específicos de cuidado e carinho. Em outras palavras, as mulheres tendem a pensar mais como Katniss, e os homens tendem a pensar mais como Thresh.

Às vezes só precisamos que alguém se importe com a gente

Pensar da mesma forma que Katniss não é necessariamente errado ou inferior, argumentou Gilligan. Significa apenas que, historicamente, essa perspectiva de cuidado não vem sendo reconhecida ou valorizada por filósofos e psicólogos do sexo masculino, porque está ligada às responsabilidades femininas, baseadas no cuidar. Como acontece com Katniss quando ela assume a responsabilidade por Prim, as mulheres tradicionalmente assumiram a maior parte da responsabilidade de cuidar das crianças e outros integrantes altamente vulneráveis da sociedade, como idosos, doentes e pessoas com deficiência física ou mental. Consequentemente, o raciocínio moral da mulher valoriza a preservação, promoção e proteção dos relacionamentos e laços de afeto que possibilitam o exercício desse papel vital de cuidadoras.

Ainda que reconheça a importância dos papéis morais imparciais, a perspectiva do cuidado ou ética feminista do cuidado jamais perde de vista o fato de nossas vidas morais não serem vividas no espaço rarefeito dos princípios abstratos, mas bem aqui, com os pés no chão, onde as coisas são conturbadas, complexas e relacionamentos concretos são importantes. Cada situação é diferente, e suas características mais relevantes em termos morais nem sempre podem ser capturadas por uma regra geral. Como faz Katniss na arena, a boa pensadora moral da perspectiva do cuidado deve ficar alerta a todos os aspectos de seu ambiente de modo a poder reagir da melhor maneira possível às necessidades do momento.

Acima de tudo, a perspectiva do cuidado insiste que nossos relacionamentos pessoais não são apenas outra variável a ser ignorada: eles são a verdadeira substância de nossa vida moral e devem ser protegidos e estimulados. Ao contrário do raciocínio moral abstrato da perspectiva da justiça, a perspectiva do cuidado se inspira nas emoções do cuidado e da empatia, concentrando-se nas respostas específicas a cada situação e dando atenção às necessidades das pessoas envolvidas. Por fim, eticistas do cuidado reconhecem que seres humanos são interdependentes. Sendo assim, o que importa não é apenas proteger o direito de cada indivíduo a um tratamento justo ou a uma vida livre da interferência alheia, e sim estimular e proteger os relacionamentos de cuidado e carinho que sustentam e enriquecem nossa vida.

A perspectiva da justiça acredita que um dos objetivos da moralidade é garantir que todos nós sejamos tratados igualmente. Os eticistas do cuidado também reconhecem a importância da igualdade política e jurídica, mas observam que muitos de nossos relacionamentos mais importantes não se baseiam na igualdade, sendo desiguais ou assimétricos em termos de dependência e responsabilidade.

Vejamos a relação entre Katniss e Prim ou entre Finnick Odair e Mags. Nos dois casos, a parte mais fraca tem necessidades que não podem ser atendidas sem o auxílio da outra parte, que é mais forte e, portanto, responsável por cuidar do mais fraco. O caso de Finnick e Mags é especialmente significativo da perspectiva do cuidado, visto que em um estágio anterior do relacionamento deles, quando Mags foi mentora do Finnick, *ela* era responsável por *ele*.

Isso destaca um fato importante que os eticistas do cuidado gostam de enfatizar: somos *todos* fracos e vulneráveis em vários estágios da vida e, portanto, necessitamos da proteção e da criação que recebemos através de relacionamentos de cuidado e carinho. Cada um de nós já foi criança (como Prim) e, se a sorte estiver ao nosso lado, algum dia seremos idosos (como Mags). Enquanto isso, a maioria de nós também vai sofrer com doenças e lesões em vários momentos da vida (como Peeta na arena). E há alguns de nós que passam pela vida relativamente incapacitados, seja em termos físicos ou mentais (pense em Haymitch Abernathy e seu vício em álcool — a resposta dele ao trauma emocional de todo ano ser obrigado a atuar como mentor para dois novos tributos que vão morrer na arena).

Em resumo: sempre vai haver pessoas precisando de cuidados, e todos nós estaremos entre elas em alguns momentos. Os eticistas do cuidado acreditam que as pessoas necessitadas merecem mais do que apenas a proteção de seus direitos. As necessidades delas devem provocar uma resposta de carinho e cuidado dos que estão em posição de ajudar. Felizmente para nós, o cuidar é algo que vem naturalmente para a maioria dos seres humanos, tanto homens quanto mulheres. É por isso que a maioria de nós cairia na armadilha de Gale e Beetee e correria para ajudar ao ver crianças em perigo. Esse desejo de ajudar os vulneráveis é *bom*, mesmo quando nos coloca em risco.

Às vezes amar uma irmã pode levar a se importar com um estranho

A maioria de nós tem a sorte de ter pais, irmãos, amigos íntimos ou cônjuges com quem podemos contar em caso de necessidade. Mas e quem não tem esse tipo de relacionamento? Ou quem está fora do alcance das pessoas que a amam? E alguém como Rue? Quem vai cuidar dos desconhecidos?

Para alguns filósofos, a grande força da perspectiva da justiça é que sua ênfase na imparcialidade ajuda a entender por que temos deveres com pessoas com as quais não nos importamos ou nem ao menos gostamos. Isso faz referência a uma crítica comum à ética do cuidado, que podemos examinar comparando a decisão de Katniss de proteger Rue na arena dos Jogos Vorazes com o motivo de Thresh ter poupado a vida de nossa heroína.

A decisão de Thresh se baseia em princípios abstratos, mas Katniss protege Rue por que a semelhança dela com Prim desperta seu instinto protetor. Como Prim, Rue é pequena, fisicamente mais fraca que os outros tributos e sem qualquer habilidade real de luta. Quando Katniss se alia a Rue em vez de matá-la, não o faz por algum ideal abstrato do tipo "matar é errado" ou "crianças devem ser protegidas", e sim devido às emoções e lembranças associadas a cuidar de Prim. Rue é um vínculo com Prim, um lembrete desse relacionamento de carinho e cuidado que desperta o instinto protetor de Katniss.

Os críticos da ética do cuidado argumentam que uma moralidade baseada nesse tipo de conexão emocional não é confiável. Afinal, as emoções são instintivas e volúveis e nem sempre estão sob nosso controle, enquanto agir obedecendo a certos princípios parece ser o tipo de coisa que podemos controlar totalmente. Não temos problema em reconhecer o ato de Thresh em relação a Katniss como prova de sua moralidade, visto que ele está claramente agindo de modo contrário às suas inclinações e não tem qualquer ganho (além da autoestima que vem em agir com integridade) ao poupar a vida dela. Por outro lado, se Katniss protege Rue por sentir algum laço emocional ou, em outras palavras, se ela apenas seguir sua inclinação natural, o que faz esse ato ser louvável *em termos morais*?

Nel Noddings, filósofa feminista que escreveu *Caring: A Feminine Approach to Ethics and Moral Education*, tratou dessa crítica à ética do cuidado definindo dois tipos diferentes de cuidado: o cuidado natural e o cuidado ético.[9] O *cuidado natural* é a preocupação espontânea que sentimos com as pessoas que amamos, como o cuidado e o carinho que a mãe tem pelo filho. Quando somos motivados pelo cuidado natural, "agimos em nome do outro, porque nos importamos".[10] O cuidado e carinho de Katniss por Prim é um exemplo de cuidado natural, por ser algo que ela está naturalmente inclinada a fazer. Mas há momentos em que outro fator, como preocupação com a própria segurança ou conforto, pode impedir a inclinação natural de cuidar. É aí que entra o cuidado ético.

O *cuidado ético* ocorre quando nossas lembranças de experiências de cuidado natural, seja dando ou recebendo cuidado, ajudam a reconhecer a virtude dos relacionamentos de cuidado e carinho. Cuidar vira nosso ideal ético quando começamos a sentir que mostramos nosso melhor lado nos relacionamentos de cuidado que acaba levando à sensação de que *devemos* nos importar e cuidar dos outros em certas situações, mesmo se não for o que mais *queremos* fazer naquele momento, como acontece quando Katniss cuida das lesões de Peeta na arena, mesmo admitindo que gostaria de "sair correndo", pois a tarefa é desagradável e nauseante.[11] Em momentos como esse, cuidar pode exigir uma decisão consciente e um esforço de nossa parte "em resposta à situação do outro e ao nosso desejo conflitante de servir aos próprios interesses."[12] Tudo o que Katniss fez para sustentar Prim e a mãe mostra que ela tem uma forte inclinação ao cuidado natural, mas sua capacidade para o cuidado ético se desenvolve ao longo da trilogia, começando com a atitude dela em relação à Rue.

Como o fato de Katniss cuidar de Rue e se importar com ela é inspirado por suas lembranças do cuidado natural, especialmente o profundo afeto que nossa protagonista sente por Prim, trata-se de um bom exemplo de cuidado ético. Rue, a menor dos tributos, necessita de proteção e inspira em Katniss a noção ética de que ela *precisa* cuidar dessa criança vulnerável, mesmo que matá-la deixasse Katniss mais perto de ganhar os Jogos Vorazes.

De certa forma, as ações de Katniss se assemelham às de Thresh, pois ambos poupam um colega tributo pela noção de *dever*. Os dois colocam os ideais éticos acima do ganho pessoal, embora Katniss não perceba totalmente que *tem* um ideal ético. Independente de ela perceber isso ou não, sua noção de que *deve* cuidar de Rue não pode ser separada de sua consciência nascente de que está mostrando seu melhor lado quando cuida de alguém. Essa é a motivação por trás do cuidado ético, mas esse cuidado é diferente de seguir princípios morais abstratos, como a regra de Thresh de pagar na mesma moeda, porque o cuidado ético sempre ocorre em resposta a um indivíduo específico necessitado e não vem da obediência a uma regra moral versátil.

Anteriormente, nós analisamos como alguns eticistas tradicionais não veriam a decisão de Katniss de poupar o soldado ferido na Noz como um exemplo de boa tomada de decisão *moral*. Afinal, ela foi motivada por sentimentos intensamente pessoais em vez de imparciais. Agora vamos analisar como essa decisão seria vista a partir da perspectiva do cuidado. Um eticista do cuidado diria que a decisão de Katniss é uma medida do quanto ela foi longe e passou do cuidado natural para o cuidado ético: agora não é mais uma questão de cuidar de uma garotinha que não representa qualquer ameaça para ela na arena, e sim de estender esse cuidado a um Pacificador furioso que deseja matá-la.

A semelhança do Pacificador em questão com uma vítima de acidente de mina faz Katniss se lembrar de seu pai, cuja vida acabou em uma explosão ocorrida na mina onde trabalhava no Distrito 12. Pode-se supor que as lembranças do pai e o cuidado natural mútuo existente no relacionamento deles são o que lhe permite estender o cuidado ético a esse desconhecido que está sofrendo. Katniss o reconhece como indivíduo necessitado e reage como se um imperativo dissesse que ela *deve* cuidar dele, mesmo se isso a puser em perigo. O sofrimento desse homem também abre os olhos dela para o verdadeiro horror e a injustiça do ataque à Noz. Em resumo, a ética de cuidado de Katniss a inspira tanto a proteger o soldado ferido na Noz quanto a fazer um apelo pungente pelo cessar fogo, passando a ver as pessoas do Distrito 2 não como inimigas, e sim como companheiras de sofrimento que necessitam de alguém que as defenda.

As ações de Katniss mostram claramente um arco de desenvolvimento, indo de alguém que gerencia a vida de acordo com o cuidado natural a uma pessoa que raciocina a partir do cuidado ético. Sua bússola moral fica mais precisa e adquire mais nuances conforme ela vai amadurecendo, mas o cuidado continua sendo seu norte. Quando Katniss se oferece para o lugar de Prim como resultado do cuidado natural, ela se preocupa apenas com a necessidade de um pequeno grupo de pessoas, especialmente Prim, sua mãe e Gale.

Quando a Revolução do Tordo venceu, o círculo de cuidado de Katniss já tinha se expandido e incluía muito mais gente, como Peeta, Haymitch, Mags, Finnick, Johanna, Beetee, Cinna, Flavius, Octavia e Venia. E além destes indivíduos com quem Katniss teve relacionamentos pessoais ou uma história em comum, a sensibilidade moral dela se desenvolveu a ponto de mostrar cuidado ético por um total desconhecido (o soldado ferido na Noz) e um grupo inteiro de pessoas em perigo (as crianças da Capital).

Às vezes você se importa tanto que atira uma flecha na presidenta

Na climática cena da trilogia *Jogos Vorazes*, Katniss enfrenta um dilema ético que contrapõe seu desejo de vingança à obrigação do cuidado ético.

Ela escolhe matar a presidenta Coin em vez do presidente Snow. Um ato de violência como esse não parece ter muito a ver com cuidado. Na verdade, outra crítica comum à ética de cuidado feminista é a suposta suscetibilidade à fraqueza ou ao sentimentalismo. Se sua moralidade parte do cuidado, você não vai ser incapaz de reconhecer que, às vezes, a resposta moral a uma ameaça exige o uso da força ou da violência? Em outras palavras, cuidar sempre significa rejeitar a violência? Definitivamente não.

Katniss luta de modo consistente para proteger e defender aqueles com quem se importa. Ela até tenta estabelecer um cessar-fogo quando vê a humanidade sofrida do "inimigo" ferido na Noz, mas usa de todos os meios possíveis quando alguém com quem se importa está em perigo. Clove aprendeu essa lição da pior forma possível quando atacou Rue. Katniss a atingiu com uma flechada no pescoço, um ato violento que muitos eticistas do cuidado veriam como necessário e correto, pois está a serviço de cuidar de uma pessoa vulnerável que precisa de proteção.

Os presidentes Snow e Coin também ameaçam as pessoas com quem Katniss se importa. Snow é a maldade encarnada: manipulador e violento, ele se importa apenas consigo mesmo e com o próprio bem-estar, sem pensar nas pessoas nos distritos. Ele deixa alguns morrerem de fome enquanto outros desperdiçam comida. Tortura seus cidadãos e administra o horror anual dos Jogos Vorazes para manter o povo de Panem em um estado de medo. Uma lista completa de todos os crimes que cometeu e defeitos que tem preencheria várias páginas.

Embora a presidenta Coin lidere a resistência, ela segue as mesmas regras do presidente Snow: prende e tortura inocentes (a equipe de preparação de Katniss), joga bombas em seu próprio povo (Prim e os outros médicos da rebelião) e está disposta a sacrificar mais crianças inocentes em uma "edição final e simbólica dos Jogos Vorazes", para punir a Capital.[13] Katniss resume as condições sob a nova liderança da presidenta Coin: "Nada mudou."[14] O presidente Snow não ameaça mais ninguém, pois foi capturado e destituído do poder, mas agora a presidenta Coin representa o maior perigo para as crianças de Panem. Por isso, Katniss a mata.

Da perspectiva da ética feminista do cuidado, um ato normalmente considerado antiético, como um assassinato político, pode na verdade ser uma escolha ética se for motivado pelo cuidado com os inocentes que não podem se defender sozinhos. Noddings explica que quando alguém como Coin representa "um perigo claro e imediato a (...) pessoas com quem nós nos importamos", é preciso "pará-lo [a]".[15] Quando Katniss mata Coin em vez de Snow, ela não está se inspirando em princípios gerais como "olho por olho" ou "assassinos devem ser assassinados" — na verdade, ela é motivada pelo cuidado.

Como sempre, Katniss parte do cuidado. Por ter sido uma criança jogada no horror dos Jogos Vorazes, ela reconhece a necessidade de cuidar das crianças, mesmo as de seus opressores. Ela sabe que crianças como Prim e Rue sofrem e morrem quando pessoas como Coin estão no poder. Por mais violento e aparentemente longe do cuidado que assassinar Coin possa parecer, Katniss acredita que essa é a melhor forma de cuidar dos necessitados. Só que dessa vez, ela está cuidando de todas as futuras Prims e Rues ao tentar garantir que elas vivam no mundo em que não será mais preciso "sacrifica[r] as vidas de seus filhos para resolver" nossas diferenças.[16]

A trilogia *Jogos Vorazes* é uma viagem fantástica, cheia de emoções profundas e reviravoltas de acelerar o coração, mas é também uma jornada de desenvolvimento moral. Junto com Katniss, ganhamos uma compreensão mais profunda do quanto a moralidade e o raciocínio moral são complexos. Ao vivenciar as tribulações de nossa heroína, passamos a reconhecer que, às vezes, a resposta às perguntas éticas são mais complicadas do que as respostas genéricas oferecidas pela moralidade imparcial da perspectiva da justiça. Acima de tudo, devemos seguir o exemplo de Katniss no sentido de cultivar nossas lembranças de cuidado natural e deixar que elas incutam em nós o ideal do cuidado ético. Assim, estaremos preparamos para responder ao grito de um mundo faminto por pessoas que cuidam e se importam.

Notas

1. Suzanne Collins, *Jogos Vorazes* (Rocco, 2010).
2. Para saber mais sobre Kant, ver o Capítulo 4 — "Ultimamente as probabilidades não andam muito confiáveis": Moralidade e sorte na trilogia *Jogos Vorazes*; o Capítulo 7 — Competição e bondade: O mundo darwiniano dos Jogos Vorazes; e o Capítulo 14 — "Seguras para fazer o quê?": Moralidade e a guerra de todos contra todos na arena.
3. Suzanne Collins, *A esperança* (Rocco, 2011).
4. Collins, *Jogos Vorazes*.
5. Collins, *Em chamas*.
6. Carol Gilligan, *In a Different Voice: Psychological Theory and Women's Development* (Cambridge, MA: Harvard University Press, 1982).
7. Carol Gilligan, "Moral Orientation and Development", in *Justice and Care: Essential Readings in Feminist Care Ethics*, ed. Virginia Held (Boulder, CO: Westview Press, 1995).
8. *Id.*
9. Nel Noddings, "Caring", in *Justice and Care*.
10. *Id.*
11. Collins, *Jogos Vorazes*.
12. Noddings, "Caring".
13. Collins, *A esperança*.
14. *Id.*
15. Noddings, "Caring".
16. Collins, *A esperança*.

QUINTA PARTE

"ENQUANTO VOCÊ CONSEGUIR SE ACHAR, NUNCA VAI PASSAR FOME": COMO MANTER A INTEGRIDADE QUANDO TUDO É UM GRANDE ESPETÁCULO

12

POR QUE KATNISS FRACASSA EM TUDO O QUE FINGE?: SER *VERSUS* PARECER NA TRILOGIA *JOGOS VORAZES*

Dereck Coatney

> Para o proveito próprio, foi necessário mostrar-se diferente do que de fato se era. Ser e parecer tornaram-se duas coisas totalmente diferentes.
>
> *Jean-Jacques Rousseau*[1]

> O que eles querem é que eu assuma verdadeiramente o papel que designaram para mim.
>
> Katniss Everdeen, em *A esperança*[2]

Para Katniss Everdeen, ser capaz de conseguir patrocinadores durante a permanência na arena poderia significar a diferença entre sofrer com uma queimadura torturante e receber o remédio que alivia as dores e lhe permite seguir adiante. Consequentemente, ela logo aprendeu que precisaria *parecer* em vez de *ser* o que realmente era se quisesse sobreviver, porque o importante para quem assiste ao espetáculo não é *ser* e sim *parecer*.

Infelizmente, o mesmo vale para Katniss fora da arena, onde o destino da família, amigos e até mesmo da revolução que terminará com 75 anos sob o jugo de um governo cruel e opressivo da Capital depende de sua capacidade de fazer várias performances convincentes, embora não totalmente genuínas. Imagine que o regime responsável por fazer *sua* família quase morrer de fome está agora à beira do colapso e, para mudar essa situação, você só precisa fazer (de forma magistral, é verdade) uma coisa: fingir ser algo que não é. Você conseguiria?

Essa é a situação que Katniss Everdeen enfrenta. E ela invariavelmente fracassa quando precisa ser falsa, mesmo quando há algo crucial em jogo. O exemplo mais claro está na tentativa ridiculamente incompetente de ser o rosto inspirador da revolução durante o primeiro de vários "pontoprops", que leva ao ataque desesperado de Haymitch Abernathy: "E é assim, meus amigos, que morre uma revolução."[3]

O ambiente desse fracasso não poderia ser mais perfeito para ilustrar o problema: é, literalmente, um *cenário*, com direito a luzes, câmera e ação. Nele, a fumaça de mentira e os efeitos especiais estão tão longe do combate real quanto a pele pintada e estampada de Octavia está longe da Base Zero de Beleza, o jargão cosmético criado pelos estilistas para descrever um corpo definido por Katniss como "a aparência perfeita, porém natural".[4] Há uma ironia nessa expressão, visto que no cenário, a incapacidade de Katniss de se comportar de um jeito que *não* é natural para ela pode ser fatal.

Não importa se ela está tentando "ser uma dessas pessoas que [Haymitch] quer que eu seja", ensaiando para a entrevista com Caesar Flickerman ou fingindo ser o Tordo no estúdio subterrâneo do Distrito 13, é quase certo que Katniss vai errar.[5] E mesmo quando parece ter sucesso em algum fingimento, um olhar mais atento geralmente mostra que ela não estava enganando ninguém no fim das contas. Vejamos a "missão secreta" de assassinar o presidente Snow, inventada para encobrir o fato de Katniss buscar uma vingança totalmente pessoal. Quando ela confessa tudo depois, seus companheiros revelam que sabiam que ela estava fingindo o tempo todo. A "garota em chamas" define melhor quando admite: "Não sou boa em mentir."[6]

É uma confissão incrível para alguém cujo mundo é tão permeado por falsas aparências e duplicidades. Nessas circunstâncias, chega a surpreender que Katniss não tenha virado mestra na arte de fingir. Apesar disso, tão certeira quanto sua mira com o arco e flecha é a incapacidade de esconder quem ela realmente é. Então *por que* Katniss fracassa em tudo o que finge?

"Isso aqui é um grande espetáculo"

Entender Katniss significa entender sua *autenticidade*, sua tendência proeminente de resistir a ser dirigida e manipulada em um mundo em que tudo "é um grande espetáculo" e "o que importa é como você é percebida".[7] Mas para ter essa compreensão, precisamos de algumas armas especiais que jamais seriam encontradas na Cornucópia da arena: os pensamentos de Jean-Jacques Rousseau (1712-1778), um filósofo suíço que não se surpreenderia nem um pouco com a incapacidade de Katniss em dissimular. Na verdade, dentro do pensamento de Rousseau encontraremos não só uma explicação do que faz Katniss ser tão autêntica como também uma forma de entender que algo que inicialmente parece um defeito (a incapacidade de ser falsa) pode ser uma de suas maiores virtudes.

Antes de colocar o carro na frente dos bois, porém, vamos voltar e discutir o contexto mais amplo dos ensinamentos de Rousseau sobre a condição "natural" de ser humano, que ele apresenta no *Discurso sobre a origem e os fundamentos da desigualdade entre os homens*, que costuma ser chamado simplesmente de *Segundo discurso*. Como sugere o título, o objetivo de Rousseau era revelar a origem da desigualdade humana, mas, para fazer isso, ele precisava revelar a origem da civilização humana.

Rousseau começou diferenciando a desigualdade "natural ou física" da desigualdade "moral ou política", sendo esta o produto artificial da civilização.[8] O primeiro tipo de desigualdade inclui a capacidade inata de algumas pessoas que as destacam das outras, como o raro dom que o pai de Katniss tinha de cantar tão lindamente que até os pássaros paravam para ouvir.

O sofrimento dele como pobre minerador de carvão no Distrito 12, porém, exemplifica a desigualdade política que Rousseau queria investigar.

A desigualdade política inclui todas as vantagens que podem ser diretamente associadas ao status de uma pessoa na sociedade, como as substanciais vantagens físicas e o treinamento que os tributos Carreiristas recebiam como resultado das posições relativamente privilegiadas de seus distritos, que os tornavam guerreiros temidos e eficazes na arena. Como as diferenças naturais entre seres humanos não são boas o bastante para explicar a imensa desigualdade política e social que encontramos na sociedade, Rousseau concluiu que essa diferença era mais um produto da civilização do que da natureza.

Ele também especulou que seres humanos em seu estado original, pré-civilizado, tinham uma vida essencialmente solitária, sem propriedades e sem leis, parecida com a vida levada por Katniss quando ela sai com Gale Hawthorne para a floresta ao redor do Distrito 12. "O primeiro sentimento do homem foi o de sua existência", escreveu Rousseau, "seu primeiro cuidado, o de sua conservação".[9] Nossos ancestrais humanos mais remotos tinham necessidades simples (comida, repouso, abrigo, encontros sexuais ocasionais) que cada indivíduo poderia facilmente satisfazer por meio das próprias habilidades naturais, sem precisar depender da sociedade.

O mais importante, a paixão predominante que movia os seres humanos em seu estado original (chamado de primitivo) era o "amor de si mesmo" ou *amour de soi*, como Rousseau o batizou. Esse é o amor instintivo pela vida e o desejo de autopreservação que partilhamos com os outros animais — e que parece ser particularmente robusto em Katniss. Esse tipo de amor não tem nada a ver com o vício do "amor-próprio" ou *amour-propre* conforme definido por Rousseau, que surgiu depois na história da humanidade e é a principal fonte do sofrimento humano, incluindo os males da desigualdade social e da opressão política. Como explica o filósofo:

> Não se deve confundir o amor-próprio e o amor de si mesmo, duas paixões muito diferentes por sua natureza e por seus efeitos.

> O amor de si mesmo é um sentimento natural que leva todo animal a zelar pela própria conservação e que, dirigido no homem pela razão e modificado pela piedade, produz a humanidade e a virtude. O amor-próprio não passa de um sentimento relativo, fictício e nascido na sociedade, que leva cada indivíduo a dar mais importância a si do que a qualquer outro, que inspira aos homens todos os males que se fazem mutuamente e é a verdadeira fonte de honra. Ficando isso claro, digo que, em nosso estado primitivo, no verdadeiro estado de natureza, o amor-próprio não existe.[10]

Mas ele certamente existe em Panem, como veremos.

Se nosso instinto de autopreservação "dirigido (...) pela razão e modificado pela piedade" produz a virtude, então Katniss deve ser considerada um dos personagens mais virtuosos da trilogia *Jogos Vorazes*. E realmente nada a define tão bem quanto seu obstinado senso de autopreservação. Mas mesmo sendo implacável na arena, ela também pode ser motivada pela piedade, como admite após testemunhar o ataque cruel feito pelos bestantes a Cato no final da 74ª edição dos Jogos Vorazes. Ao matar o antigo inimigo, ela diz: "Um sentimento de pena, não de vingança, lança minha flecha na direção de sua cabeça."[11]

O impulso poderoso de Katniss para se preservar e sua noção de piedade são duas características que Rousseau considerava marcas da pessoa "natural", que não foi totalmente maculada pela decadência da civilização rumo a um estado de corrupção. Esse estado de corrupção pode ser identificado pela presença da vaidade, algo que Katniss definitivamente não tem.

"Você está doente?"

A vaidade (ou amor-próprio) difere do amor de si mesmo, de acordo com Rousseau, por não ser a preocupação natural e espontânea com o próprio bem-estar, e sim uma preocupação com a forma pela qual uma pessoa se compara às outras. A noção de autoestima do vaidoso se baseia na posição dele em relação ao outro. Rousseau acreditava que a vaidade era um produto da civilização humana, pois não tem qualquer propósito para quem vive uma existência mais rústica.

Por exemplo, quando Katniss e Gale estão caçando na floresta, separados da sociedade, o sucesso deles depende do exercício de verdadeiras habilidades: inteligência, coragem, perseverança e outras virtudes. A vaidade não vai matar um cervo, capturar um coelho, decepar um peru selvagem ou pescar um peixe. Mas a sociedade estimula a vaidade e, como o status de uma pessoa depende imensamente da opinião alheia, ela recompensa os que são competentes em cultivar as aparências (ou até a realidade) de ser inteligentes, bonitos ou talentosos.

Rousseau explicou que na sociedade, "para o proveito próprio, foi necessário mostrar-se diferente do que de fato se era. Ser e parecer tornaram-se duas coisas totalmente diferentes, e dessa distinção provieram o fausto imponente, a astúcia enganadora e todos os vícios que lhe foram o cortejo".[12] A competição por status causada pela vaidade é, de acordo com Rousseau, a principal fonte de desigualdade.

Achar alguém que *não* tenha vaidade na Capital é tão difícil quanto achar água potável no Massacre Quaternário. A maioria dos cidadãos da Capital está tão envolvida na forma pela qual querem ser vistos que até modificam radicalmente o corpo em uma competição feroz pela atenção alheia. O abismo que separa o *amor de si mesmo* das pessoas nos distritos, para quem a autopreservação é a preocupação suprema, do *amor-próprio* dos residentes na Capital é ilustrado de forma incisiva quando Posy, a irmã de Gale, vê Octavia e sua pele verde pela primeira vez. Ela comenta: "Você está verde. Você está doente?" Tentando proteger Octavia do constrangimento, Katniss explica: "É a moda, Posy. É como usar batom."[13] Por ter conhecido apenas o amor de si mesmo e a piedade naturais até a recente emigração para o Distrito 13, Posy fica compreensivamente preocupada, achando que a cor da pele de Octavia é sinal de doença. Octavia, tendo crescido na extravagância da Capital, exibe todas as marcas do estado de corrupção descrito por Rousseau. A pele dela é verde para poder ser admirada pelos outros, pois ela precisa da apreciação alheia. E quem sabe, pela perspectiva de Rousseau, talvez Posy tenha razão. Talvez Octavia *esteja* de fato doente.

O contraste entre o amor de si mesmo natural e o amor-próprio é um tema tão consistente na trilogia *Jogos Vorazes* quanto o apreço de Haymitch pela bebida. Ele até se destaca na justaposição das palavras *vorazes*, significando a compulsão natural mais fortemente ligada a nosso instinto de autopreservação, e *jogos*, significando o que acontece com vida social quando o amor-próprio domina. Esse contraste se manifesta profundamente nas diferenças entre os cidadãos da Capital, como Enobaria, de quem se diz que "possui inúmeros admiradores na Capital" devido às presas douradas, e os cidadãos dos distritos, como Katniss, que admite adorar "poder finalmente ser eu mesma" quando é finalmente dispensada da obrigação de interpretar o papel de "amantes desafortunados" com Peeta Mellark.[14]

As primeiras palavras ditas em voz alta no livro *Jogos Vorazes* destacam o foco na autopreservação que é o principal interesse de todos em seu distrito: "Distrito 12, onde você pode morrer de fome em segurança."[15] A possibilidade de morrer de fome em segurança nos leva ao cerne dos ensinamentos de Rousseau, de que a civilização nos afasta do que é natural e verdadeiro: enquanto as arenas mostram paisagens desoladas e implacáveis em torno de Cornucópias repletas de riquezas, distritos como o Distrito 12 são exatamente o oposto, cidades desoladas e implacáveis afastadas da abundante floresta que os cerca.

"Enquanto você conseguir se achar"

Katniss está presa entre dois mundos. Sua incapacidade de fingir pode ser explicada pela distinção feita por Rousseau entre o nosso estado natural e a corrupção da sociedade. Por natureza, somos movidos pela preocupação com nosso bem-estar vital que, guiada pela razão e unida à compaixão pelos outros, é a fonte de nossa virtude. A sociedade, porém, estimula a formação de nossa ideia de valor a partir de como os outros nos veem, o que gera uma preocupação com a representação para os outros, abrindo o caminho para a vaidade e produzindo artificialidade e vícios diversos.

Katniss foi criada em um ambiente que valoriza as virtudes reais enraizadas em sua natureza, embora seja obrigada a viver em uma sociedade totalmente corrupta. Não surpreende que ela não consiga fingir ser o que não é: ela é um ser humano natural. A natureza recompensa quem *é* bom (virtuoso, forte, engenhoso e corajoso) tanto quanto a sociedade concede suas maiores recompensas a quem é mais bem-sucedido em apenas *parecer* bom. Entender o fracasso de Katniss significa entender sua maior virtude.

Talvez nada represente melhor a virtude natural de Katniss do que seu nome. O pai a batizou com o nome de uma planta aquática de raiz comestível, fazendo a piada: "Enquanto você conseguir se achar, nunca vai passar fome."[16] Enquanto Katniss conseguir achar katniss, ela conseguirá sobreviver, mas ela nunca vai se achar no ambiente urbano pretensioso da Capital e nem no mundo hipócrita do Distrito 13, pois seu lugar é na natureza como sua xará, a planta. A única forma de Katniss se achar é mantendo-se fiel a si mesma. O melhor conselho recebido por ela vem de Cinna que, apesar da paixão por criar espetáculos impressionantes, entende como ninguém quem Katniss realmente é por trás de todos os enfeites com os quais ele a adorna: "Por que você não age como se fosse você mesma?"[17]

Mas será que esse conselho é mesmo bom? Afinal, a incapacidade de Katniss para fingir vira um problema cada vez maior para ela. Sua vida em Panem seria muito mais tranquila se ela conseguisse caprichar na falsidade de vez em quando. Por exemplo, se Katniss tivesse conseguido convencer o presidente Snow de que não iria prejudicar mais o governo dele, poderia ter conseguido voltar a ter uma vida normal, ou até melhor que o normal, considerando a generosa recompensa dada a todos os vitoriosos. A mão de ferro com que a Capital governa os distritos continuaria forte como sempre, mas muito sofrimento seria evitado e muitas vidas teriam sido salvas.

Katniss poderia ter sido poupada do trauma de ver Peeta sofrer tanto, e Prim Everdeen poderia não ter morrido de forma trágica.

Tudo isso poderia ser evitado se Katniss tivesse conseguido seguir as ordens diretas do presidente Snow para se comportar de modo político na Turnê da Vitória. Mas a autenticidade foi mais forte e a deixou incapaz de conter a sincera prova de gratidão às famílias de Thresh e Rue, com todas as consequências desastrosas que se seguiram. Será que o preço por essa incapacidade de Katniss foi alto demais?

Se o preço foi muito alto, ela tem duas escolhas: aprender a arte da dissimulação e do disfarce a fim de sobreviver em um mundo cheio de corrupção ou fugir para a floresta a fim de ter uma existência autêntica, semelhante à que Rousseau acreditava ter sido vivida por nossos ancestrais primitivos. Alguma dessas soluções é viável? Como disse o presidente Snow: "Se ao menos a coisa fosse assim tão simples."[18]

Vejamos Haymitch. Como Katniss, ele tem várias marcas da autenticidade de Rousseau, especialmente a total falta de vaidade que faz dele debochadamente indiferente à opinião alheia. Porém, ao contrário de nossa heroína, ele sabe tudo sobre fingir e pode fazer isso muito bem, quando necessário. "Subterfúgios e mentiras", reflete Katniss ao descobrir a participação de Haymitch no plano para libertar os tributos da arena e levá-los ao Distrito 13. "E se ele conseguia fazer isso, por trás de sua máscara de bebedeira e sarcasmo, sobre o que mais ele mentiu?"[19] Seriam o sarcasmo e a bebedeira de Haymitch apenas uma *máscara* que permite a alguém como ele (nem um pouco seduzido pelas mentiras e vaidades da Capital) sobreviver na civilização onde é obrigado a viver?

O que pode inicialmente parecer uma forma de sucesso — participar de um mundo corrupto e simultaneamente evitar o alto preço que Katniss paga pela autenticidade — pode na verdade esconder um preço bem mais terrível, que Haymitch vem pagando há muito tempo. Por mais forte que Haymitch possa parecer externamente, as experiências vividas em Panem que formaram seu caráter também o destruíram por completo. Ser o único vencedor do último Massacre Quaternário (algo ainda mais terrível pelo fato de os Idealizadores dos Jogos terem dobrado a quantidade de tributos) e depois ter que enfrentar os próximos 25 anos como o único mentor do Distrito 12, e ver todas as crianças pelas quais ele foi responsável morrer, o levou à bebida.

É possível que a capacidade que Haymitch tem para fingir tenha sido adquirida como resultado das medidas radicais que ele precisou tomar para esconder-se de si mesmo e afogar as lembranças do que foi obrigado a fazer. Talvez sua capacidade de enganar, em vez de ser vantajosa, faz parte do alto preço que um homem como ele deve pagar para manter a sanidade. Ao contrário de Katniss, que precisa se achar para sobreviver, Haymitch talvez precise fazer exatamente o contrário: escapar de si mesmo.

"Eu não vou para lugar nenhum"

E se Katniss fosse abandonar a civilização e fugir para a floresta, talvez com Gale e suas famílias e amigos mais próximos, a fim de escapar da falsidade que a sociedade lhe impõe? Quando surge a oportunidade de deixar para trás a sociedade aterrorizante em que vive de uma vez por todas, Katniss acaba decidindo ficar.

Rousseau não ficaria surpreso. Por mais que ele condenasse a corrupção e o estado não natural em que os seres humanos caíram na sociedade, ele duvidava que um retorno total à natureza fosse possível, que dirá desejável. No mínimo, ele não via a volta à existência primitiva e baseada na subsistência de nossos ancestrais como uma possibilidade real para os homens e mulheres modernos, "cujas paixões destruíram para sempre a simplicidade original".[20]

De certa forma, isso reflete o motivo pelo qual Katniss decide ficar. Suas paixões, especialmente a fúria cada vez maior com o tratamento brutal dado pela Capital e seus agentes às pessoas que ela ama, destruíram para sempre a possibilidade de voltar à "simplicidade original" de uma vida em que suas necessidades mínimas e capacidade de caçar lhe permitiram ser tão autossuficiente e independente na sociedade quanto era possível para alguém da Costura. Katniss nunca mais será tão simples, mas ainda é suficientemente natural e autêntica para ver o quanto a vida na Panem governada pela Capital é corrupta.

Roger Masters, comentando a obra de Rousseau, escreveu: "O estado de natureza fornece um padrão para julgar a sociedade civil, mas não uma prescrição prática e aplicável de modo geral para reformas."[21] Ou, como disse Katniss: "Eu não vou para lugar nenhum. Vou ficar bem aqui e arrumar todo tipo de encrenca que for possível."[22]

A necessidade veemente de Katniss de ver a justiça sendo feita destaca o motivo pelo qual a "volta" a um estado primitivo, mesmo que isso fosse *possível*, pode não ser o melhor caminho a seguir, pelo menos se valorizarmos virtudes como senso de justiça, lealdade aos companheiros e preocupação com as gerações futuras. Acompanhamos essas virtudes florescerem em Katniss como o primeiro dente-de-leão da primavera, que juntamente com Peeta e o pão queimado lhe deram esperança no momento mais difícil. Virtudes como essas podem ser cultivadas apenas em sociedade, de acordo com Rousseau, mesmo que na maioria dos outros aspectos a sociedade forneça "mais calamidades reais do que vantagens aparentes".[23]

Assim como o amor de si mesmo e a piedade são aspectos claros da natureza de Katniss, eles também estão presentes no estado de natureza. Mas a virtude moral não aparece até adquirirmos a força para refletir sobre nossos atos e resistir a impulsos errôneos, capacidades que Rousseau acreditava serem obtidas apenas como resultado da civilização. Em nosso estado natural e pré-civilizado, os seres humanos "não tinham vícios nem virtudes", apenas uma bondade ou inocência espontânea e ingênua.[24] A virtude, por sua vez, tem um temperamento cultivado, algo que Rousseau chamou de "bondade com mérito", pois depende do esforço que permite a uma pessoa viver como adulto livre na sociedade, tratando com carinho o que é real e desprezando os artifícios vazios que protegem enciumados tanto a liberdade própria quanto a alheia.

Em seu *Discurso sobre as ciências e as artes* (também conhecido como *Primeiro discurso*), Rousseau descreveu alguns dos principais aspectos da sociedade moderna que trabalhavam contra o cultivo da verdadeira virtude. Segundo ele:

> Enquanto o governo e as leis suprem à segurança e ao bem-estar dos homens reunidos, as ciências, as letras e as artes, menos despóticas e talvez mais poderosas, estendem guirlandas de flores nas correntes de ferro que eles carregam, sufocam-lhes o sentimento dessa liberdade original para a qual pareciam ter nascido, fazem-nos amar sua escravidão e formam o que chamamos de povos policiados [civilizados].[25]

Se Rousseau falava com desdém das "ciências, as letras e as artes" nessa passagem, não é porque as considerava produtos inerentemente ruins da civilização. Na verdade, ele era botânico, romancista e compositor, além de filósofo. O desprezo foi direcionado à conversa refinada e educada sobre as últimas modas intelectuais e artísticas que enchem o ar dos salões europeus de classe alta, que ele considerava um mero exercício de vaidade e entretenimento vazio, pois tinha como principal objetivo apenas *parecer* culto em vez de *ser* virtuoso.

Há uma grande diferença, é claro, entre os jogos realizados nos salões europeus do século XVIII e os que assistimos na colorida Capital de Panem. Afinal, os Jogos Vorazes não são exatamente "guirlandas de flores". Ainda assim, Rousseau certamente insistiria que eles possuem o mesmo objetivo do entretenimento buscado pelos europeus elegantes em seus salões: dissimular sua escravidão com um espetáculo festivo. Tratam-se de "ornamentos" feitos para "ocultar alguma deformidade", especialmente a deformidade das almas desfiguradas pela vaidade e pelos vícios.[26]

Rousseau acreditava que sociedades menos refinadas, como a da Costura, onde Katniss foi criada, eram mais propícias à saúde moral e física, apesar do sofrimento e da pobreza. "É sob a roupa rústica de um lavrador e não sob os enfeites dourados de um cortesão que se encontrarão a força e o vigor do corpo", observou ele.[27] Isso faz lembrar das vantagens que Katniss teve na arena devido ao estilo de vida robusto e associado à natureza. E o mais importante: as pessoas fora das grandes cidades eram muito mais verdadeiras. Sem os modos refinados dos habitantes "cultos" das cidades, eles "encontravam segurança na facilidade [de ver uns aos outros como realmente são] e tal vantagem, cujo valor já não percebemos, poupava-lhes muitos vícios. Hoje, quando pesquisas mais sutis e um gosto mais refinado reduziram a princípios a arte de agradar, reina em nossos costumes uma vil e enganosa uniformidade... Já não se ousa parecer o que se é".[28]

Entre os vícios que "se ocultarão continuamente sob esse véu uniforme e pérfido da polidez" estão "as suspeitas, as desconfianças, os temores, a frieza, a reserva, o ódio, [e] a traição".[29] Mais alguém pensou em Effie Trinket? Ela mantém a educação e as boas maneiras impecáveis o tempo todo, apesar de sua cumplicidade no massacre das crianças. Enquanto a virtude de Katniss dificulta o ato de fingir, o que Effie *parece ser* praticamente não tem relação com o que ela *realmente é*.

Rousseau escreveu um romance filosófico chamado *Emílio*, que trata da educação de um jovem cujas virtudes o protegeriam dos efeitos moralmente corrosivos de viver em uma sociedade corrupta. Veja como o narrador, que também é tutor de Emílio, descreve seu objetivo:

> Mas considerai primeiramente que, querendo formar um homem da natureza, nem por isso se trata de fazer dele um selvagem, de jogá-lo no fundo da floresta; mas que, entregue ao turbilhão social, basta que não se deixe arrastar pelas paixões nem pelas opiniões dos homens; que veja com seus olhos, que sinta com seu coração; que nenhuma autoridade o governe a não ser sua própria razão.[30]

Poderia haver uma descrição melhor de Katniss? Reconhecidamente, ela pagou um preço alto por ser uma pessoa autêntica em um mundo falso, mas como escreveu o filósofo Friedrich Nietzsche (1944-1900): "Se é punido principalmente pela própria virtude."³¹ Por mais que um mundo corrupto como Panem seja capaz de punir um indivíduo tão virtuoso quanto Katniss, a outra opção é muito pior: abandonar a virtude e se transformar em algo que ela não é, talvez alguém como Effie, o que seria um castigo terrível *demais* até para se imaginar. Já que será punida de qualquer modo, não é melhor para Katniss manter sua virtude e, como diz Rousseau, ousar parecer o que ela é?³²

Notas

1. Jean-Jacques Rousseau, *Discurso sobre a origem e os fundamentos da desigualdade entre os homens* (Martins Fontes, 1999).
2. Suzanne Collins, *A esperança* (Rocco, 2011).
3. *Id.*
4. *Ibid.*
5. Suzanne Collins, *Jogos Vorazes* (Rocco, 2010).
6. *Id.*
7. *Ibid.*
8. Rousseau, *Discurso sobre a origem e os fundamentos da desigualdade entre os homens.*
9. *Id.*
10. *Ibid.*
11. Collins, *Jogos Vorazes.*
12. Rousseau, *Discurso sobre a origem e os fundamentos da desigualdade entre os homens.*
13. Collins, *A esperança.*
14. Suzanne Collins, *Em chamas* (Rocco, 2011).
15. Collins, *Jogos Vorazes.*
16. *Id.* É interessante notar que a planta katniss pertence ao gênero *Sagittaria*, que significa "de uma flecha".
17. *Ibid.*

18. Collins, *Em chamas*.
19. *Id*.
20. Rousseau, *Discurso sobre a origem e os fundamentos da desigualdade entre os homens*.
21. Jean-Jacques Rousseau, *The First and Second Discourses*, ed. Roger D. Masters, trad. Roger D. Masters e Judith R. Masters (New York: St. Martin's Press, 1964).
22. Collins, *Em chamas*.
23. Rousseau, *Discurso sobre a origem e os fundamentos da desigualdade entre os homens*.
24. *Id*.
25. *Ibid*.
26. *Ibid*.
27. *Ibid*.
28. *Ibid*.
29. *Ibid*.
30. Jean-Jacques Rousseau, *Emílio ou Da educação* (Bertrand Brasil, 1992)
31. Friedrich Nietzsche, *Além do bem e do mal ou Prelúdio de uma filosofia do futuro* (Hemus, 2001).
32. Eu gostaria de agradecer aos editores Nick Michaud e especialmente a George Dunn, pelo auxílio valioso que me deram para melhorar esse capítulo durante a sua criação.

13

QUEM É PEETA MELLARK?: O PROBLEMA DA IDENTIDADE EM PANEM

Nicolas Michaud

Peeta Mellark morreu. E depois morreu de novo. O momento da primeira morte de Peeta é fácil de identificar: aconteceu quando o coração dele parou depois de esbarrar em um campo de força na 75ª edição dos Jogos Vorazes. Mas a segunda morte... Bom, talvez não concordemos em relação a ela. Veja só, eu acho que Peeta morreu quando foi telessequestrado pela Capital. Não quero dizer que ele tenha morrido fisicamente, como aconteceu na arena, e sim que o Peeta que nós conhecemos, e como ele se conhecia, parou de existir.

O presidente Snow infligiu seguidas torturas no rapaz quando ele estava sob a custódia da Capital. Obrigarem-no a assistir Darius ser mutilado até a morte já seria horrível o bastante, mas isso foi apenas o começo. A Capital entrou na mente de Peeta, injetando-lhe várias vezes o veneno das vespas teleguiadas para induzir alucinações aterrorizantes que substituíram as boas lembranças que ele tinha de Katniss. Essas novas lembranças se tornaram tão dolorosamente reais que ele passou a sentir verdadeiro ódio da garota por quem fora apaixonado. Consequentemente, o Peeta que a Capital devolve a Katniss é radicalmente diferente do garoto que ela acabou amando, mesmo sem querer.

"É inútil. Seu coração parou."

Quando alego que Peeta deixou de existir quando foi telessequestrado, você pode pensar que sou meio maluco ou que andei consumindo muito morfináceo. Afinal, mesmo que ele tenha pensamentos e sensações bastante diferentes após o telessequestro, o rapaz ainda tem o mesmo corpo e você pode argumentar que isso faz dele a mesma pessoa, apesar de todas as mudanças sofridas por ele, por mais radicais que sejam.

Então digamos que o que faz Peeta ser *Peeta* é o corpo dele. A princípio, isso parece fazer sentido. Porém, há uma regra filosófica chamada Lei de Leibniz que fornece uma maneira rigorosa de testar essa alegação. Tal lei diz que duas coisas são idênticas se e somente se elas tiverem *todas* as propriedades em comum.[1] Se Peeta é idêntico a seu corpo, então ele e seu corpo precisam ser os mesmos de todas as formas, de modo que o que é verdadeiro para Peeta também o é para seu corpo, e vice-versa. Mas será que eles são idênticos mesmo?

Suponha que Peeta não tenha sido ressuscitado quando bateu no campo de força: o coração não bate, ele não respira, não há mais atividade cerebral. Então Katniss ficaria com um cadáver, certo? Mas se esse cadáver é Peeta, então por que chorar? Afinal, ele ainda está lá! O que ficamos mais inclinados a dizer é que Peeta se foi, embora seu corpo permaneça. Então parece que Peeta não é apenas um corpo. Talvez o corpo seja uma parte de quem ele é no momento, mas não é *ele*.

Vamos pensar nisso de outra forma: imagine que a Capital tenha mudado Peeta fisicamente em vez de mentalmente, deformando o corpo do filho do padeiro para transformá-lo em algo monstruoso ou repulsivo, mas deixando sua mente intacta. Você não acha que Katniss sentiria o mesmo em relação a Peeta, mesmo se a aparência dele fosse totalmente diferente? Não importa o quanto mudem o corpo, ele continuaria a mesma pessoa.

Da mesma forma, os cidadãos da Capital podem alterar radicalmente o corpo com tatuagens, pinturas e próteses e continuar as mesmas pessoas. Tigris ainda é Tigris, com ou sem os bigodes felinos. Mesmo se perdemos um braço ou perna, mudarmos nossas impressões digitais ou ficarmos cheios de rugas, nosso eu fundamental continua sendo o mesmo. O corpo pode ser necessário para o eu, mas não é a *mesma coisa* que o eu, assim como uma arena pode ser necessária para os Jogos Vorazes, mas uma arena em si não garante que os Jogos estejam de fato acontecendo dentro dela em um determinado momento. O simples fato de uma coisa ser *necessária* para outra não significa que elas sejam idênticas.

Alguns podem argumentar que, apesar de tudo, há um aspecto do corpo de Peeta que *é* Peeta. Pode-se dizer que o que faz de Peeta o *Peeta* é seu código genético único. Como ninguém mais tem o código genético dele, seu DNA funciona como uma espécie de impressão digital, exceto pelo fato de que, ao contrário de uma impressão digital, ele não pode ser removido. Então o DNA do Peeta pode ser Peeta? Não, porque o DNA não é uma pessoa, é apenas um conjunto de instruções para construir um corpo.[2] Dizer que Peeta *é* seu DNA seria como dizer que uma arena *é* a planta a partir da qual ela foi construída. Assim como uma arena é diferente de sua planta, uma pessoa como Peeta é diferente de seu DNA.

Agora vamos imaginar que a Capital tenha feito uma cópia exata do DNA de Peeta e acelerado o processo de envelhecimento para que o clone resultante tenha exatamente a mesma aparência.[3] Você diria que o clone de Peeta é a mesma pessoa que ele? Provavelmente não, ainda mais se o clone não tiver a mente de Peeta e consequentemente nenhuma de suas lembranças, pensamentos, personalidade e sentimentos. Então talvez a mente seja o lugar onde devemos procurar a identidade pessoal de Peeta, a parte que faz com que ele seja Peeta.

"Acho que ele nunca mais vai ser o mesmo"

Muitas pessoas sentem que há algo mais importante do que o corpo: a mente. A mente de Peeta foi exatamente o que a Capital mudou nele. Se é isso que faz Peeta ser *Peeta*, então ele não deixaria de existir como a mesma pessoa quando a Capital alterou radicalmente sua mente e suas lembranças?

O filósofo John Locke (1632-1704) argumentou que nossas lembranças nos fazem ser quem somos, pois somos essencialmente seres mentais. Locke definiu uma pessoa como "um ser inteligente pensante, que possui raciocínio e reflexão, e que se pode pensar a si próprio como o mesmo ser pensante em diferentes tempos e espaços".[4] Claro que para se considerar "o mesmo ser pensante em diferentes tempos e espaços", é preciso ter lembranças que conectem você a seu passado. O Peeta telessequestrado que a Capital devolveu à Katniss não consegue mais se lembrar do que aconteceu ao Peeta original antes do telessequestro (pelo menos não completamente). Se Locke estiver certo, o Peeta telessequestrado seria uma pessoa diferente do Peeta original, visto que aquele não pode se lembrar corretamente de como era ser o Peeta original.

Vamos analisar de outra forma. Imagine o seguinte cenário causado pela Capital: o presidente Snow sequestra Peeta e decide torturá-lo até a morte. Porém, quando o rapaz está prestes a morrer, Snow percebe que ele seria muito mais útil vivo. Contudo, segundo os médicos, é tarde demais e não há nada que se possa fazer para salvá-lo. Por isso Snow ordena que clonem o corpo de Peeta e façam uma varredura no cérebro dele de modo a criar uma duplicata exata com os mesmos sentimentos, pensamentos e lembranças do Peeta original.[5]

Quando o clone de Peeta acorda, ele olha ao redor de si mesmo — si mesmo! Para o clone, em um minuto ele estava morrendo de um lado do quarto e agora está sentado do outro lado, olhando para si. Ele se sentiria exatamente como o Peeta original. Você pode responder: "Mas é só um clone! Peeta está morto! Eles não são a mesma pessoa!" Agora, imagine como seria para Katniss. Para ela, o clone não seria a mesma pessoa que o Peeta original? Ele teria os mesmos pensamentos e sentimentos em relação a ela, as mesmas lembranças, além de ter exatamente a mesma aparência do Peeta original. Que motivo ela teria para dizer que ele não é o Peeta original além do fato de ele ser um clone?

Vamos acrescentar uma nova virada na história e imaginar que os médicos de Snow descobriram que *conseguem* recuperar o Peeta original depois de ter sido clonado. O presidente Snow é um homem cruel e sorrateiro, por isso ele devolve o clone para Katniss *e* ressuscita o Peeta original. Contudo, como o Peeta original estava morto há algum tempo, ele sofreu graves danos cerebrais. Snow dá uma opção a Katniss, não entre Gale e Peeta, mas entre o clone que é uma réplica perfeita de Peeta e o Peeta original, que se parece com o filho do padeiro, mas não age nem pensa como ele e, na verdade, mal reage a qualquer estímulo.

Quem Katniss deveria escolher? Se a moça preferir o clone de Peeta e abandonar o original, ela parece estar deixando para trás a pessoa que a amou e protegeu, mesmo que ele não consiga mais se lembrar dela. No entanto, se ela não escolher o clone, vai rejeitar alguém que a ama agora e tem os mesmos sentimentos que o Peeta original tinha antes de morrer.

O Peeta original tem o corpo do Peeta que existia antes de ter morrido, mas o clone tem todos os estados mentais que parecem ser importantes quando tentamos descobrir o que nos faz ser quem somos. Experimente fazer a pergunta a seguir: quem seria mais *você*, um clone perfeito ou um original com graves danos cerebrais? Qual deve ser aceito pelas pessoas como sendo você, o que se lembra deles ou o que não tem nada em comum com você hoje, exceto o corpo? Da perspectiva de Locke, a pessoa que carrega suas lembranças é o você *verdadeiro*.

A teoria de Locke, contudo, parece ter algumas consequências indesejáveis. Ter amnésia, por exemplo, pode fazer com que uma pessoa pare de existir. Então a família de uma vítima de amnésia deveria fazer um velório? Normalmente não abandonamos parentes com amnésia ou demência nem os tratamos como se tivessem morrido. Na verdade, sentimos uma responsabilidade ainda maior com eles porque mesmo se *eles* não conseguirem se lembrar, *nós* ainda nos lembramos por eles.

Existem outros problemas ao exigir que alguém sempre tenha as mesmas lembranças para continuar sendo a mesma pessoa. Por um lado, nós criamos constantemente novas lembranças e perdemos as antigas. Além disso, o processo de se lembrar de algo não é perfeito, conforme Beetee observa ao descrever como a Capital mudou as lembranças de Peeta:

> Rememorar torna-se mais difícil porque as lembranças podem ser mudadas. — Beetee dá um tapinha na testa. — Levadas para a parte mais importante da sua mente, alteradas e salvas novamente numa forma revisada. Agora imagine que eu peça para você se lembrar de algo, ou com uma sugestão verbal ou fazendo você assistir a algum evento gravado, e enquanto essa experiência é refrescada em sua mente, eu lhe dou uma dose de veneno de teleguiada. Não o suficiente para induzir um blecaute de três dias. Apenas o suficiente para incutir em sua memória medo e dúvida. E é isso o que seu cérebro põe nos arquivos de longa duração.[6]

Pense em como nós nos lembramos incorretamente das coisas. Talvez você se lembre de uma determinada camisa como verde-azulada, quando na verdade era azul-esverdeada. Ou você se lembra de que o livro favorito do seu amigo é *Em chamas* quando na verdade é *A esperança*. Erros assim acontecem o tempo todo. Você pode até dizer para o seu amigo: "Mas eu me lembro *claramente* de você falando que seu livro favorito era *Em chamas*!" Erros como esses acontecem porque geralmente alteramos e distorcemos as coisas de que lembramos, mesmo sem o efeito do veneno das teleguiadas!

Contudo, a perda ou distorção de memória que acontece comumente difere do que houve com Peeta, pois nossas lembranças raramente mudam de modo tão radical quanto as dele. É bem verdade que quando eu estiver velho, posso não ter nenhuma das lembranças que tenho agora, mas esta é uma mudança que acontecerá gradualmente ao longo de vários anos, ao contrário da mudança abrupta que ocorre nas lembranças do filho do padeiro. Vamos analisar se isso deve fazer alguma diferença.

"O problema é que não consigo mais dizer o que é real e o que é inventado"

Todos nós mudamos ao longo do tempo. Nosso corpo muda, nossas lembranças mudam e o mesmo vale para nossos pensamentos, sentimentos e tudo o mais. Nenhuma parte de nós continua a mesma ao longo da vida. É bem fácil identificar quem eu sou em qualquer momento. Mas o que faz de mim agora a mesma pessoa que serei daqui a cinquenta anos, quando minhas lembranças, personalidade e modo de pensar podem ser radicalmente diferentes?

Peeta é obrigado a enfrentar o problema da mudança com um grau incomum de urgência. Seus pensamentos, sensações e lembranças são alterados de modo drástico e abrupto e, pelo fato de as mudanças terem ocorrido tão rapidamente, todos ao redor observam e tentam desfazê-las. Se tudo tivesse acontecido mais lentamente, como daqui a cinquenta anos, talvez ninguém tivesse notado. Mas só porque a mudança acontece lentamente ao longo do tempo não significa que Peeta não tenha se transformado em uma pessoa diferente. Afinal, se o cemitério que era o Distrito 12 virou uma campina por meio de uma mudança lenta e gradual, por que Peeta também não poderia se transformar, lenta e gradualmente, em outra pessoa?

Para examinar o problema da mudança ao longo do tempo, vamos trabalhar com uma charada filosófica chamada Problema do Aerodeslizador de Haymitch, adaptado por mim de um enigma semelhante discutido pelo historiador e filósofo grego Plutarco (46-120) que, até onde sei, não tem qualquer parentesco com Plutarch Heavensbee, o Chefe dos Idealizadores dos Jogos que passou para o lado dos rebeldes.[7] Vamos analisar os dois cenários abaixo:

> **Caso A:** Haymitch não suporta mais a vida em Panem e decide fazer uma longa viagem para escapar de tudo. Ele compra um aerodeslizador e o batiza de *Preço da Vitória*, abastecendo a nave com alimentos, água e todas as provisões necessárias para a jornada. De modo a

ficar ainda mais seguro, ele guarda peças sobressalentes no porão da nave. Na verdade, ele tem uma peça sobressalente para cada peça da nave, dos parafusos das asas até o para-brisa. Contudo, a viagem demora tanto que todas as peças do aerodeslizador quebram e precisam ser substituídas. Então Haymitch acaba voltando da viagem pilotando um aerodeslizador que não tem uma só peça pertencente ao veículo original. Ainda é o mesmo aerodeslizador chamado *Preço da Vitória*? Haymitch pensaria nele como sendo a mesma nave e a maioria de nós concordaria, ainda que nenhuma das peças originais tenha permanecido. Mas como ela pode ser a mesma nave se todas as peças são diferentes?

Caso B: Haymitch faz os mesmos preparativos de antes, mas agora ele não viaja, pois sofre um colapso nervoso e destrói o *Preço da Vitória*, esmagando todas as peças da nave. Mas se arrepende logo em seguida e usa as peças sobressalentes do porão para reconstruir a nave. Novamente, não resta parte original alguma, mas a nova nave fica exatamente no mesmo lugar que a original.

No caso B ficamos menos inclinados a pensar no substituto como sendo o mesmo aerodeslizador, ainda que os dois casos se assemelhem em um aspecto importante: as novas peças são utilizadas porque as antigas quebraram. Por algum motivo, se nós substituirmos as peças aos poucos, pensamos que continua sendo o mesmo *Preço da Vitória*, mas, se substituirmos todas de uma vez, não parece o mesmo aerodeslizador. Ainda que ter novas peças signifique que o novo aerodeslizador não seja o mesmo do antigo no caso B, a mesma lógica deveria se aplicar ao caso A.

Isso significa que temos uma tolerância a mudanças graduais, mas não a uma mudança feita de uma só vez? Talvez não haja motivo real para considerar as duas naves como sendo diferentes. Se for o caso, então vamos aplicar essa percepção não só a Peeta como também a nós mesmos.

"O fato de terem substituído você pela versão bestante do mal de você mesmo"

Se todos nós estamos nos transformando gradualmente em pessoas diferentes, talvez não haja identidade pessoal, nada em nós que permaneça constante ao longo do tempo e faça com que eu seja *eu*, você seja *você*, e Peeta seja *Peeta*. Isso pode parecer loucura, mas alguns filósofos importantes argumentaram que pode ser verdade. David Hume (1711-1776) e os filósofos contemporâneos Judith Butler e Derek Parfit sugerem que podemos estar equivocados na forma como pensamos as identidades pessoais.

Hume acha que estamos errados em acreditar na existência de algum tipo de eu que resista a todas as mudanças pelas quais passamos, pois uma pessoa é apenas uma "coleção de diferentes percepções", ciente apenas da experiência presente, momento a momento.[8] Butler também considera um erro pensar em nós mesmos como sendo estáticos. Quando fazemos isso, ela acredita que estamos deixando o uso da palavra *eu* nos ludibriar para pensarmos que existe alguma entidade a qual ela se refere.[9] E Parfit duvida que haja alguma forma de chegarmos a uma resposta única e correta para a pergunta sobre a identidade pessoal.

Esses três filósofos sustentam que ninguém é realmente a *mesma* pessoa que era em qualquer ponto do passado. Segundo eles, a cada dia, a cada momento, você se transforma em uma pessoa diferente, com células, lembranças, pensamentos e sentimentos levemente diferentes. Ainda assim, você é tão similar àquela pessoa que existiu ontem que, de acordo com esse ponto de vista, seus amigos e familiares chamam você pelo mesmo nome apenas por conveniência, ainda que a sua "versão antiga" tenha morrido, como aconteceu com Peeta.

Então por que Katniss não desiste desse garoto homicida que se parece com Peeta, mas certamente não age, pensa ou se sente como ele? Mesmo depois de tentar matá-la, mesmo sendo uma pessoa diferente do Peeta original, ela ainda luta para salvá-lo. Eis uma tentativa de resposta: ela precisa tanto do Peeta original que o novo Peeta (que é suficientemente parecido com ele) que está disposta a ajudá-lo a se transformar naquele Peeta de quem ela se lembra. Katniss se sente responsável por esse novo Peeta do mesmo jeito que você pode se sentir responsável pelo filho órfão de um amigo que pode nem conhecer você. Mesmo que esse novo Peeta queira matar Katniss, ela jamais vai esquecer que o antigo Peeta faria qualquer coisa por ela. Então por respeito à lembrança do antigo Peeta que se foi, ela tenta ajudar o novo.

Talvez nós realmente não tenhamos uma identidade sólida ao longo do tempo. Talvez realmente nos tornemos pessoas novas sempre que mudamos — o que significa que viramos pessoas novas todos os dias. E se cada pessoa nova em que nos transformamos for muito diferente da pessoa que fomos um dia, alguns amigos vão nos abandonar, outros tentarão nos induzir a ser mais parecida com aquela pessoa anterior e alguns vão aprovar a nova pessoa. Talvez nunca tenha existido um *eu* para começo de conversa, apenas um ser que constantemente morre e é substituído por um novo, carregando com ele as reminiscências (algumas bem precisas, outras nem tanto) do que pensaram e sentiram todas as pessoas anteriores que fomos e que agora estão mortas.[10]

Notas

1. Gottfried Wilhelm Leibniz, *Philosophical Papers and Letters*, trad. Leroy Loemker (Dordrecht, NL: Kluwer Academic Publishers, 1967).
2. Leve em conta também que gêmeos idênticos têm o mesmo DNA, embora sejam pessoas diferentes e tenham impressões digitais diferentes.
3. A aceleração do envelhecimento seria necessária porque os clones começam como células e se desenvolvem a partir daí.
4. John Locke, *Ensaio sobre o entendimento humano* (Fundação Calouste Gulbenkian, 1999). Para saber mais sobre John Locke e as implicações de sua definição de pessoa nos bestantes geneticamente criados pela Capital, ver o Capítulo 8 — "Nenhum bestante é do bem" — Será mesmo? Unindo espécies para criar quimeras.

5. Para que o clone do Peeta pareça ter a mesma idade, você também precisará imaginar que inventaram um jeito de acelerar o processo de envelhecimento dele.
6. Suzanne Collins, *A esperança* (Rocco, 2011).
7. A versão de Plutarco para este problema envolve substituir todas as tábuas do navio de Teseu.
8. David Hume, *Tratado da natureza humana* (UNESP, 2009).
9. Para saber mais sobre Judith Butler e sua visão sobre gênero, ver o Capítulo 10 — "Ela não faz ideia do efeito que causa": Katniss e a política de gênero.
10. Quero expressar minha gratidão aos editores George Dunn e Bill Irwin pelo imenso apoio e ajuda que me deram nesse projeto. A paciência e os conselhos deles foram valiosíssimos. Obrigado pela oportunidade maravilhosa! Também gostaria de agradecer a Jessica Watkins e Powell Kreis por se juntarem a mim na jornada emocionante ao longo da vida e dos Jogos Vorazes. Sem eles, eu não teria conseguido dar um passo na arena.

SEXTA PARTE

"AÍ VAI UM PEQUENO CONSELHO: MANTENHAM-SE VIVOS": UM GUIA PARA OS TRIBUTOS SOBRE MORALIDADE E LÓGICA DA GUERRA

14
"SEGURAS PARA FAZER O QUÊ?": MORALIDADE E A GUERRA DE TODOS CONTRA TODOS NA ARENA

Joseph J. Foy

Quando Katniss Everdeen se oferece para substituir a irmã na 74ª edição dos Jogos Vorazes, ela é jogada em uma competição brutalmente violenta e precisa decidir como agir. Ela deve ser guiada por uma noção de certo e errado na arena? Ou deve entrar disposta a tomar qualquer medida necessária para sobreviver? Afinal, a moralidade pode fazer com que ela acabe sendo assassinada.

Para Gale Hawthorne, a resposta parece bem clara: não há regras morais em um confronto até a morte. Se você não estiver disposto a abandonar as limitações da moralidade, será vítima de alguém que o fez. Para Peeta Mellark, contudo, outra resposta se mostra igualmente clara: às vezes, uma pessoa pode ter que matar outra, mas mesmo assim, ainda temos obrigações uns com os outros como seres humanos. Na véspera da 74ª edição dos Jogos Vorazes, Peeta diz a Katniss, em resposta à pergunta sobre se ele está disposto a matar: "Não, quando surgir a oportunidade, tenho certeza de que vou matar como qualquer outro tributo. (...) Só fico desejando que haja alguma maneira de... de mostrar à Capital que eles não mandam em mim. Que sou mais do que somente uma peça nos Jogos deles."[1]

Gale e Peeta defendem visões conflitantes sobre a moralidade. Gale reflete a perspectiva do filósofo inglês Thomas Hobbes (1588-1679), que argumentou que na ausência de um poder dominante para fazer e aplicar as regras, toda pessoa tem o direito de fazer o que quiser. A atitude de Peeta, por outro lado, está mais próxima da visão defendida por Immanuel Kant (1724-1804), de que a moralidade impõe obrigações e deve guiar nossa conduta, não importa o que aconteça.

Outros residentes da Capital e dos distritos estão em lados opostos dessa pergunta. Coriolanus Snow e Alma Coin parecem estar ao lado de Hobbes e Gale: eles sabem o que querem e não vão deixar a moralidade atrapalhar isso. Por outro lado, Primrose Everdeen e Cinna estão dispostos a fazer o que a moralidade exige, chegando a arriscar a própria vida por isso.

E tem Katniss, dividida entre essas visões de mundo do mesmo modo que seu coração se divide entre Gale e Peeta. Quando a conhecemos, ela não parece ter uma noção muito forte de dever moral. É verdade que Katniss tem *alguma* preocupação com os outros, mas é uma preocupação que não vai muito além da família e dos amigos mais próximos. Ao entrar na arena pela primeira vez, ela aceita a lógica assassina do "matar ou morrer". Porém, ao sentir na pele as consequências desse pensamento, Katniss gradualmente passa a vislumbrar a possibilidade de algo além dessa lógica da sobrevivência a qualquer custo.

"Os Dias Escuros jamais deveriam se repetir"

Não é possível entender os dilemas morais enfrentados pelos participantes dos Jogos Vorazes sem primeiro entender o contexto político no qual os Jogos ocorrem. Tudo indica que Panem foi criada basicamente devido a uma preocupação com a ordem e a segurança. Os governos da América do Norte caíram diante de uma crise ecológica devastadora. De acordo com os anais da história de Panem, "os desastres, as secas, as tempestades, os incêndios, a elevação no nível dos mares que engoliu uma grande quantidade de terra, a guerra brutal pelo pouco que havia restado".[2]

Uma vida assim deve ter gerado muito sofrimento e miséria até o estabelecimento de uma autoridade centralizada para eliminar os conflitos e restaurar a ordem. Depois, contudo, essa estabilidade foi ameaçada pelos Dias Escuros, uma época de rebelião e guerra civil na qual os 13 distritos de Panem se revoltaram contra o governo opressivo e explorador da Capital. Não sabemos muito sobre os Dias Escuros, mas está claro que os dois lados sofreram grandes perdas. Por fim, a Capital destruiu o Distrito 13 (ou pelo menos é o que os outros distritos acreditam) e obrigou os 12 distritos restantes a assinar o Tratado da Traição, pondo fim à guerra civil.

A história de Panem lembra o caos e a destruição da Guerra Civil Inglesa (1624-1651), quando Thomas Hobbes escreveu *Leviatã*, seu tratado político mais famoso. Centenas de milhares morreram em batalha e incontáveis outros pereceram com as doenças e a fome que geralmente vinham junto com a guerra naquela época. Para Hobbes, essa devastação fornecia um vislumbre da condição "natural" da existência humana, isto é, de como a vida deve ter sido antes da formação de governos estáveis. Ele argumentava que nesse "estado de natureza" sem lei "não há lugar para o trabalho, pois seu fruto é incerto; consequentemente, não há cultivo da terra, nem navegação, nem uso das mercadorias que podem ser importadas pelo mar; não há construções confortáveis, nem instrumentos para mover e remover as coisas que precisam de grande força; não há conhecimento da face da Terra, nem cômputo do tempo, nem artes, nem letras; não há sociedade".[3]

A descrição de Hobbes do "estado de natureza" se assemelha às condições antes da formação de Panem e durante os levantes violentos dos Dias Escuros. Incapazes de proteger os frutos de seu trabalho do roubo ou pilhagem, os cidadãos de Panem foram obrigados a abandonar o lazer e a se comprometer totalmente com a guerra pelo domínio sobre os outros, destruindo qualquer possibilidade de ter uma vida boa durante esse período violento e inconstante. Apenas sob a ordem imposta pela Capital, antes e depois dos Dias Escuros, foram criadas escolas e houve o desenvolvimento das indústrias específicas para cada distrito. Refletindo sobre o tumulto semelhante causado pela Guerra Civil Inglesa, Hobbes conclui que quem tem a sorte de viver sob um governo poderoso o suficiente para manter a ordem seria sábio ao obedecer às autoridades políticas, não importa quem sejam, pois a vida sob qualquer governo é preferível ao infernal estado de natureza.

Para nos resgatar desse pesadelo, Hobbes defendia o estabelecimento do que ele chamava de "poder comum": uma autoridade política soberana, única e centralizada, forte o bastante para impor sua vontade a todos de modo a fornecer ordem e paz. A alternativa a isso seria os Dias Escuros, um ciclo de agitação perpétua que assombra nossa vida com "um medo contínuo e perigo de morte violenta".[4] Devemos entrar no que Hobbes chamou de "contrato social," um acordo para obedecer às leis estabelecidas pela vontade de um poder soberano (como a Capital) que é forte o bastante para manter a ordem e terminar com o eterno conflito do estado de natureza. As autoridades políticas devem ter um poder praticamente ilimitado, de modo a impedir qualquer possibilidade de rebelião que jogaria a sociedade de volta ao estado de natureza, tendo como consequência o caos e o derramamento de sangue.

O contrato social hobbesiano é apenas um acordo implícito com o qual consentimos tacitamente quando vivemos sob um sistema de leis e gozamos da paz que ele possibilita, mas "o longo e chato Tratado da Traição" que acabou com os Dias Escuros é o contrato social por escrito: ele dá poder à Capital para usar qualquer tipo de tática dura, incluindo os Jogos Vorazes anuais, para lembrar aos distritos que "os Dias Escuros jamais deveriam se repetir".[5] Sob os termos desse pacto, o povo dos distritos concordou em se submeter à autoridade da Capital, mas, assim como acontece com o poder soberano de Hobbes, a Capital não é limitada por qualquer tipo de restrição contratual. Na verdade, o povo abriu mão de toda a soberania pessoal e liberdade que tinha no estado de natureza. Em troca, recebeu a segurança básica de viver em uma sociedade ordeira em vez de lutar pela vida no estado de natureza.

Independente do que as autoridades políticas exijam de nós e do quanto elas possam ser opressivas, Hobbes acreditava que a vida é melhor quando obedecemos às regras do que quando rejeitamos a autoridade do soberano e voltamos à violência perpétua do estado de natureza. Isso pode explicar por que os cidadãos dos distritos parecem dispostos a aceitar seu destino por tanto tempo. Governantes opressores ainda seriam melhores do que a alternativa oferecida pelo caos do estado de natureza. E caso os distritos se esqueçam de como é viver no estado de natureza, a Capital fornece os Jogos Vorazes com um lembrete anual.

Bellum Universale na Cornucópia

Ao recriar artificialmente o estado de natureza hobbesiano, os Jogos Vorazes atuam como lembrete de como é a vida sem uma autoridade forte. Na arena, os tributos devem competir por recursos escassos e usar todos os meios à disposição para matar os outros competidores. A Capital projetou a arena de modo a criar uma competição mortal onde os competidores estão presos em uma luta pela sobrevivência. Talvez nenhum momento nos Jogos Vorazes seja mais revelador do estado hobbesiano do que o banho de sangue que acontece quando os tributos são lançados na arena e devem lutar pelos suprimentos na Cornucópia.

Obrigados a ficar em pé em círculos de metal e a se encarar por um minuto, os competidores esperam soar um gongo para começar os Jogos. Dentro do imenso cone em formato de chifre estão alimentos, água, armas e outras ferramentas para sobreviver na arena. Porém, ir à Cornucópia significa enfrentar (às vezes até a morte) os outros 23 competidores que também precisam dos mesmos itens escassos e preciosos. Na 74ª edição dos Jogos Vorazes, 11 competidores morreram durante o massacre selvagem e indiscriminado ocorrido depois que eles foram liberados e partiram rumo à Cornucópia.

Hobbes acreditava que, no estado de natureza, as pessoas são suficientemente iguais na capacidade de representar uma ameaça mortal umas às outras. Também vemos isso na arena. Thresh e os Carreiristas podem ser fisicamente mais fortes, mas os outros tributos têm suas vantagens. Até a pequena Rue tem a capacidade de se esconder, andar pelas copas das árvores e encontrar plantas medicinais. Qualquer um dos tributos pode sair vitorioso nos Jogos. Hobbes explicou: "Desta [igualdade geral do estado de natureza] deriva a igualdade quanto à esperança de atingirmos nossos fins. Portanto, se dois homens desejam a mesma coisa, ao mesmo tempo que é impossível ela ser gozada por ambos, eles tornam-se inimigos. E no caminho para o seu fim (...) esforçam-se por se destruir ou subjugar um ao outro."[6]

O resultado é um *bellum universale*, uma guerra de todos contra todos. A vida na arena é (exceto para o vencedor solitário) assustadoramente parecida com a descrição feita por Hobbes da vida no estado de natureza: "Solitária, miserável, sórdida, brutal e curta."[7]

Hobbes também observou que "na guerra, a força e a fraude são as duas virtudes cardeais".[8] O mesmo se aplica à arena, pois, como Hobbes argumentaria, não pode haver regras limitando o que os tributos podem fazer na busca pela vitória sem um "poder comum" para garantir a aplicação dessas leis ou obrigar os tributos a cumprir seus acordos. Mesmo quando alianças são formadas, os envolvidos sabem que elas são temporárias e que cada tributo deve ficar em um estado perpétuo de alerta contra os inevitáveis logros e traições dos outros. Katniss entende isso mesmo quando se une a Rue para ajudar as duas a se manterem vivas. Os fortes se unem para matar os fracos e depois matam uns aos outros.

De acordo com Hobbes, não há absolutamente nada de errado com isso. No estado de natureza (e na arena) não devemos nada a ninguém, pois "desta guerra de todos os homens contra todos os homens (...) nada pode ser injusto. As noções de certo e errado, de justiça e injustiça, não podem ter lugar aí. Onde não há poder comum não há lei, e onde não há lei não há injustiça".[9] O direito fundamental de cada indivíduo, disse Hobbes, é fazer o que for necessário para sobreviver. Consequentemente, tudo é permitido quando não há poder soberano para nos proteger uns dos outros. A simples ideia de que possa haver regras na arena é descartada por Katniss quando ela diz a Rue: "Afinal, roubar não é ilegal aqui."[10]

Mesmo tirar uma vida inocente é permitido no estado de natureza, de acordo com Hobbes, desde que sirva ao objetivo maior da autopreservação. Depois de Katniss se oferecer para o lugar de Prim na arena, ela discute com Gale sobre o que será obrigada a matar para sobreviver.

> — Katniss, a coisa não passa de uma caçada. (...) Você sabe como matar.
> — Não pessoas.
> — E que diferença pode ter? — indaga Gale, de modo sinistro.
> A parte mais horrorosa é que se eu puder esquecer que se trata de pessoas, não vai fazer a menor diferença.[11]

Se Katniss conseguir parar de pensar nos outros tributos como seres humanos, então matá-los não vai ser diferente de matar um animal para comer. É apenas algo que se faz para sobreviver, como recorrer à caça quando ela e a família estavam morrendo de fome depois da morte do pai. Se ela conseguir parar de pensar neles como seres humanos, vai sentir tanta obrigação em relação aos outros tributos quanto sente em relação aos animais que caça com precisão mortal usando seu arco. Seria isso uma coisa "horrorosa", mesmo se a mantiver viva?

"Uma enorme gentileza"

Toda a filosofia moral de Hobbes se baseia em uma suposição que ele parece ter em comum com a Capital e os Idealizadores dos Jogos: seres humanos racionais deveriam valorizar o próprio interesse e isso significa que a sobrevivência deve ser a nossa prioridade número um.[12] Por mais terrível que assassinar outro ser humano possa ser para Katniss, Hobbes insistia que há pelo menos uma coisa muito pior: morrer nas mãos de outro ser humano. Segundo ele, uma morte violenta é o pior dos males e todas as outras considerações — até nossa intuição comum sobre o que é certo e errado

— devem ficar em segundo plano diante do imperativo fundamental de se manter vivo.

Porém, até na arena fica óbvio que a preocupação egoísta com a sobrevivência não é a única motivação das pessoas. Os Carreiristas, por exemplo, escolheram entrar nos Jogos e arriscar a vida a fim de conquistar glória para eles e seus distritos. Katniss e Peeta também arriscam a vida um pelo outro. E, refutando o pensamento hobbesiano, o que salva Peeta e Katniss no fim das contas é a responsabilidade que eles sentem um em relação ao outro e também a outras pessoas, como Rue.

Reconhecendo a gentileza de Katniss com Rue, o Distrito 11 manda um paraquedas com uma dádiva de pão para a garota em chamas. Depois, Thresh, também do Distrito 11, poupa a vida de Katniss porque ela consolou Rue com uma canção durante seus últimos suspiros. Katniss jamais poderia ter imaginado essa resposta aos seus atos de bondade e altruísmo, mas isso afirma a correção do comportamento dela. Refletindo sobre a piedade de Thresh em relação a ela, Katniss diz: "Entendo que se Thresh vencer, ele terá de voltar e encarar um distrito que já infringiu todas as regras para me agradecer, e ele também está infringindo as regras para me agradecer."[13] As regras, no caso, são as hobbesianas, que proíbem demonstrar bondade ou misericórdia quando sua vida estiver em risco (agora ou no futuro). No entanto, outros filósofos têm ideias diferentes sobre o tipo de regra que deve guiar nossa conduta.

Um desses filósofos é Immanuel Kant, que argumentava que nossas obrigações em relação aos outros não se baseiam apenas em um contrato social aplicado por alguma autoridade externa, e sim em um imperativo racional de ser fiel à nossa natureza moral autônoma. A moralidade é autônoma porque vem de dentro, expressando nossa capacidade de nos orientar por algo maior que os protocolos da sobrevivência pura e simples ou o desejo de prestígio.[14]

Kant acreditava na existência do "imperativo categórico", um princípio fundamental de moralidade que pode ser definido dessa forma: "Procede apenas segundo aquela máxima, em virtude da qual podes querer ao mesmo tempo que ela se torne em lei universal."¹⁵ Uma *máxima* é uma regra ou política que uma pessoa define para a sua conduta. Um exemplo seria a máxima hobbesiana que os Idealizadores dos Jogos esperam que oriente seus tributos na arena: esteja disposto a fazer o que for preciso, inclusive matar quem nunca lhe fez mal, para garantir sua sobrevivência. Mas não é preciso muita imaginação para ver que esta é uma máxima que nenhuma pessoa sã gostaria de ter como lei universal, visto que o resultado seria o mundo da arena em uma escala monstruosa, com todos apresentando uma ameaça mortal a todos, levando a um *bellum universale* que dificulta bastante qualquer perspectiva de sobrevivência.

Como seres racionais, o mundo que escolheríamos seria um espaço em que todos governamos nossa conduta pela segunda formulação do imperativo categórico feita por Kant: "Procede de maneira que trates a humanidade, tanto na tua pessoa como na pessoa de todos os outros, sempre ao mesmo tempo como fim, e nunca como puro meio."¹⁶ Tratar os outros apenas como meios a serem explorados para a conquista de algum objetivo é o que se espera na arena, onde as regras dos Jogos exigem que os outros tributos sejam considerados apenas como aliados ou inimigos, instrumentos ou impedimentos para conquistar algum objetivo. A lógica hobbesiana da arena não permite que os tributos se reconheçam como indivíduos cujo bem estar e felicidade sejam válidos.

Mas parece que Peeta nunca aceitou essa lógica como a última palavra sobre o que devemos aos outros. Quando ele insiste que não vai deixar os Jogos mudarem seu jeito de ser, Peeta em parte quer dizer que não aceita se transformar no tipo de pessoa que vive apenas de acordo com as regras hobbesianas. Ele se recusa a sacrificar sua decência humana, mesmo que isso lhe custe a vida. Katniss, contudo, é um caso mais complexo, o que faz dela uma pessoa mais parecida com muitos de nós.

Quando o jovem Peeta deu um pão queimado à Katniss, que procurava alimentos no lixo, ele assumiu um grande risco pessoal. Katniss ficou perplexa: "Ele nem me conhecia", reflete. "No entanto, o simples fato de ter jogado os pães para mim foi uma enorme gentileza que certamente resultaria em uma surra se ele fosse descoberto. Eu não conseguia encontrar uma explicação para o gesto dele."[17]

Claro que há uma explicação perfeitamente compreensível para o gesto de Peeta, mas não tem nada a ver com a máxima hobbesiana de sempre colocar a própria segurança em primeiro lugar. Peeta se arrisca a levar uma surra por ter feito o que é certo. Por mais estranho que possa ter parecido para a jovem Katniss na época, ela vai ficando cada vez mais parecida com Peeta ao longo do relacionamento deles, exibindo uma preocupação cada vez maior com os outros e uma disposição de se sacrificar a fim de fazer o que é certo.

Ela se oferece para tomar o lugar de Prim na arena porque deseja manter a irmã segura. Depois, tenta proteger Rue arriscando-se a ser vista pelos Carreiristas. A decisão de cobrir o corpo da menina com flores nasce da reflexão a respeito das palavras de Peeta sobre a mensagem que gostaria de enviar à Capital: "Eles não mandam em mim."[18] Demonstrando o que Kant chamaria de autonomia moral, Katniss reconhece a dignidade humana de sua companheira morta, deixando a Capital saber que ela é mais do que uma peça nos Jogos deles, mais do que uma escrava do instinto de sobrevivência que a Capital pode manipular para conquistar seus objetivos.

É revelador que Katniss arrisque a vida para conseguir o medicamento de que Peeta necessita por estar à beira da morte na caverna. Usando um remédio para dormir que recebeu em um paraquedas enviado por um patrocinador, ela dopa o rapaz doente antes de ir ao "ágape", versão modificada da Cornucópia onde os Idealizadores colocaram itens dos quais os tributos precisam desesperadamente apenas para levá-los a mais uma batalha sangrenta. "Só consigo pensar que ele vai morrer se eu não for ao ágape",[19] diz ela. Hobbes aconselharia Katniss a se preocupar mais com a perspectiva de morte violenta que a espera no ágape, visto que para o filósofo este é o pior de todos os males. Katniss está claramente mais perto da posição kantiana de que é muito pior deixar de lado a responsabilidade moral em relação aos outros.

Durante a batalha, Peeta e Katniss arriscam a vida várias vezes para salvar um ao outro. No final, eles estão até dispostos a cometer suicídio (a suprema rejeição do interesse próprio racional) em vez de deixar a Capital virá-los um contra o outro. Eles estão determinados a se agarrar à humanidade que tem e preservar a autonomia moral, incluindo a noção de obrigação moral que Katniss passou a sentir, em boa parte graças ao exemplo do Peeta. E como eles conseguem fazer isso, acabam sobrevivendo.

"Eu parei de matar os escravos deles"

As perguntas sobre a moralidade na arena se aplicam à crescente rebelião nos distritos. Será que essa rebelião se justifica, visto que (pelo menos na visão de Hobbes) ela equivale a regredir para o estado de natureza? Além disso, quando é preciso usar a força, tudo é aceitável na busca dos objetivos? As lições aprendidas por Katniss sobre moralidade e obrigações em relação aos outros na arena ajudam a responder essa pergunta e a compreender o processo de transformação dela no Tordo da rebelião.

O presidente Snow diz a Katniss que o "pequeno truque com as amoras" foi visto nos outros distritos como um "ato de desafio", significando que "se uma garota do Distrito 12 — logo esse! — pode desafiar a Capital e escapar incólume, o que os impedirá de fazer o mesmo? (...) O que poderá impedir, digamos, um levante?" Então, falando palavras que poderiam ter saído diretamente da boca de Hobbes, ele avisa: "E é sabido que levantes levam a revoluções" com consequências que uma pessoa sã gostaria de evitar a todo custo: "Você faz alguma ideia do que isso significaria? De quantas pessoas morreriam? Que condições que os sobreviventes teriam de enfrentar? Independentemente dos problemas que alguém possa ter com a Capital, acredite quando digo que se ela lançar suas garras sobre os distritos, mesmo que por um curto período de tempo, todo o sistema desmoronará."[20]

Deste ponto de vista, é preferível que a Capital tenha o maior poder possível, mesmo que signifique manter os distritos na pobreza e escravidão, pois isso seria melhor do que regredir aos infernais Dias Escuros da guerra civil. Peeta expressa o mesmo sentimento quando, depois de ser telessequestrado pela Capital, estimula os rebeldes a pensarem "no que poderia significar essa guerra. Para os seres humanos. Nós quase nos extinguimos lutando uns contra os outros antes. Agora nosso número é ainda menor. Nossas condições mais fracas. É isso mesmo o que queremos fazer? Aniquilarmos uns aos outros definitivamente?"[21]

Como Hobbes, a Capital está contando com o medo da morte violenta para garantir a obediência. Do mesmo modo que o filósofo e a Capital esperam que nossa preocupação com a sobrevivência supere nossos escrúpulos morais no estado de natureza ou na arena, eles também esperam que pessoas racionais reconheçam que é do seu interesse se submeter a uma autoridade política, quando ela existir.

A segurança fornecida pela Capital pode impedir um surto do *bellum universale*, mas que tipo de alternativa isso realmente oferece? As pessoas nos distritos sofrem bastante, vivendo um medo perpétuo da Capital, que as explora para sustentar os prazeres opulentos e perversos de seus habitantes. Respondendo à sugestão de Katniss de que todas as pessoas estariam seguras se ela tivesse comido as amoras e tirado a própria vida, Gale faz a pergunta verdadeiramente relevante: "Seguras para fazer o quê? (...) Morrer de fome? Trabalhar como escravas? Mandar os filhos para colheita? Você não fez mal às pessoas, você deu uma oportunidade a elas. Elas só precisam ser corajosas o suficiente para agarrar essa oportunidade."[22]

Gale desafia a visão hobbesiana de que a vida sob o jugo de um poder comum, não importa o quanto ele oprima ou explore, é sempre preferível à vida no estado de natureza. Hobbes perguntaria: Katniss não prefere a vida no Distrito 12 a ponto de querer voltar para casa quando está na arena? Ela não preferiria servir à Capital a viver em guerra civil? Mas Gale discorda: não é apenas a vida a qualquer preço que devemos desejar para nós, e sim uma *vida boa*. Só porque ninguém gostaria de viver no inferno da arena não significa que sofrer sob a mão de ferro de uma ditadura seja mais tolerável.

Então como ficamos? Katniss parece ter a mesma crença de Kant de que todos nós temos direito à preservação não só da vida como também de nossa dignidade como seres humanos. Consequentemente, precisamos reconhecer que há limites ao que podemos fazer aos outros, mesmo que seja em prol do interesse de todos, e esses limites se aplicam mesmo em tempos de guerra.[23] Quando Gale e Beetee revelam a estratégia clandestina de ferir o inimigo com explosivos, permitir que outros venham ajudar os feridos para depois matar todos com outra rodada de explosivos ainda mais poderosos, Katniss não aceita: "Isso parece ultrapassar alguns limites", ela protesta, acrescentando com sarcasmo: "Acho que não existe um código de regras do que poderia ser inaceitável um ser humano fazer com outro ser humano."[24] Gale responde que ter civis e equipes médicas como alvo significa apenas seguir as mesmas regras que o presidente Snow e a Capital, igualando-se à brutalidade deles a fim de servir a um bem maior. Aplicando a lógica hobbesiana da arena à guerra civil, ele trata a defesa própria e a vitória como os únicos objetivos a serem levados em conta.

Mas Katniss rejeita essa lógica por acreditar que os fins que buscamos devem se refletir nos meios que usamos para conquistá-los. "Prim... Rue... por acaso não são elas o principal motivo de eu tentar lutar?", pergunta. "Porque o que foi feito com elas é algo tão errado, tão além de qualquer justificativa, tão malévolo que não me dá nenhuma outra escolha? Porque ninguém tem o direito de tratá-las como elas foram tratadas?"[25] Se a rebelião busca algo além da crueldade e a violência da Capital, se tem por objetivo uma ordem social que permita dignidade e respeito a todos, então os meios usados para conquistar esse objetivo também devem afirmar a dignidade das pessoas.

Combater o mal com o mal e abandonar todos os limites éticos cria uma situação intolerável em que todos sofrem. Quando se vê cara a cara com um soldado do Distrito 2, Katniss abaixa o arco para se fazer vulnerável, um alvo fácil. "A gente explodiu a sua mina", explica ela. "Vocês transformaram o meu distrito num monte de cinzas. Temos todos os motivos para nos matarmos. Então vá em frente. Faça a felicidade da Capital. *Eu parei de matar os escravos deles.*"[26] Katniss não é obrigada a abaixar a arma por lei ou por imposição de um poder comum. Ela para de mirar no homem do Distrito 2 por reconhecer a irracionalidade da violência contínua que só pode acabar quando um lado domina o outro ou, como acontece na arena, quando todos os outros estão mortos.

"Não traz benefícios a ninguém"

No discurso que anunciou o tema da 75ª edição dos Jogos Vorazes, o presidente Snow declarou: "No aniversário de 75 anos, para que os rebeldes não se esqueçam de que até mesmo o mais forte dentre eles não pode superar o poder da Capital, o tributo masculino e o tributo feminino serão coletados a partir do rol de vitoriosos vivos."[27] Com essa declaração, Snow reafirma a verdadeira natureza dos Jogos como mecanismo de controle para lembrar a todos da autoridade que a Capital tem e um aviso do que espera quem desafia esta autoridade. A brutalidade dos Jogos Vorazes demonstra que a Capital vai empregar quaisquer meios necessários para garantir a própria sobrevivência.

A mensagem também é reafirmada dentro da arena. Os participantes usam de todos os meios para sobreviver, matando seus oponentes antes de serem mortos. Os Jogos parecem indicar que, na luta pela sobrevivência, as obrigações entre indivíduos não existem. Sem direitos e sem moralidade, só o que importa são o poder e a perspicácia.

Ironicamente, porém, é na arena que Katniss aprende que nunca se deve perder a humanidade a fim de ter domínio sobre os outros. Também está na transmissão da 74ª edição dos Jogos Vorazes que a garota em chamas desafia abertamente a autoridade da Capital e inspira uma revolução para derrubá-la. Como o Tordo, Katniss representa a possibilidade de autonomia e liberdade diante da opressão autoritária. Na rebelião, assim como na arena, ela não sacrificaria sua humanidade e compaixão em nome do poder e controle. Ela assassinou Coin por bombardear seu próprio exército junto com o da Capital. E se afastou de Gale porque jamais poderia perdoá-lo por ter criado o plano que matou Prim e tantos outros inocentes como forma de terminar mais rapidamente com a guerra.

Enquanto espera o veredito de seu julgamento pela morte da presidenta

Coin, Katniss nos lembra de que o abuso do poder para controlar e dominar os outros não pode ser tolerado dentro do mundo da política: "Há algo significativamente errado com uma criatura que sacrifica as vidas de seus filhos para resolver suas diferenças. Para onde quer que você se vire, você enxergará esse tipo de visão de mundo. Snow pensava que os Jogos Vorazes eram uma forma de controle eficiente. Coin pensava que os paraquedas apressariam o fim da guerra. Mas no fim, a quem tudo isso beneficia? A ninguém."[28]

Hobbes argumentou que o soberano tem a justificativa de usar qualquer tática a fim de manter a paz e a ordem, não importa o quanto seja cruel ou opressiva. Katniss acabou vendo o que esse argumento realmente significava: uma justificativa para atos brutais e desumanos, que nos roubam a dignidade que faz a vida valer a pena.[29]

Notas

1. Suzanne Collins, *Jogos Vorazes* (Rocco, 2010).
2. *Id.*
3. Thomas Hobbes, *Leviatã* (Martins Fontes, 2003).
4. *Id.*
5. Collins, *Jogos Vorazes.*
6. Hobbes, *Leviatã.*
7. *Id.*
8. *Ibid.*
9. *Ibid.*
10. Collins, *Jogos Vorazes.*
11. *Id.*
12. Para saber mais sobre Hobbes e sua crença de que o interesse próprio supera qualquer outra motivação para os seres humanos racionais, ver o Capítulo 7 — Competição e bondade: O mundo darwiniano dos Jogos Vorazes.
13. Collins, *Jogos Vorazes.*

14. Para outra perspectiva sobre o ideal moral de autonomia racional defendido por Kant, ver o Capítulo 11 — Às vezes o mundo tem fome de pessoas que se importam: Katniss e a ética feminista do cuidado. Outros aspectos da teoria moral kantiana são discutidos no Capítulo 4 — "Ultimamente as probabilidades não andam muito confiáveis": Moralidade e sorte na trilogia *Jogos Vorazes*; no Capítulo 7 — Competição e bondade: O mundo darwiniano dos Jogos Vorazes e no Capítulo 14 — "Seguras para fazer o quê?": Moralidade e a guerra de todos contra todos na arena.
15. Immanuel Kant, *Fundamentação da metafísica dos costumes*. Tradução de Antônio Pinto de Carvalho (São Paulo: Companhia Editora Nacional, 1964).
16. *Id.*
17. Collins, *Jogos Vorazes*.
18. *Id.*
19. *Ibid.*
20. Suzanne Collins, *Em chamas* (Rocco, 2011).
21. Suzanne Collins, *A esperança* (Rocco, 2011).
22. Collins, *Em chamas*.
23. Para saber mais sobre o tipo de limites que deveriam ser aplicados à guerra segundo os filósofos, ver o Capítulo 15 — Começar incêndios pode causar queimaduras: A tradição da guerra justa e a rebelião contra a Capital.
24. Collins, *A esperança*.
25. Collins, *Em chamas*.
26. Collins, *A esperança*.
27. Collins, *Em chamas*.
28. Collins, *A esperança*.
29. Eu gostaria de agradecer a Damarko Gordy Dean, Kristi Nelson Foy, Lisa Hager, Ellyn Lem e Lorra Deok Ross pelas reflexões feitas e sugestões dadas nos primeiros rascunhos. Agradeço também a Bill Schneider pelas ideias e reflexões filosóficas.

15
COMEÇAR INCÊNDIOS PODE CAUSAR QUEIMADURAS: A TRADIÇÃO DA GUERRA JUSTA E A REBELIÃO CONTRA A CAPITAL

Louis Melançon

A violência é uma velha conhecida de Panem: crianças são assassinadas na arena e a rebelião levou a devastação e a destruição dos distritos até as ruas da Capital. Dentro e fora da arena, Panem é um mundo em guerra. Boa parte da trilogia *Jogos Vorazes* fala sobre o terrível preço da guerra: pessoas inocentes (como Prim) são mortas ou mutiladas e outras pessoas basicamente boas (como Beetee e Gale) são levadas a cometer atos terríveis de violência que jamais teriam imaginado na vida como civis. Como consequência do conflito armado, os sobreviventes enfrentam, além da horrenda devastação física, lesões psíquicas que podem jamais se curar e ressentimentos que podem nunca ter fim.

Os filósofos que refletiram sobre esse custo identificaram duas perguntas cruciais a serem feitas sobre a moralidade da guerra. Primeiro: quando a violência da guerra é uma forma aceitável de resolver as diferenças, se é que ela pode ser considerada como tal? Segundo: caso a guerra *se aplique*, há algum limite para o que podemos fazer de modo a alcançar nossos objetivos em tempos de guerra? Três respostas diferentes foram propostas para a pergunta sobre a moralidade da guerra:

- Não, a violência contra outras pessoas é sempre inaceitável (*pacifismo*).
- Claro, vale tudo desde que a violência atenda às necessidades de nosso lado (*realismo político*).
- Talvez, mas só se tivermos uma causa justa e só se conduzirmos a guerra de modo justo (*tradição da guerra justa*).

A tradição da guerra justa é um arcabouço ético que evoluiu ao longo dos séculos como forma de definir limites para quando se pode ir à guerra e também para o que se pode fazer para vencê-la. Vamos analisar os limites propostos, usando a Revolução do Tordo como exemplo. A luta dessa revolução foi feita pelos motivos certos e do jeito certo? Por mais que admiremos os impetuosos rebeldes inspirados por Katniss Everdeen, precisamos nos preparar para a possibilidade da tradição da guerra justa não aprovar totalmente todos os aspectos da conduta deles.

Entrando na arena

O teórico militar Carl von Clausewitz (1780-1831) foi o autor da famosa definição de guerra como "a continuação da política por outros meios".[1] Segundo ele, as nações não vão à guerra porque políticos e generais amam a violência apenas pela violência. Na verdade, a guerra é uma ferramenta utilizada para conquistar objetivos políticos que não podem ser alcançados por meios não violentos.[2] No entanto, o uso de uma ferramenta tão destrutiva pode ser moral?

O pacifismo defende que o uso de qualquer violência é imoral, embora aceite exceções ocasionais em caso de defesa própria ou de vítimas inocentes. Sem essas exceções, um pacifista duraria tanto em Panem quanto um bife suculento na frente de um bestante. De acordo com os críticos, a situação seria ainda pior, pois o pacifista abre caminho para agressores violentos que não têm os mesmos escrúpulos. O apelo do pacifismo está em reconhecer que a guerra é um grande mal, a ser evitado o máximo possível, mas existem outros males no mundo (como a opressão política) que podem ser resolvidos por meios totalmente não violentos.

Mesmo que não existam muitos pacifistas em Panem, parece que não seria possível atirar uma flecha ao acaso sem acertar um realista político. Os principais exemplos são os presidentes Snow e Coin. Para eles, a guerra é apenas uma ferramenta, nem moral, nem imoral. Tudo o que importa é se recorrer à violência será útil para seus interesses, e isso vence qualquer outra consideração baseada em ideologia, moralidade ou normas sociais.[3] Esse ponto de vista foi resumido memoravelmente no relato dado pelo historiador Tucídides (460-395 a.C.) sobre como a cidade de Atenas justificou a brutal conquista da ilha de Melos em 426 a.c.: "Os fortes exercem o poder e os fracos se submetem."[4]

Não poderia haver melhor descrição de como a Capital lida com os distritos do que controlando praticamente todos os aspectos da vida de seus cidadãos de modo a manter sua força e enfraquecê-los. Os líderes do Distrito 13, por outro lado, não têm o mesmo leque de opções militares da Capital e precisam conquistar seus objetivos por meios mais tortuosos, infiltrando-se na Capital para criar uma rede de espiões e sabotadores para derrubar o presidente Snow e seu regime. Para o realista, nenhum grupo está certo ou errado, ambos estão apenas "exercendo o poder" a fim de promover os próprios interesses.

A grande força do realismo político está na disposição de deixar o sentimentalismo de lado e lançar um olhar inflexível sobre como o mundo realmente funciona em boa parte do tempo. O grande inconveniente do realismo político é não fornecer muita esperança de progresso. Se quisermos chegar a um ponto em que a guerra não seja mais necessária para resolver nossas diferenças, o realismo não oferece qualquer orientação de como fazer isso. A tradição da guerra justa, por sua vez, tenta nos mostrar este caminho e também reconhecer que ainda não chegamos ao ponto em que as nações tenham condições de adotar uma política oficial de pacifismo.

O que sabemos hoje é que a tradição da guerra justa existe desde o século I a.C., no Império Romano, e deve muito a contribuições tanto de filósofos pagãos, como Marco Túlio Cícero (106-43 a.C.), quanto de teólogos cristãos, como Santo Agostinho (354-430) e São Tomás de Aquino (1225-1274). Em sua versão atual, a tradição oferece um conjunto de normas que são aceitas de modo geral dentro da sociedade de Estados-nações. Ela é composta por três elementos: os dois primeiros foram bem estabelecidos ao longo dos séculos e um terceiro surgiu muito mais recentemente. São eles o *jus ad bellum* (o direito de ir à guerra), o *jus in bello* (a conduta certa dentro da guerra) e o *jus post bellum* (a justiça após a guerra). Cada um deles tem um conjunto de critérios que devem ser atendidos para que a guerra seja considerada justa. Caso não seja possível atender a todos esses critérios, a tradição da guerra justa diz que é melhor ficar longe da arena.

Projetando a arena

Na tradição da guerra justa, existem sete critérios distintos de *jus ad bellum* usado para determinar se é justo travar uma guerra:

- *Causa justa*. Uma guerra pode ser travada apenas para se defender de um grande mal ou reparar uma grave injustiça, como agressão não provocada ou uma violação dos direitos humanos básicos.
- *Intenção certa*. O objetivo da guerra não pode ser o ganho material. Seu único propósito deve ser atingir a causa justa.
- *Último recurso*. Todos os caminhos a fim de obter uma solução pacífica para o conflito devem ter sido tentados antes de ir à guerra.
- *Probabilidade de sucesso*. É errado começar uma guerra sem chance de sucesso ou que pode ter sucesso apenas recorrendo a métodos que seriam injustos por violarem o critério do *jus in bello* (que será abordado em breve).
- *Justiça comparativa*. É raro que todas as partes de um conflito tenham as mãos completamente limpas ou que um lado esteja totalmente certo e o outro, totalmente errado. Na maioria das vezes, os dois lados são culpados de alguma transgressão, embora seus delitos possam não ter a mesma gravidade. Para que uma nação declare uma guerra justa, sua conduta no passado não precisa ser absolutamente irrepreensível, mas deve ser significativamente mais correta que a do adversário.

- *Proporcionalidade.* Os benefícios de conquistar os objetivos da guerra devem superar a morte e a destruição que ocorrerão como resultado dela.
- *Autoridade competente.* A guerra pode ser declarada apenas por uma autoridade política legítima, não por indivíduos ou grupos particulares.

Os distritos claramente parecem atender à maioria desses critérios quando se rebelam contra a Capital. A violação dos direitos humanos básicos faz parte do dia a dia de Panem, então os distritos têm uma *causa justa* para se rebelar. E desde que o verdadeiro objetivo da rebelião seja estabelecer um regime justo, os rebeldes estão lutando com a *intenção certa*. (Vamos deixar de lado por enquanto o plano da presidenta Coin de se instalar no poder como uma nova tirana.) Quaisquer gestos de boa vontade que trouxessem mudanças seriam recebidos com violência por parte dos Pacificadores de Snow, que obviamente trabalham com uma definição diferente da palavra *paz*, por isso os rebeldes recorreram à luta armada apenas como *último recurso*.

Além disso, os Dias Escuros mostraram que é possível superar o poder militar da Capital, então os rebeldes têm uma *probabilidade de sucesso* razoável. Acabar com os abusos da Capital e estabelecer justiça representaria uma imensa melhora na vida do povo dos distritos, um objetivo que possivelmente vale o preço em termos de morte e destruição. Então o critério da *proporcionalidade* também seria atendido.

Contudo, dois critérios se destacam como possíveis problemas para os rebeldes: a *justiça comparativa* e a *autoridade competente*.

Alguns filósofos quiseram eliminar a justiça comparativa como critério, pois regimes militaristas como a Capital podem distorcê-lo a fim de justificar seus atos de agressão e opressão.[5] Afinal, a Capital pode insistir que sofreu terríveis injustiças durante os tumultuados Dias Escuros e agora tem o direito de manter os distritos permanentemente sob seu jugo a fim de impedir que esses dias se repitam.[6]

Você deve estar pensando: "Mas como assim? Basta olhar a forma que a Capital trata os distritos. O sacrifício de duas crianças por ano para o entretenimento dos habitantes da Capital não é uma injustiça muito maior do que a sofrida pela própria Capital durante os Dias Escuros?" Na minha opinião, sem dúvida que sim! Mas críticos do critério da justiça comparativa argumentam que equivaler um erro a outro seria como comparar pão queimado com vespas teleguiadas: são diferentes demais para serem comparados. De qualquer modo, vamos deixar essas preocupações de lado e garantir que a Revolução do Tordo possa preencher esse critério, mesmo que o critério tenha alguns problemas.

A justiça não precisa de um "Edifício da Justiça"

O critério da autoridade competente é um grande obstáculo para a Revolução do Tordo e também para a tradição da guerra justa como um todo, visto que tradicionalmente se pensa que a autoridade política legítima exige um Estado: uma nação de pessoas sob um governo que seja reconhecido por outros governos. Apenas esta autoridade de Estado legítima pode autorizar a declaração de guerra.[7] Para a Capital de Panem e o Distrito 13, esse critério não representa um problema. Sejam quais forem os arranjos políticos existentes nessa distopia futura, a América do Norte inclui esses dois Estados. O Distrito 13 pode, portanto, alegar autoridade competente para declarar guerra contra a Capital, e vice-versa.

Porém, enquanto o Distrito 13 fornece abrigo, treinamento, armas e algumas forças armadas para a rebelião, são os outros distritos que estão realmente lutando. Se eles precisarem atender aos critérios de autoridade competente antes de poderem se rebelar contra a Capital, eles ficam em uma situação difícil, pois os líderes rebeldes em vários distritos não se configuram em um Estado legítimo.

Então parece que a Capital pode alegar que está apenas se defendendo contra um bando injusto de marginais (vândalos terroristas!), cuja violência não é sancionada por uma autoridade legítima. A tradição da guerra justa realmente deixa o povo dos distritos a ver navios, negando-lhes qualquer direito de revolução? Se interpretarmos o critério da autoridade competente em um sentido rígido e literal, sim. Essa incapacidade da tradição da guerra justa de permitir o uso totalmente justificado da violência organizada parece ser uma fraqueza significativa do *jus ad bellum*.

Porém, há outras formas de interpretar esse critério. Podemos, por exemplo, definir *autoridade legítima* como qualquer expressão de autodeterminação popular, descartando a exigência de ratificação por parte de alguma autoridade de Estado.[8] Porém, decidir o que conta como expressão válida da autodeterminação popular pode ser tão difícil quanto aplicar o critério da justiça comparativa. Em primeiro lugar, há sempre o risco de elementos com intenções nada honrosas disfarçarem seus verdadeiros objetivos por trás da alegação de estar lutando pelo povo.

A presidenta Coin é um exemplo flagrante desse tipo de duplicidade. Ela estimula a rebelião, alimentando a aspiração dos distritos de se libertar do jugo opressivo da Capital, mas seu verdadeiro objetivo é apenas aumentar o próprio poder e garantir as riquezas de Panem para si em vez de corrigir as injustiças da Capital.

De qualquer modo, se consideramos legitimidade como algo que se origina do povo em vez da autoridade governamental, então os atos dos rebeldes na Revolução do Tordo podem ser permitidos dentro da tradição da guerra justa. Sem essa definição de legitimidade, contudo, não se trata de um conflito justo. Mas isso não significa que os distritos não deveriam ter se rebelado. O que aprendemos com exemplos como o da Revolução do Tordo é que o *jus ad bellum* precisa ser atualizado. Do contrário, até os levantes feitos pelos povos mais terrivelmente oprimidos seriam injustos e povos oprimidos em todo o mundo deveriam simplesmente parar de lutar pela liberdade.

Quebrando a Noz

Independente de os distritos atenderem a todos os critérios do *jus ad bellum* antes de começarem a rebelião, depois que a chama se acendeu, a violência se espalhou rapidamente pelos distritos. Há alguma forma de conter a violência em tempo de guerra? Para responder a essa pergunta vamos levar em conta o *jus in bello*, que tem mais foco que o *jus ad bellum* — sendo que este foco está no combate propriamente dito.

O primeiro critério, o *princípio da diferenciação*, exige que as operações militares diferenciem combatentes (soldados engajados em combate ou fornecendo apoio logístico a eles) de não combatentes civis. Os soldados inimigos são alvos legítimos, mas atacar diretamente não combatentes (bombardeando uma área residencial, por exemplo) é estritamente proibido. O critério do *jus ad bello* geralmente se concentra em ações ofensivas, mas pode-se argumentar que é igualmente errado para os militares colocarem em perigo seus próprios civis ao montar uma base militar perto de uma escola ou hospital, ou ainda usar civis como escudos humanos.

O segundo critério é o *princípio da necessidade militar*. Dada a destruição causada pela guerra, os militares devem usar apenas a quantidade mínima de força necessária para conquistar seus objetivos.

O terceiro critério é o *princípio da proporcionalidade*. Mesmo se os civis não forem diretamente atingidos e a força utilizada for mínima, as ações militares ainda podem ter a morte de não combatentes como consequência prevista ainda que involuntária ("danos colaterais" é o eufemismo geralmente utilizado). O princípio da proporcionalidade do *jus in bello* difere da proporcionalidade do *jus ad bellum*, que exige que o benefício antecipado vindo da guerra seja suficiente para contrabalançar toda a morte e destruição causadas por ela. Aqui, o princípio se concentra em ações militares específicas, insistindo que o benefício militar derivado de um ataque supera quaisquer mortes de não combatentes resultantes dele.

Infelizmente para os não combatentes, os dois lados da Revolução do Tordo violam este critério. Vamos encarar os fatos: ninguém espera que a Capital se esforce para travar uma guerra justa. Ainda assim, a Capital não só despreza o princípio da diferenciação, como parece estar totalmente disposta a debochar dele! É verdade que pode ser difícil diferenciar alvos militares da população comum em uma revolução, insurgência ou guerra civil, mas essa diferenciação nem parece ser importante quando a Capital faz seus ataques, tendo como alvo hospitais provisórios e bombardeando distritos inteiros até tirá-los do mapa.

Claro que o desprezo da Capital ao princípio da diferenciação não dá aos rebeldes passe livre para fazer o mesmo. E também não dá permissão para ignorar os outros critérios do *jus in bello*, porque o inimigo mostrou ter pouco respeito pela vida humana. Para o infortúnio do povo de Panem, ninguém parece ter recebido esse aviso.

O princípio da diferenciação é violado pelos dois lados no ataque final à residência do presidente Snow, quando um obstáculo vivo formado por crianças é colocado entre as forças rebeldes, que estão atacando, e o alvo. O uso de crianças (ou qualquer não combatente) como escudos para induzir a outra parte a violar o *jus in bello* é totalmente inaceitável, mas os atos que resolveram a situação não são melhores. Bombardear as crianças e depois ativar armadilhas explosivas para atingir as equipes médicas que tentavam salvá-las é uma violação clara e desprezível do princípio da diferenciação, independente de ser obra da Capital ou do Distrito 13.

Pode haver dúvida sobre quem foi o responsável, mas vamos confiar na intuição de nossa heroína, que considera a presidenta Coin e seu conselho de guerra culpados. Se for o caso, então eles jogaram o princípio da diferenciação pela janela duas vezes: primeiro ao atacar diretamente os escudos humanos e depois ao atacar os primeiros socorristas, que tradicionalmente têm status garantido de não combatentes no campo de batalha, mesmo se usarem uniformes militares. Com esse ato, a rebelião se mostrou tão cruel quanto a Capital e perdeu qualquer direito de alegar o *jus in bello*.

Os rebeldes, porém, já tinham perdido a aura de moralidade há algum tempo. No cerco da Noz, eles violaram o princípio da necessidade militar e da proporcionalidade. Nessa etapa da guerra, o Distrito 2 e a Capital estavam isolados, mas o resto de Panem se encontrava relativamente livre e independente do controle da Capital. Além disso, grande parte do Distrito 2 estava nas mãos dos rebeldes e o outrora temido poder aéreo militar da Capital não representava mais uma ameaça. As únicas fortalezas remanescentes da Capital no Distrito 2 eram a Noz, uma mina transformada em complexo militar, e alguns bairros da cidade adjacente a ela. Os

Pacificadores sitiados escondidos na Noz poderiam repelir ataques rebeldes, mas não seriam capazes de montar um contra-ataque eficaz a ponto de tirar os rebeldes do Distrito 2 e aliviar a pressão na Capital.

Da perspectiva do *jus in bello*, a pergunta que os rebeldes deveriam ter feito a si mesmos era: a Noz precisa ser atacada para conquistar o objetivo de independência da Capital? A resposta é não. Terminar o cerco àquela altura não era uma necessidade militar. Para continuar o ataque final ao presidente Snow, os rebeldes precisavam apenas manter os Pacificadores dentro da Noz, com uso de força mínima para manter o cerco. Mas eles preferiram causar uma avalanche, matando desnecessariamente uma grande quantidade de Pacificadores e também de cidadãos do Distrito 2 que estavam presos dentro da Noz, violando assim o princípio da proporcionalidade. Portanto, mesmo antes da tragédia ocorrida na Capital, os rebeldes já tinham perdido o direito ao emblema do *jus in bello*.

Apagando o fogo

Uma vez que a guerra tenha conquistado seus objetivos (idealmente) justos através de meios (idealmente) justos, é preciso parar a luta, mas, mesmo em tempos de paz, a tradição da guerra justa tem muito a oferecer. A conclusão e as consequências das hostilidades em tempos de guerra também precisam ser tratadas de maneira justa. Do contrário, apenas criaremos novos descontentamentos, plantando a semente para a próxima guerra, como fez a Capital no fim dos Dias Escuros ao impor punições cruéis como os Jogos Vorazes. Um novo elemento da tradição da guerra justa, *jus post bellum*, trata dessa questão específica.

De acordo com o *jus post bellum*, antes mesmo de entrar em uma guerra, é preciso formular nossa visão de como o mundo deve ficar quando o conflito terminar: que condições precisarão ser atendidas antes de podermos declarar o fim das hostilidades? Como poderemos reabilitar, reconstruir e reformar as instituições injustas que levaram à guerra, garantindo assim uma paz duradoura? De quais recursos precisaremos para nos comprometer com esta tarefa? O *jus post bellum* também proíbe medidas punitivas extraordinárias, como os Jogos Vorazes, e exige que todos os criminosos de guerra sejam punidos, independente do lado em que atuavam. O objetivo é criar uma situação justa pós-conflito de modo a não gerar ressentimentos que poderiam facilmente levar a outra guerra no futuro.

Para crédito deles, os líderes rebeldes de Panem têm uma visão rudimentar para as consequências da guerra: Snow precisa sair do poder e o controle centralizado da Capital deve ser encerrado. Porém, a partir daí, os detalhes ficam um tanto confusos. Coin deseja que parte do controle centralizado seja passada para ela, enquanto outros desejam que a nova Panem siga um modelo mais republicano.

Mas são as medidas punitivas cogitadas pelos rebeldes, especificamente uma última edição dos Jogos Vorazes tendo apenas as crianças da Capital como tributos, que entram em grande conflito com o *jus post bellum*. Se tivessem chegado a implementar esta proposta, eles cometeriam a mesmíssima injustiça perpetrada pela Capital. Felizmente, o novo regime abandona o plano de matar crianças inocentes. Mesmo assim, não parece haver muita disposição para tratar dos crimes de guerra cometidos nas fileiras rebeldes, como a bomba incendiária que teve não combatentes como alvo, enquanto criminosos como o presidente Snow receberam julgamentos-relâmpago, com a justiça rapidamente executada.

O epílogo de *A esperança* sugere que o povo de Panem está indo rumo à aspiração sempre fugidia do futuro pacífico. Caso tenha sucesso, porém, será por pura sorte. Acaba que a Revolução do Tordo não foi uma guerra justa. Tecnicamente, não agir em nome de um Estado legítimo impede os rebeldes de atender a exigência que a guerra seja declarada por uma autoridade competente. A menos, é claro, que adotemos uma definição mais flexível de autoridade política.

Mas essa não é nem de longe a infração mais grave da perspectiva da tradição da guerra justa. As ações dos rebeldes durante a guerra fazem com que eles não sejam melhores que a Capital, e o comportamento deles no fim do conflito não ajuda muito a levar Panem a ter um futuro mais pacífico. Conquistar a paz, apesar de todos esses fracassos, seria um tremendo golpe de sorte.

Infelizmente, nosso mundo não parece ter a mesma sorte trabalhando a seu favor. Na verdade, temos mais guerras e possíveis conflitos acontecendo do que podemos contar, sendo vários deles produtos de descontentamentos muito antigos que se intensificam cada vez mais. Da posição privilegiada por estar em um momento excessivamente sangrento da História humana, parece um sonho impossível imaginar que a violência humana organizada possa ser totalmente erradicada algum dia.

Contudo, a tradição da guerra justa não promete essa erradicação. Ela promete ajudar a controlar um pouco a destruição causada pela guerra e ao mesmo tempo nos obriga a buscar um futuro mais pacífico. O mais importante é que a tradição da guerra justa ajuda a garantir que os conflitos do mundo real, ao contrário da Revolução do Tordo, não cheguem à paz por mera sorte e sim que lutem ativamente por ela.

Notas

1. Carl von Clausewitz, *Da guerra*. Obtido em https://www.egn.mar.mil.br/arquivos/cepe/DAGUERRA.pdf
2. Para saber mais sobre a natureza e a moralidade da guerra, ver o Capítulo 14 — "Seguras para fazer o quê?": Moralidade e a guerra de todos contra todos na arena.
3. David J. Lonsdale, "A View from Realism", in *Ethics, Law and Military Operations*, ed. David Whetham (Basingstoke, UK: Palgrave-Macmillan, 2011).
4. Tucídides, *História da guerra do Peloponeso* (Editora Universidade de Brasília, 2001).
5. Brian Orend, *Morality of War* (Peterborough, NH: Broadview Press, 2006).
6. Para saber mais sobre o tipo de argumento que a Capital poderia usar para justificar seu governo cruel, ver o Capítulo 14 — "Seguras para fazer o quê?": Moralidade e a guerra de todos contra todos na arena.
7. Anthony F. Lang, "Authority and the Problem of Non-State Actors" in *Ethics, Authority and War*, eds. Eric A. Heinze and Brent J. Steele (New York: Palgrave-MacMillan, 2009).
8. Michael Walzer, *Just and Unjust Wars*, 4ª ed. (New York: Basic Books, 2006).

16

O DILEMA DO TRIBUTO: OS JOGOS VORAZES E A TEORIA DOS JOGOS

Andrew Zimmerman Jones

Em Panem, jogos não são brincadeiras de criança. No centro dessa sociedade está o evento brutal e mortífero que acontece todos os anos e dá nome à trilogia *Jogos Vorazes*. No entanto, eles estão bem longe dos jogos com os quais a maioria de nós brinca em nossa sociedade. Ou será que não?

Na verdade, há quase um século os matemáticos vêm examinando diversos aspectos de nossa sociedade, dos sistemas econômicos às relações internacionais e guerras, tratando tudo como jogos. A análise das regras de vários jogos e de como formular estratégias eficazes chama-se *teoria dos jogos*. A ciência da teoria dos jogos pode ensinar muito sobre nosso mundo e também pode dar uma percepção fundamental quanto às motivações e atos, bem como as alianças e traições que ocorrem na trilogia *Jogos Vorazes*.

O jogo com o pão

Na teoria dos jogos, um jogo é definido como qualquer situação na qual dois (ou mais) tomadores de decisão (chamados *jogadores*) se enfrentam, resultando em uma mudança de status. Essa teoria divide as regras dos jogos em uma série de estratégias permitidas, com a análise servindo de guia para saber qual a melhor estratégia a seguir em determinada circunstância. Modelos matemáticos analisam os vários ganhos (chamados de *pagamentos* ou *payoffs*) e perdas das diferentes estratégias. Os Jogos Vorazes são estruturados para que até os resultados mais favoráveis sejam ruins, mas quanto melhor você conseguir analisar e quantificar as estratégias possíveis, melhores serão as chances de sobreviver.

O tipo de jogo mais simples é o *jogo de soma zero*, no qual a vitória de um jogador significa uma perda igual para o outro. Explorar esse jogo nos dá a oportunidade de ver a matemática por trás da teoria dos jogos. Podemos imaginar uma jovem Katniss Everdeen e um jovem Peeta Mellark brincando com um jogo de soma zero no qual cada um levanta um ou dois dedos. Se a soma dos dedos de ambos for par, Peeta dá um pão à Katniss. É um jogo infantil clássico, uma versão do "par ou ímpar" com apenas dois dedos, bem útil para descrever as possíveis vitórias, derrotas e estratégias em uma tabela chamada *forma estratégica*, conforme vemos na Tabela 1.

Os números da tabela 1 representam o pão ganho ou perdido pelos participantes. O primeiro número em cada conjunto de parênteses representa o resultado de Katniss e o segundo é o resultado de Peeta. Vemos que se ambos levantarem um dedo, a soma será dois, um número par, o que significa que Peeta perde um pedaço de pão para Katniss. Este é o valor (1, -1) na célula do canto superior esquerdo da tabela. Katniss ganha (1) e Peeta perde (-1). Os ganhos e perdas dentro de cada célula se cancelam mutuamente (quando somados resultam em zero), vindo daí o termo *soma zero*.

Tabela 1: Par ou ímpar com dois dedos

Se a soma dos dedos for par, Katniss ganha um pão de Peeta. Se a soma dos dedos for ímpar, Peeta ganha um pão de Katniss.

| | | Jogador 2: Peeta ||
		Levanta 1 dedo	Levanta 2 dedos
Jogador 1: Katniss	Levanta 1 dedo	(1, -1)	(-1, 1)
	Levanta 2 dedos	(-1, 1)	(1, -1)

Um aspecto importante desse jogo é que nenhum jogador tem qualquer vantagem especial. Apenas por pura sorte alguém vai ficar muito à frente após várias rodadas. Não há estratégia alguma que Katniss ou Peeta possa aplicar para melhorar suas chances de vencer.

Agora temos o mesmo jogo, mas em vez de levantar um ou dois dedos, cada jogador pode levantar até três dedos, conforme mostrado na tabela 2.

Tabela 2. Par ou ímpar com três dedos

Esse jogo tem as mesmas regras do par ou ímpar com dois dedos, mas agora cada jogador pode levantar até três dedos. Ao contrário da versão com dois dedos, a sorte agora está a favor de Katniss, pois há mais combinações pares do que ímpares.

		Jogador 2: Peeta		
		Levanta 1 dedo	Levanta 2 dedos	Levanta 3 dedos
Jogador 1: Katniss	Levanta 1 dedo	(1, -1)	(-1, 1)	(1, -1)
	Levanta 2 dedos	(-1, 1)	(1, -1)	(-1, 1)
	Levanta 3 dedos	(1, -1)	(-1, 1)	(1, -1)

Esse cenário é bem diferente do primeiro, porque agora é possível aplicar estratégias em uma tentativa de maximizar a chance de sucesso de cada jogador. Katniss provavelmente vai perceber que quando ela levanta dois dedos, tem duas chances de perder pão e apenas uma chance de ganhar. Ao levantar um ou três dedos, contudo, ela vira o jogo. O problema com esse plano é supor que Peeta não vai descobrir que quando ele levanta um ou três dedos, tem duas chances de *perder* pão. Afinal, ele não é apenas uma parte passiva do ambiente, é um agente com vontade própria. Um dos principais aspectos da teoria dos jogos — e o que a deixa tão interessante — é que "enquanto os tomadores de decisão estão tentando manipular o ambiente, o ambiente está tentando manipulá-los".[1]

É verdade que Peeta pode perder de propósito por estar apaixonado por Katniss. Mas supondo que ele está jogando para ganhar, a estratégia mais razoável seria levantar dois dedos, porque isso significará vitória desde que Katniss levante um ou três dedos. Em pouco tempo, porém, Katniss vai descobrir o que Peeta está fazendo e começará a levantar dois dedos. Quando isso acontecer, Peeta vai perceber que precisa complicar as coisas e eles vão acabar chegando à estratégia de escolher aleatoriamente entre as três opções. Ainda assim, mesmo se Peeta jogar com sua melhor estratégia, a sorte está sempre a favor de Katniss nessa variante do par ou ímpar, pois há mais combinações que levam a resultados pares do que ímpares.

Os dois jogos que acabamos de discutir são razoavelmente fáceis de analisar, porque definimos os ganhos e perdas de modo que possam ser facilmente quantificados ou ter valores numéricos atribuídos a eles. Contudo, a maioria dos jogos no mundo da trilogia *Jogos Vorazes* é muito mais complexa, em parte porque há mais de dois jogadores envolvidos, e também porque os pagamentos incluem recompensas mais difíceis de quantificar, como patrocínios e perspectiva de viver por mais algumas horas.

O primeiro jogo: a colheita em números

Todos os aspectos da vida em Panem parecem girar em torno dos Jogos Vorazes. Até os cidadãos que não estão participando deles são envolvidos diretamente em uma teia complexa de incentivos e penalidades associados aos Jogos. Uma decisão estratégica que os cidadãos de Panem precisam tomar é se vão aumentar as chances de serem chamados na colheita em troca de comida.

Anteriormente, definimos um *jogo* como tendo dois tomadores de decisão, mas nesse caso, o único tomador de decisão é o indivíduo. O segundo jogador não tem poder de decisão. Como em uma mesa de bacará em Las Vegas, as regras do jogo são definidas pela casa e não podem ser mudadas. Vamos começar analisando a probabilidade real de Katniss ser chamada na colheita. O Distrito 12 tem cerca de 8 mil residentes. De acordo com a observação feita por Katniss de que "quase ninguém tem condições de pagar um médico",[2] não há indícios de uma grande população idosa. Vamos fazer a suposição generosa de que a maioria dos habitantes do Distrito 12 tenha a sorte de chegar aos 60 anos. Para simplificar, vamos dividir igualmente os residentes por idade, obtendo 134 residentes de cada idade dentro do Distrito 12. Como os jovens são elegíveis para a colheita por sete anos (dos 12 aos 18), em qualquer colheita deve haver uns 938 jovens no rol de participantes.

Contudo, a maioria dos jovens terá o nome colocado mais de uma vez, pois cada nome é inscrito uma vez a mais para cada ano em que o jovem participa da colheita. Além disso, jovens pobres podem inscrever o nome mais vezes em troca de tésseras, pois uma tésseras vale "um escasso suprimento anual de grãos e óleo para cada pessoa".[3] No começo do primeiro livro, o nome de Katniss está inscrito vinte vezes no sorteio (três tésseras por cinco anos) e o de Gale consta impressionantes 42 vezes (cinco tésseras por sete anos). Embora certamente existam muitos órfãos no Distrito 12, podemos supor que a maioria dos jovens inscritos na colheita ainda terá os dois pais vivos (caso contrário, nossa estimativa de idosos estaria bastante errada). Isso significa que eles provavelmente terão uma média de cerca de três tésseras por ano. Os que não precisam de tésseras, como Madge e Peeta, serão equilibrados pelas pessoas que, como Gale, têm famílias maiores.

Analisando os números e lembrando que a quantidade de vezes que o nome consta no sorteio aumenta a cada ano, chegamos a uns 15 mil nomes em cada colheita.[4] Com base nesta estimativa, a probabilidade de Katniss ser sorteada é de 0,13% (13 em 10 mil), enquanto a probabilidade de Gale ser sorteado é de 0,28% (28 em 10 mil). Madge e Peeta, que não precisam pegar tésseras, têm probabilidade de apenas 0,03% (três em 10 mil). A chance de Katniss ser escolhida para os Jogos Vorazes aumenta mais de quatro vezes se ela pegar tésseras para a família.

Não é preciso construir uma tabela para ver que essas são porcentagens muito pequenas, todas menores que 1%. Se *não* pegar tésseras aumentará a probabilidade de algum integrante da família morrer em apenas 10%, então é fácil entender por que alguém faria esse verdadeiro pacto com o demônio. Pegar as tésseras produz um aumento líquido na chance de sobrevivência de uma pessoa. Embora pegar tésseras aumente drasticamente a chance de ser chamado na colheita (um aumento de nove vezes no caso de Gale), essa chance é pequena quando comparada à probabilidade de morrer de fome sem as tésseras.

Claro que não importa o quanto a probabilidade seja pequena, você está sempre jogando com sua vida e o máximo que pode ganhar é o prolongamento de uma existência na pobreza e opressão. Na verdade, nem os vitoriosos dos Jogos Vorazes recebem um resultado positivo líquido, pois passam o resto da vida como escravos de luxo da Capital. Esse jogo certamente não é de soma zero. Como uma mesa de bacará em Las Vegas, a sorte está *sempre* a favor da casa ou, no caso, da Capital.

Vejamos também o que o primeiro jogo diz sobre Katniss. Apesar de todos os esforços feitos pela Capital, ainda existem pessoas como Katniss, que se recusam a jogar de acordo com as regras rígidas impostas pelo poder tirano. Quando vemos a garota em chamas pela primeira vez, ela está indo para a floresta, onde caça para complementar o escasso suprimento de comida. Katniss constantemente procura formas de modificar (ou descumprir) as regras a seu favor para ter mais chance de sobreviver.

O segundo jogo: o treinamento

Depois que os tributos são chamados na colheita, eles viajam para a Capital, onde, além de treinar, eles mostram seus talentos para que os mentores possam arranjar patrocinadores para ajudá-los durante os Jogos. O papel dos mentores é crucial: eles atuam como intermediários entre os tributos e os patrocinadores. Como descobrimos, os mentores também têm uma escolha difícil a fazer, pois não podem chamar a atenção para os dois tributos da mesma forma ao promovê-los para os patrocinadores. Normalmente só pode haver um sobrevivente e o mentor precisa escolher qual tributo terá o seu total apoio para que ele ou ela tenha alguma chance de sair com vida.

Um dos aspectos que define um jogo é que a estratégia do jogador influencia o ambiente, que, por sua vez, influencia a escolha da estratégia por parte do jogador. Ao fazer um apelo aos patrocinadores, os jogadores tentam alterar o cenário do jogo a seu favor. O treinamento representa o que os teóricos dos jogos chamam de *subjogo*, "um jogo bastante claro dentro de outro jogo".[5] O resultado do subjogo ajuda a definir a probabilidade de uma pessoa sobreviver no jogo final e fatal que acontece na arena.

No grande esquema dos Jogos Vorazes, os tributos provavelmente têm mais controle sobre o resultado do subjogo do treinamento do que sobre a batalha da arena propriamente dita, que é ditada em boa parte pelos caprichos dos Idealizadores dos Jogos. Durante o treinamento, os tributos podem planejar a roupa que vão usar, conquistar apoio por meio das entrevistas e escolher quais talentos demonstrar e quais manter em segredo. O treinamento dá a cada tributo a oportunidade de brilhar.

Mais uma vez, nós vemos que um dos principais elementos desse jogo é que a Capital, na forma dos Idealizadores dos Jogos, é o árbitro final da nota dada aos jogadores. São os Idealizadores dos Jogos que quantificam o desempenho de cada tributo. Até no subjogo dos tributos, a Capital consegue exercer sua influência de modo a obter o resultado que deseja.

O dilema do prisioneiro: cooperar ou trair?

O treinamento também é uma oportunidade de conhecer os outros tributos, saber mais sobre eles e talvez formar alianças estratégicas. Essas alianças são sempre tênues, e a traição é inevitável, a menos que uma das partes seja morta por outra pessoa durante o jogo. Do contrário, seu parceiro certamente irá trair você, a não ser que você o traia primeiro.

Essa situação tem paralelo em um problema clássico da teoria dos jogos chamado de dilema do prisioneiro (mostrado na Tabela 3 já adaptado ao mundo de Panem). Vamos imaginar dois suspeitos de serem rebeldes que foram capturados pelos Pacificadores da Capital. Se nenhum rebelde confessar, eles serão acusados de um crime mais leve e ficarão pouco tempo na cadeia, digamos um ano. Porém, os Pacificadores oferecem um acordo para cada rebelde. Se um denunciar o outro, a Capital vai retirar todas as acusações contra o dedo-duro, mas o outro rebelde passará dez anos preso.

Se os dois denunciarem o parceiro, ambos serão condenados pelo crime e vão passar oito anos na cadeia.

Nesse cenário, o pagamento de zero anos de prisão é chamado de *tentação* e a sentença de dez anos é chamada de *pagamento do otário*.

A melhor estratégia para cada um dos rebeldes é trair o parceiro.[6] Um rebelde que trai enquanto o parceiro coopera não é preso e não passa um ano na cadeia. Se o parceiro também o trair, cada um fica oito anos, em vez de dez, na prisão. O resultado traição-traição é o que os teóricos de jogos chamam de *ponto de equilíbrio*, definido como "resultado estável de um jogo associado a um par de estratégias. É considerado estável porque o jogador que escolher unilateralmente uma nova estratégia será prejudicado pela mudança".[7] Em outras palavras, a traição sempre fará você passar menos tempo na cadeia do que a cooperação, independente do que o outro rebelde faça, então a melhor opção é sempre trair. Ou pelo menos é o que parece!

Tabela 3. O dilema do prisioneiro

A melhor opção para cada jogador é trair o outro, mas ambos saem ganhando se cooperarem um com o outro, ficando em silêncio.

		Rebelde 2	
		Cooperar	Trair
Rebelde 1	Cooperar	(1, 1)	(10, 0)
	Trair	(0, 10)	(8, 8)

O problema é que o ponto de equilíbrio (trair-trair) não oferece o melhor resultado no geral. Ele dá a cada prisioneiro oito anos de cadeia, enquanto que o resultado muito melhor de apenas um ano para cada um está disponível se ambos cooperarem. Se eles pudessem confiar um no outro e coordenar uma estratégia cooperativa, poderiam obter um pagamento melhor. Porém, esse plano é perigoso, porque o incentivo para trair é muito forte. Suponha que o rebelde 1 tenha total certeza de que o rebelde 2 não vai traí-lo. O que impede o rebelde 1 de mudar unilateralmente para uma estratégia de trair de modo a não precisar cumprir pena alguma? O rebelde

2 agora é um otário que vai passar dez anos na prisão, enquanto o rebelde 1 é um traidor esperto. Mas se forem igualmente espertos, ambos trairão e vão passar oito anos de cadeia em uma prisão da Capital, supondo que os Pacificadores cumpram o acordo, é claro.

A questão nesse clássico problema é que, às vezes, a estratégia de cada um cuidar de si deixa todos em uma situação pior do que se trabalhassem juntos. Mas o aspecto mais interessante do jogo do dilema do prisioneiro se apresenta quando inventamos uma estratégia para jogá-lo repetidamente, levando em conta a experiência anterior com o outro jogador. "É quando se joga o dilema do prisioneiro repetidamente", de acordo com o teórico dos jogos Morton Davis, "que a estratégia cooperativa se mostra verdadeiramente eficaz".[8]

Os teóricos dos jogos criaram simulações em computador a fim de testar várias estratégias em partidas repetidas do dilema do prisioneiro. Essas simulações são projetadas de modo que cada jogador siga um determinado código programado que usa o comportamento anterior do oponente para determinar qual estratégia (cooperar ou trair) será implementada em uma determinada rodada do jogo. O dilema do prisioneiro é jogado repetidamente, com a quantidade de tempo que o jogador passa na prisão se acumulando para medir o funcionamento de uma determinada estratégia.

Existem três estratégias óbvias: sempre cooperar, sempre trair ou escolher aleatoriamente (cerca de 50% de cada), mas as simulações em computador mostraram que nenhuma delas é a melhor a longo prazo. A estratégia mais bem-sucedida é o simples, porém elegante, olho por olho.

A estratégia do olho por olho começa com a cooperação, mas depois imita a última estratégia usada pelo outro jogador. Se a última estratégia foi a da traição, então o olho por olho exige o uso da traição na rodada seguinte. Se o outro jogador cooperou na última rodada, o olho por olho exige o uso da cooperação na rodada seguinte. Se um rebelde, usando a estratégia do olho por olho, for traído cem vezes, mas o outro jogador cooperar na 101ª rodada do jogo, o rebelde terá que cooperar na 102ª rodada. As cem traições anteriores não vão importar, mas o mesmo vale para as cem cooperações anteriores.

O olho por olho geralmente empata com uma estratégia rival ou até perde por alguns anos. Por exemplo, se for jogado contra a estratégia de cooperar sempre, o olho por olho jamais trairia e as duas estratégias combinariam perfeitamente. Já contra a estratégia do trair sempre, o olho por olho cooperaria uma vez, receberia o pagamento do otário e depois trairia pelo resto do jogo, perdendo na contagem final devido à derrota na primeira rodada. Na média, acabaria empatando com a estratégia de escolher aleatoriamente entre trair e cooperar.

Então como a estratégia do olho por olho pode ser considerada a melhor? É devido à forma pela qual a vitória é calculada nessas simulações. Cada estratégia é testada várias vezes em relação às outras e o tempo total de prisão é somado. Ao usá-lo contra uma vasta gama de estratégias, o rebelde do olho por olho passa menos tempo na prisão de Panem, pois a estratégia não tem uma falha inerente que possa ser explorada por alguém, especialmente pelos adeptos do trair sempre. Quem joga com o cooperar sempre, por exemplo, fica profundamente vulnerável a quem usa o trair sempre, mas quem trai sempre também fica vulnerável quando o outro também usa a mesma estratégia. Escolher aleatoriamente, por sua vez, não tem qualquer ganho com o conhecimento do comportamento anterior e, portanto, também fica vulnerável a quem trai sempre. Consequentemente, essas estratégias acabam somando muito tempo de cadeia.

Se você joga centenas de jogos simulados, comparando várias estratégias umas contra as outras, o olho por olho geralmente passa menos tempo na cadeia. Mas há um problema de usar o olho por olho em um cenário real do dilema do prisioneiro: os jogadores nem sempre sabem se o parceiro cooperou ou traiu, vide a imensa dificuldade de Katniss para entender seus aliados ao longo da trilogia.

A arena: o dilema do tributo

Para explorar como isso se aplica aos Jogos Vorazes, vamos transformar o dilema do prisioneiro no dilema do tributo. Ao formar uma aliança (cooperar), os tributos ganham um benefício temporário: o aumento na perspectiva geral de sobrevivência. Mas essa estratégia de cooperação não pode continuar indefinidamente. As regras ditam que se ambos sobreviverem por tempo suficiente, em algum ponto a estratégia de traição deve ser implementada por um dos participantes. Então, a cada momento da aliança, os jogadores estão buscando formas de trair seus aliados e ao mesmo tempo se protegendo para não serem traídos.

Mas e o olho por olho? Aplicado à arena, exigiria cooperar até que seu aliado o traísse, seja tentando matá-lo ou não protegendo você de um ataque. Essa estratégia não daria certo? Infelizmente não, mesmo se você tiver uma capacidade de avaliação melhor que a da Katniss sobre quem são seus verdadeiros aliados e inimigos. (Lembre-se de que nossa heroína passa boa parte do tempo na arena durante os dois jogos acreditando que foi ou será traída por pessoas que, na verdade, estavam entre seus aliados mais leais.) O problema é que na maioria dos casos, se alguém trai você na arena, você não viverá o bastante para aplicar o olho por olho.

Na primeira edição dos Jogos Vorazes, Katniss e Peeta tiveram uma breve esperança de que a estratégia de cooperar sempre poderia funcionar para eles, quando anunciaram a possibilidade de haver dois vitoriosos. Mas essa esperança lhes foi negada nos últimos momentos do jogo. Quando Katniss ouve que apenas uma pessoa poderá sair da arena com vida, ela automaticamente aponta o arco para Peeta, mais uma vez mostrando que não compreende os motivos dele. Peeta, por estar apaixonado por Katniss, é absolutamente incapaz de implementar a estratégia da traição. Mas acaba que ela também não consegue, por ser contra sua natureza matar uma pessoa desarmada a sangue-frio e também porque acabou gostando de verdade do rapaz.

Vamos voltar a uma observação que fizemos anteriormente quando mencionamos as famílias famintas do Distrito 12: Katniss é o tipo de pessoa que procura formas de driblar as regras. As regras do jogo permitem apenas a estratégia da traição, mas ela percebe que a cooperação total ainda é possível ao sair dos parâmetros que os Idealizadores dos Jogos desejam que ela siga. Vejamos dessa forma: Katniss certamente enxerga a falha na suposição subjacente da situação clássica do dilema do prisioneiro. O jogo é definido de modo que haja apenas dois jogadores (os dois rebeldes jogados um contra o outro), mas, se Katniss fosse interrogada, ela perceberia que há um terceiro inimigo: os Pacificadores. Ou, no caso do dilema do tributo, os Idealizadores dos Jogos, a Capital e os próprios Jogos.

Nos momentos finais de *Jogos Vorazes*, Katniss percebe que está em posição de negar a vitória à Capital ao levar a cooperação mútua ao ponto do suicídio, fugindo totalmente das regras do jogo. Ela está disposta a apostar que nem os Idealizadores dos Jogos podem bancar o risco de não haver um vitorioso ou, na terminologia da teoria dos jogos, de ter um pagamento zero. "Nós dois sabemos que eles precisam de um vitorioso. Sim, eles precisam de um vitorioso. Sem um vitorioso, a coisa toda explodiria nas mãos dos Idealizadores dos Jogos. Eles teriam fracassado diante da Capital. Talvez fossem até executados, lenta e dolorosamente, com as câmeras transmitindo para todas as telas de televisão do país. Se Peeta e eu morrêssemos, ou se eles imaginassem que nós tivéssemos..."[9]

Ao se recusar a jogar de acordo com as regras estabelecidas, Katniss obriga todos os jogadores a entrar em um novo jogo, cujas ramificações reverberam ao longo do segundo e terceiro livros. A nova configuração dos jogadores se unindo contra um oponente maior é um tema constante ao longo da trilogia, embora essa estratégia nem sempre seja implementada por Katniss. No segundo livro da trilogia, há uma aliança bastante elaborada nos bastidores, da qual a garota em chamas não fazia a menor ideia, e mais uma vez a chave para a vitória está em mudar as regras do jogo, agora resgatando os tributos da arena no último minuto. O clímax de *A esperança* tem Katniss mantendo-se firme contra um inimigo que apenas ela (e talvez Haymitch Abernathy) reconhece totalmente: a presidenta Coin. Traída por Coin, Katniss decide implementar um pequeno olho por olho e devolve a traição à Coin, de uma vez por todas.

Toda vez que Katniss é colocada em uma situação em que sua única opção parece indicar uma perda líquida, ela cria uma estratégia totalmente nova que muda o ambiente e vira o jogo na direção que ela deseja. Ela nos faz lembrar de outros inovadores famosos que saíram do paradigma estabelecido e tomaram caminhos novos e inesperados. Henry Ford (1863-1947) uma vez disse que se ele desse às pessoas o que elas queriam, teria feito um cavalo mais rápido. O fisiologista Albert Szen-Giorgi (1893-1986) ganhador do Nobel, resumiu essa ideia quando falou: "A descoberta consiste em ver o que todos viram e pensar o que ninguém pensou."[10] O matemático John Nash fez isso pela teoria dos jogos quando percebeu que às vezes a solução ótima não gera os melhores resultados, como no dilema do prisioneiro. A genialidade de Katniss está no mesmo espírito inovador, na capacidade de sair da lógica estabelecida e ver algum aspecto da realidade sob uma nova perspectiva.

O mundo descrito por modelos matemáticos da teoria dos jogos não chega nem perto de ser tão interessante (ou perigoso) quanto o mundo no qual entramos quando esses modelos desabam. Embora seja possível modelar o mundo com a teoria dos jogos, não há como obrigá-lo a seguir essas regras, não mais do que os personagens da trilogia *Jogos Vorazes* sejam obrigados a jogar de acordo com as regras do presidente Snow. As regras rígidas da teoria dos jogos certamente não se aplicam à vida real ou aos Jogos Vorazes. Do ponto de vista da teoria dos jogos, isso faz com que eles sejam jogos muito mal definidos, embora resultem em um mundo muito mais interessante — além de três ótimos romances.

Notas

1. Morton D. Davis, *Game Theory: A Nontechnical Introduction* (Mineola, NY: Dover, 1983).
2. Suzanne Collins, *Jogos Vorazes* (Rocco, 2010).
3. Id.
4. Veja como cheguei a esse número: 4 vezes por jovem, multiplicado por 134, depois multipliquei o valor pela soma dos anos em que todos os participantes se inscreveram (1 + 2 + 3 + 4 + 5 + 6 + 7 = 28): isso dá 15.008. Na verdade, será um pouco menos, porque a cada ano as inscrições de duas pessoas serão retiradas quando elas forem chamadas na colheita.
5. Edward C. Rosenthal, *The Complete Idiot's Guide to Game Theory* (Indianapolis, IN: Alpha Books, 2011).

6. Essa estratégia costuma ser chamada na literatura de *deserção*, mas acho que *traição* se encaixa melhor nos Jogos Vorazes.
7. Davis, *Game Theory*.
8. *Id.*
9. Collins, *Jogos Vorazes*.
10. Citado em Irving John Good, ed., *The Scientist Speculates: An Anthology of Partly-Baked Ideas* (New York: Basic Books, 1962).

SÉTIMA PARTE

"ELE DEVE SER MUITO FRÁGIL MESMO, SE UM PUNHADO DE AMORAS PODE DERRUBÁ-LO": A FILOSOFIA POLÍTICA DE CORIOLANUS SNOW

17

DISCIPLINA E O CORPO DÓCIL: CONTROLANDO AS FOMES NA CAPITAL

Christina Van Dyke

Temos que deixar de descrever sempre os efeitos de poder em termos negativos. (...) Na verdade, o poder produz; ele produz realidade; produz campos de objetos e rituais da verdade.[1]

Michel Foucault

Quando Katniss Everdeen chega pela primeira vez na Capital, ela fica ao mesmo tempo impressionada e enojada com as modificações corporais e com a vida frívola dos cidadãos. Comparadas às condições duras do Distrito 12 onde nasceu, os luxos da Capital e a empolgação festeira da população diante da perspectiva dos Jogos Vorazes parecem imperdoáveis. Ela chega a se perguntar: "O que eles fazem o dia inteiro, essa gente da Capital, além de decorar os próprios corpos e esperar cada novo suprimento de tributos que vão morrer para garantir a diversão deles?"[2]

As três pessoas que compõem a equipe de preparação de Katniss personificam tudo o que ela acha repulsivo na Capital, das vozes agudas dos estilistas com o sotaque que ela considera afetado à preocupação exagerada deles com moda, status social e festas. Ao mesmo tempo, ela aos poucos passa a se afeiçoar ao trio (assim como nós), à medida que eles circulam ao redor de Katniss como aves exóticas, fazendo tudo para deixá-la de acordo com as especificações de Cinna. À medida que os eventos se desenrolam, a equipe também se afeiçoa sinceramente à Katniss: enquanto a preparam para a entrevista com Caesar Flickerman antes do Massacre Quaternário, todos os estilistas vão às lágrimas ao saber que ela voltará à arena.

A equipe de preparação atua promovendo ativamente os Jogos Vorazes, mas os estilistas são personagens simpáticos (não malvados) e, nessa característica, eles se assemelham à vasta maioria dos cidadãos da Capital. Mas como o afeto que a equipe de preparação sente por Katniss e Peeta Mellark pode ser compatível com o fascínio sedento de sangue diante do espetáculo violento? O que impede os estilistas de considerar *todas* as crianças na arena como dignas de afeto? E por que os cidadãos da Capital geralmente continuam indiferentes às injustiças sistêmicas que geram o conforto no qual vivem?

Como veremos, quanto mais tempo e energia os cidadãos da Capital gastam em modificações corporais e na vida social, mais concentrados eles ficam em si mesmos e, portanto, menor a probabilidade de notarem ou se importarem com as injustiças políticas que não os afetam diretamente. A frivolidade dos cidadãos é utilizada pela Capital para fortalecer seu poder. Examinar a forma pela qual isso acontece nos dá uma perspectiva do que é mais preocupante na vida dos cidadãos, não só da Capital como também do Distrito 13, principalmente o fato de eles não se valorizarem.

Moda fantástica e mudança de foco

> Como capitalizar o tempo dos indivíduos, acumulá-lo em cada um deles, em seus corpos (...) de uma maneira que seja suscetível de utilização e de controle?[3]
> *Michel Foucault*

Pode parecer estranho falar em controlar as *fomes* dos cidadãos da Capital, visto que uma das diferenças mais marcantes entre a Capital e os distritos é que não parece haver fome lá. Os cidadãos jamais viveram a torturante sensação de barriga vazia, pois todos os seus apetites são satisfeitos assim que surgem. Em um contraste gritante com os distritos mais pobres especialmente em áreas como a Costura —, na Capital, alimentos sofisticados aparecem prontos ao toque de um botão, e as escolhas mais difíceis que as famílias precisam fazer na hora das refeições é quais pratos vão saborear.

Além disso, a abundância é dada como certa. Para que uma refeição seja considerada um banquete, precisa ter todos os recursos disponíveis. Vejamos a festa na mansão do presidente Snow na qual uma mesa tinha nada menos que um purgante para permitir que as pessoas enchessem o estômago repetidas vezes, apenas pelo prazer de comer. Esse não é um mundo em que exista o tipo de fome com o qual Katniss cresceu.

Contudo, *fome* é uma palavra com infinitos níveis de significado e, no sentido mais amplo, pode se referir a qualquer tipo de apetite. Os humanos têm fome de comida, de toque, de amor e de poder. Como nós reagimos a essas fomes (e como elas são moldadas) vira parte fundamental de quem somos e de como vivemos.

Vamos analisar com mais detalhes a equipe de preparação de Katniss. Quando ela encontra os três estilistas pela primeira vez, eles lhe parecem tão estranhos que a moça tem dificuldades em vê-los como seres humanos. Enquanto o trio a despe e examina o corpo dela antes de começar os tratamentos, Katniss compara a experiência a ser observada por um trio de aves exóticas. O principal motivo para isso, claro, é o fato de eles serem fisicamente muito diferentes dela — e estas diferenças foram cuidadosamente cultivadas.

Cada integrante da equipe de preparação adotou um "visual" diferente dentro da prática comum na Capital de fazer modificações radicais no corpo: Octavia pintou o corpo inteiro de verde, Flavius tem cachos alaranjados nos cabelos e batom roxo, e Venia complementa o penteado azul-claro com elaboradas tatuagens douradas acima das sobrancelhas. Katniss também fica impressionada com o sotaque deles, e também com as vozes agudas e os movimentos rápidos.

A equipe de preparação literalmente *personificou* a preocupação da Capital com moda, entretenimento e status social. Katniss vê o resultado disso como algo incomum e também artificial. Para uma garota que cresceu na Costura, onde roupas servem basicamente para proteger do clima e estar limpo já é um luxo, a moda elaborada da Capital só pode ser bizarra. Quando Octavia lamenta o fato de Cinna não deixar a equipe fazer "uma coisa bem especial" em Katniss, ela se pergunta o que eles gostariam de fazer: "Encher os meus lábios como fizeram com o presidente Snow? Tatuar os meus seios? Tingir minha pele de magenta e implantar gemas sob a superfície? Esculpir padrões decorativos no meu rosto? Dotar-me de garras curvadas? Ou de bigodes iguais aos de um gato? (...) Será que elas realmente não fazem a menor ideia de como a sua aparência fica monstruosa para as outras pessoas?"[4]

A resposta curta para a última pergunta de Katniss é obviamente "não". No mundo social da Capital, modas como as tatuagens de Venia e a cor da pele de Octavia são normais e corpos naturais e sem modificações como os de Katniss e Peeta é que são monstruosos.

A diferença entre *natural* e *normal* é decisiva para entender como o estilo de vida egoísta de seus habitantes faz o jogo de poder da Capital. De acordo com o teórico social e filósofo Michel Foucault (1926-1984), uma sociedade funciona em boa parte por meio da criação e da negociação de padrões comuns de aparência e comportamento que unificam seus integrantes. O padrão social preponderante define o que é normal, independente de ser natural ou não no sentido fisiológico. Usar roupas, por exemplo, é uma norma social poderosa em Panem (embora Johanna Mason certamente se sinta muito bem em quebrar essa regra). Usar talheres para comer também. Nenhuma dessas normas é particularmente natural.

Embora algumas normas sociais sejam comuns à maioria das culturas, suas variações têm papel importante para diferenciá-las. Normas sobre que animais são aceitáveis para comer, por exemplo (Frangos? Larvas? Cães? Porcos?) variam imensamente entre as sociedades e servem para distinguir uma cultura de outra.

As normas sociais nos permitem participar e nos identificar como parte de uma determinada cultura. Elas também são formas importantes pelas quais o poder funciona em uma cultura, algo que podemos ver com mais clareza se pensarmos na reação comum encontrada quando alguém viola uma norma social. Se você estivesse em um restaurante Applebee's em Indianápolis com um grupo de amigos e alguém lhe oferecesse carne de cachorro em vez da carne bovina no hambúrguer, as reações na mesa provavelmente ficariam entre o choque e o nojo, passando pela mais pura indignação. Essas reações não são apenas típicas de como tratamos a violação das normais sociais dentro de nossa sociedade, elas também fazem parte da forma pela qual as sociedades são reguladas.

Pense na reação da Effie Trinket aos tributos do Distrito 12 que comem com as mãos ou como a maioria das pessoas na América do Norte reagiria a uma mulher de pernas e axilas cabeludas. Agora, pense na pessoa que está violando aquela norma social e como ela provavelmente responde a essas reações. A desaprovação social é uma força poderosa, que faz a maioria das pessoas sentir uma forte pressão para obedecer às normas. Essas normas sociais também se autoperpetuam: quanto mais pessoas obedecem a uma determinada norma, mais forte ela fica, mais forte será a reação a quem a viole, e mais forte será a pressão para que a violação seja corrigida.

A natureza das normas sociais prevalentes em uma determinada sociedade também revela muito sobre as estruturas de poder daquela sociedade. No Distrito 12, por exemplo, as normas sociais incluem ser discreto e não chamar a atenção (ao contrário de se vestir de modo exuberante e viver com pompa), manter qualquer insatisfação com o governo em segredo (ao contrário de publicar jornais repletos de queixas) e evitar reuniões em grupos grandes. Essas normas refletem, entre outras coisas, a vida sob um sistema repressivo de governo que provavelmente agirá com rigor m relação a quem chame sua atenção ou resista abertamente a ele.

Na Capital, porém, as normas sociais incluem aderir a tendências ousadas de moda e dar muita importância a festas opulentas e outras formas elaboradas de entretenimento. Isso mostra os privilégios comuns e recursos abundantes de lá, bem como a falta de consciência política e econômica de seus moradores.

A fome dos corpos dóceis

[O capitalismo tem] métodos de poder capazes de majorar as forças, as aptidões, a vida em geral, sem por isso torná-las mais difíceis de sujeitar.[5]

Michel Foucault

Parte do que as normas sociais fazem é criar fomes dentro de nós. Queremos pertencer, fazer parte de um grupo e as normas sociais funcionam como diretrizes que nos ensinam a seguir nessas direções. Além disso, quando as fomes físicas básicas podem ser facilmente saciadas, ficamos com muito tempo, energia e recursos para dedicar a necessidades menos vitais. Como resultado, normas sociais arbitrárias tendem a assumir maior importância.

Na Capital, por exemplo, a incrível abundância de recursos deixa os cidadãos com muito tempo para se concentrar nas normas sociais da moda e do entretenimento. Na verdade, a grande quantidade de tempo livre que os cidadãos têm ajuda a explicar *por que* as normas sociais da Capital são tão complexas, difundidas e elaboradas: os cidadãos não têm mais nada para ocupar a atenção. Uma vez instituídas, essas normas originam fomes igualmente complexas e exigentes, deixando a noção de identidade de cada cidadão cada vez mais centrada nas formas específicas que ele escolhe para saciar essas fomes.

Pense na atordoante quantidade de opções que um chuveiro da Capital oferece em termos de embelezamento. É fácil imaginar Octavia ou Flavius em dúvida sobre qual espuma e aroma escolher. Também é fácil imaginá-los dando muita importância as suas escolhas e julgando as escolhas feitas pelos amigos e colegas de trabalho ("Aroma de toranja? Alguém está fingindo ser o que não é." "Espuma de banho de banana? Que ousado!")

Pouquíssimas pessoas na Capital parecem ter ocupações significativas, pois os distritos fornecem todo o trabalho real necessário para atender às necessidades básicas. É na preocupação em se manter atualizado com a moda que varia o tempo todo, como decidir se penas ou contas são a melhor forma de dar identidade própria a uma nova tendência, que se expressam as fomes de pertencimento, significado e expressão dos habitantes da Capital.

Então, surpreendentemente, a fome tem papel crucial na vida dos habitantes da Capital: eles organizam a vida em torno da satisfação de desejos complexos do mesmo modo que Katniss e Gale Hawthorne organizam a vida em torno de saciar suas fomes mais básicas e evitar que suas famílias morram de fome (de comida).

A maneira como os cidadãos saciam suas fomes tem papel importante para que eles façam vista grossa às injustiças dos Jogos Vorazes. Em uma sociedade que dá forte ênfase à moda e ao entretenimento, a prática constante da autovigilância ("Ah, os pelos da minha perna estão começando a aparecer") e autocorreção ("É melhor raspar as pernas de novo") desvia a atenção de outros assuntos. O esforço dos cidadãos para estarem atualizados com estilos que sempre mudam (como rostos tatuados e clavículas cheias de pedras preciosas) os transforma em "corpos dóceis": "aqueles cujas forças e energias estão", de acordo com a filósofa feminista Susan Bordo, "habituadas ao controle externo, à sujeição, à transformação e ao 'aperfeiçoamento'".[6]

Os habitantes da Capital são movidos principalmente por uma noção de autoestima e importância gerada externamente. A energia deles é direcionada para se sujeitar aos ditames de uma sociedade refém da moda e também para se transformar de acordo com eles. A maioria desses cidadãos avalia se a vida vai bem ou mal segundo o sucesso que tiveram em "melhorar" a própria aparência para seguir a última moda.

Em um contraste gritante com Katniss, que está constantemente pensando em como suas ações afetarão os *outros* (sua família e comunidade) e está determinada a proteger a irmã e a mãe, o dócil foco *em si mesmos* da equipe de preparação significa que os estilistas vivem até os horrores televisionados dos Jogos Vorazes em termos pessoais: "'Eu ainda estava na cama!' 'Eu tinha acabado de tingir as sobrancelhas!' 'Eu juro que quase desmaiei!' Tudo se refere a eles, não aos jovens que estavam morrendo na arena."[7]

Toda essa preocupação egocêntrica com o próprio corpo, na verdade, reforça o poder da Capital sobre seus cidadãos e o resto de Panem. Também ajuda a explicar o quanto pessoas sinceras e honestas como Octavia e Venia participam de bom grado, ainda que sem ter consciência, das injustiças dos Jogos Vorazes.

A descoberta da disciplina na Capital

> É somente mascarando uma parte importante de si mesmo que o poder é tolerável. Seu sucesso está na proporção daquilo que consegue ocultar dentre seus mecanismos.[8]
>
> *Michel Foucault*

Em *A esperança*, Plutarch Heavensbee explica o significado da frase do Império Romano *panem et circenses* ("pão e circo") para ajudar Katniss a entender melhor como a Capital funciona: "O escritor [no caso, o satirista da Roma antiga Juvenal] queria dizer que em retribuição a barrigas cheias e diversão, seu povo desistira de suas responsabilidades políticas e, portanto, abdicara de seu poder."[9] Em resumo, esta é a relação entre o presidente Snow e os cidadãos da Capital.

Mas ainda há muito a dizer sobre como um povo inteiro abdica do poder em troca de alimentos abundantes e entretenimento fácil. Na verdade, acaba que o mesmo processo pelo qual os cidadãos se tornam "corpos dóceis", um processo de disciplina social sutil, porém poderosa, também é fundamental para a disposição deles de cooperar com o *status quo* político.

A vida na Capital é altamente *in*disciplinada, no sentido tradicional do termo. Mas a incrível liberdade que seus cidadãos parecem ter apenas mascara as formas pelas quais a Capital constrói, exerce e mantém o controle sobre eles. Foucault destaca que as pessoas disciplinam seus corpos em obediência à cultura dedicando tempo, energia e recursos a fim de se transformar para se adequar às normas sociais. Quando Flavius acha que não consegue sair de casa sem maquiagem ou quando Octavia gasta todo o tempo livre comprando o acessório perfeito para os cabelos porque ela nem pensa em encarar os amigos sem ele, é sinal de que viraram corpos disciplinados e dóceis. A conformidade constante às normas sociais faz com que eles obedeçam sem pensar às regras da sociedade em que vivem.

As normas sociais que exigem modificações radicais no corpo e a imersão total na moda e no entretenimento também disciplinam os cidadãos treinando a atenção deles para se afastar de questões econômicas e políticas. Essa é a descrição do processo feita por Bordo (levemente modificada para atender ao contexto): "Por meio de disciplinas rigorosas e reguladoras sobre a dieta, a maquiagem, e o vestuário — princípios organizadores centrais do tempo e do espaço nos dias de [muitos cidadãos da Capital] — somos convertidas em pessoas menos orientadas para o social e mais centradas na automodificação."[10]

Até mesmo os espaços onde os cidadãos vivem, com guarda-roupas amplos, imensos aparelhos de televisão (sob o controle da Capital) e vigilância constante por meio de sistemas de segurança, têm papel importante no sentido de disciplinar os cidadãos para a obediência irrefletida. Assim, o desejo natural dos cidadãos por originalidade e formas de expressão pessoal é canalizado em meios "seguros", que desviam a atenção da dura realidade de injustiças que lhes permitem ter essa vida.

O presidente Snow estimula o narcisismo que mantém os cidadãos felizes e ocupados decorando os cabelos com fios de luzes brilhantes em forma de camundongo em vez de se perguntar como seria ver seu filho escolhido na colheita. Ele também mantém controle absoluto sobre a Capital ao manipular cuidadosamente as informações disponíveis para os cidadãos e ao punir as violações das normas sociais estabelecidas.

As consequências de violar as normas (perda do emprego ou ostracismo social, como acontece quando a ex-estilista dos Jogos Vorazes, Tigris, leva as modificações que transformaram seu corpo no de um gato longe demais, tornando-o grotesco até para os padrões da Capital) são suficientemente duras para motivar boa parte dos cidadãos a manter a atenção concentrada onde foram treinados a fazê-lo, em vez de desafiar o *status quo* ou apenas analisá-lo mais profundamente.

Os cidadãos da Capital que entram na luta contra o regime do presidente Snow (Plutarch e Fulvia, Cressida e Messalla, e Castor e Pollux) vêm do círculo íntimo de Snow, têm uma mentalidade jornalística que os leva a buscar o conhecimento de forma mais profunda ou sofreram terrivelmente nas mãos do regime do presidente. A grande maioria dos cidadãos é de corpos dóceis, felizes em evitar problemas e viver suas vidas confortáveis, superficiais e centradas em si mesmos.

Geralmente se diz que o privilégio é invisível para quem o tem. Sem dúvida, isso é verdade na Capital: os estilistas de Katniss não fazem ideia de que, na verdade, estão a insultando quando, depois de esfregar, lustrar e pintar o corpo da menina, eles a "elogiam" dizendo que está "quase parecida com um ser humano". O mundo de excessos no qual eles vivem é tão normal para eles que o trio vê o desvio dessas normas como desagradável e indesejável. Afinal, quem iria *querer* caçar para se alimentar ou ter cicatrizes visíveis?

Um mundo no qual os habitantes da Capital veem sua vida como perfeitamente normal gera uma noção de superioridade que os leva a considerar o povo dos distritos mais pobres como anormais, até subumanos, que precisam ser "consertados". A percepção de que a vida levada por eles é a regra também os impede de perceber como funciona o sistema de poder que permite tudo isso. Katniss é capaz de adivinhar exatamente quais distritos estão se rebelando com base na reclamação de seus estilistas quanto à falta de seus produtos favoritos. A equipe não faz ideia do verdadeiro significado dos produtos que estão em falta, por causa de sua ignorância privilegiada dos efeitos da rebelião.

No fim das contas, o povo da Capital é altamente disciplinado por mecanismos que permanecem totalmente invisíveis à grande maioria dos cidadãos. Em boa parte, é isso que nos faz perdoar a participação deles no regime de Snow. "Quem sabe quem seria eu ou sobre o que falaria se tivesse sido criada na Capital?", questiona Katniss enquanto vê a equipe de preparação ouvir com seriedade as instruções da mãe dela sobre como fazer o penteado que é sua marca registrada. "Talvez a coisa que mais lamentasse fosse também os trajes de pena na minha festa de aniversário."[11]

Embora compreensível, essa vida frívola e egocêntrica dos cidadãos da Capital não parece admirável nem desejável para Katniss e claramente nem para nós. No entanto, a vida dos cidadãos do Distrito 13, o distrito que tenta substituir o regime de Snow por suas próprias instituições de poder, é igualmente repulsiva.

Rumo ao subterrâneo: a disciplina no Distrito 13

É dócil um corpo que pode ser submetido, que pode ser utilizado, que pode ser transformado e aperfeiçoado.[12]

Michel Foucault

A vida na sede subterrânea do Distrito 13 contrasta fortemente com a vida despreocupada e irresponsável da Capital. O controle rígido que o Distrito 13 tem sobre a vida política e pessoal de seus cidadãos faz com que tudo funcione, mesmo com praticamente todas as probabilidades contra ele. No entanto, as pessoas pagam um alto preço, visto que são disciplinadas a fim de obedecer estoicamente a um sistema que não dá espaço para a expressão individual. A princípio, seria difícil imaginar algo mais diferente da frivolidade dos cidadãos da Capital, mas fica dolorosamente claro à medida que os eventos se desenrolam que nenhum sistema de controle pode saciar a fome que Katniss tem de uma vida significativa, e por motivos bastante parecidos.

Foucault descreveu a *disciplina* como um processo que canaliza as forças dos corpos individuais para fins sociais. Uma das características mais impressionantes do corpo disciplinado ou "dócil" é a forma pela qual sua energia é direcionada: primeiro, para a eficiência econômica cada vez maior tanto como produtor quanto como consumidor, e segundo, para longe de questionar instituições e estruturas políticas.[13] Já vimos como a Capital faz isso. Uma rápida olhada nas condições de vida no Distrito 13 mostra que a presidenta Coin também domina esse processo.

O uso do espaço físico é crucial. No Distrito 13, todo cidadão é monitorado e recebe uma agenda rígida que define sua localização a cada minuto do dia. A habitação é impessoal e austera, a alimentação é rigidamente controlada de acordo com altura, peso e atividade física. Não há tolerância caso as regras sejam descumpridas: o encarceramento da equipe de preparação acontece por que Octavia, cuja arrogância gentil é impensável nesse regime, pegou um pedaço a mais de pão no jantar.

A reação perplexa dos guardas ao horror sentido por Katniss ao ver sua equipe de preparação acorrentada e torturada trai um exterior moldado pela obediência constante a um sistema altamente estruturado: "Eles foram alertados. Mesmo assim, pegaram mais pão. — O guarda faz uma pausa por um instante, como se estivesse confuso com nossa estupidez. — É proibido pegar pão."[14] Conhecer seu lugar no sistema e obedecer às regras e regulamentos sem questionar são as marcas da vida no subterrâneo.

Na Capital, os cidadãos participam sem pensar do sistema político basicamente por estarem distraídos: a atenção deles é desviada da política para desejos egocêntricos. No Distrito 13, os cidadãos participam sem pensar do sistema político devido a hábitos profundamente arraigados por meio da obediência contínua a uma imensa quantidade de regras e regulamentos impostos pela presidenta Coin. O efeito dessa obediência constante é gradual, cumulativo e dramático.

A descrição feita por Foucault de um soldado do século XVIII também é um retrato preciso do cidadão do Distrito 13. Esse indivíduo é "algo que se fabrica; de uma massa informe, de um corpo inapto, fez-se a máquina de que se precisa; corrigiram-se aos poucos as posturas; lentamente uma coação calculada percorre cada parte do corpo, se assenhoreia dele, dobra o conjunto, torna-o perpetuamente disponível, e se prolonga, em silêncio, no automatismo dos hábitos".[15] Se o processo for executado na escala de toda uma sociedade, será possível obter um populacho que literalmente personifica a obediência.

Da perspectiva da Capital, Katniss é uma ameaça porque expõe os mecanismos ocultos de poder e chama atenção para as formas utilizadas pelo sistema para exercer seu controle. Da perspectiva do Distrito 13, o pecado imperdoável de Katniss é sua incapacidade de receber ordens. Em nenhum desses sistemas há lugar para a vida que Katniss deseja ter, uma vida na qual ela possa decidir por si mesma o que fazer. À primeira vista, a disciplina oculta e o luxo excessivo da Capital não se parecem em nada com a vida incrivelmente regrada do Distrito 13, mas ambos têm o mesmo resultado: uma falta de autonomia verdadeira que deixa os cidadãos com poucos veículos de expressão pessoal, todos aprovados e fortemente controlados pelos respectivos governos.

Dominando as modificações com Cinna

O poder está em toda parte; não porque engloba tudo, e sim porque provém de todos os lugares.[16]

Michel Foucault

Quando a equipe de preparação de Katniss é transportada para o Distrito 13, os estilistas parecem ridículos e até patéticos. A tentativa deles de conseguir formas únicas de expressão pessoal através do esforço que seria normal dentro do contexto de excessos da Capital os deixa muito além dos limites da aceitabilidade no regime subterrâneo rigidamente controlado da presidenta Coin. Ainda assim, a mensagem da triologia *Jogos Vorazes* não é que a modificação corporal seja necessariamente ruim. Na verdade, ao longo da série, o estilista Cinna demonstra de modo brilhante que a modificação corporal pode ser tanto uma forma legítima de expressão pessoal quanto um meio eficaz de resistência às estruturas dominantes de poder.

Cinna é um mestre das formas sutis (e nem tão sutis assim) de resistência através da manipulação das aparências. Ele modifica a própria aparência de modo a chamar a atenção para certas características e parece ser guiado mais por uma noção interna de objetivo do que pela mera capitulação aos caprichos da moda da Capital. Quando eles se conhecem, Katniss nota que "a única concessão à automodificação parece ser um delineador dourado-metálico para os olhos, levemente aplicado, que parece ressaltar pontinhos dourados em seus olhos verdes".[17] Ela fica impressionada não com o ridículo da aparência do estilista e sim com o quanto ele é atraente. A aparência de Cinna a acalma e a faz confiar nele.

Em várias ocasiões as formas escolhidas por Cinna para apresentar Katniss a ajudam a ter uma compreensão maior da própria situação e de seu papel. Ao fazer dela a garota em chamas, ele cria não só uma visão de Katniss que o resto de Panem pode entender como também uma visão na qual ela pode encontrar força. Através das nuances do visual dela antes e depois dos Jogos, ele a guia rumo a uma compreensão melhor de como negociar no terreno político traiçoeiro no qual ela se encontra.

Por exemplo, quando Cinna a transforma de uma verdadeira selvagem em uma garota de aparência doce que brilha à luz de velas, ela percebe que interpretar a adolescente apaixonada pode preservar a segurança das pessoas que ela ama. Quando ele a transforma em um tordo ao vivo na televisão diante de toda Panem, ela entende que acabou de unir a rebelião. Cinna é a primeira pessoa a dar coragem e esperança a Katniss. O talento dele para destacar aspectos do verdadeiro eu de Katniss a ajuda a visualizar todas as possibilidades que estão diante dela. A transformação de Katniss de alguém que apenas está interpretando um papel em uma pessoa que aceita e até abraça sua importância como o Tordo tem tudo a ver com a crença que Cinna deposita nela e, claro, com a crença dela nas roupas que ele cria.

A diferença entre esse tipo de transformação, os excessos da Capital e a ascese do Distrito 13 é a diferença entre uma noção de si mesmo gerada internamente e uma conformidade impensada a normas geradas externamente. No fim das contas, para que Katniss encontre um lugar significativo em uma sociedade em que ela possa se sentir em casa, ela precisa encontrar um lugar onde as normas sociais não têm o objetivo de controlar os cidadãos e os corpos não são constantemente disciplinados para fins políticos. Como Foucault observou, nenhum de nós pode escapar de ser moldado pelas normas da sociedade em que vivemos. Mas é possível, como Katniss, resistir a nos tornar corpos dóceis. Podemos lutar para mudar as normas que nos subjugariam.[18]

Notas

1. Michel Foucault, *Vigiar e punir* (Vozes, 1999).
2. Suzanne Collins, *Jogos Vorazes* (Rocco, 2010).
3. Foucault, *Vigiar e punir*.
4. Suzanne Collins, *Em chamas* (Rocco, 2011).
5. Michel Foucault, *A história da sexualidade I — A vontade de saber* (Graal, 1999).
6. Susan Bordo, "O corpo e a reprodução da feminilidade: Uma apropriação feminista de Foucault", em *Gênero, corpo, conhecimento* (Rosa dos Tempos, 1997).
7. Collins, *Jogos Vorazes*.
8. Foucault, *A história da sexualidade I*.
9. Suzanne Collins, *A esperança* (Rocco, 2011).
10. Bordo, "O corpo e a reprodução da feminilidade: Uma apropriação feminista de Foucault," em *Gênero, corpo, conhecimento*. (O trecho original tem *muitas mulheres* no lugar de *muitos cidadãos da Capital*.)

11. Collins, *Em chamas*.
12. Foucault, *Vigiar e punir*.
13. Foucault disse: "A disciplina aumenta as forças do corpo (em termos econômicos de utilidade) e diminui essas mesmas forças (em termos políticos de obediência)." *Id*.
14. Collins, *A esperança*.
15. Foucault, *Vigiar e punir*.
16. Foucault, *A história da sexualidade I — A vontade de saber*.
17. Collins, *Jogos Vorazes*.
18. Muito obrigado a Barrett Emerick e Gabe Kruis pelos comentários úteis feitos depois de ler um rascunho inicial. E também a Anna Pasnau por ter se empolgado tanto com o fato de eu ter escrito esse artigo.

18

"TUDO ISSO É ERRADO": POR QUE UM DOS MAIORES PENSADORES ROMANOS DETESTARIA A CAPITAL

Adam Barkman

Suzanne Collins encheu a trilogia *Jogos Vorazes* de alusões e imagens que fazem lembrar a glória e o sangue de Roma. Personagens com nomes latinos como Claudius, Caesar, Octavia, Romulus, Brutus, Aurelius e Castor povoam Panem que, por sua vez, é uma referência à expressão *panem et circenses*, "pão e circo" em latim, a fórmula romana para manter o povo dócil e contente. Até o nome da cidade que governa Panem, a Capital, é um lembrete de que Roma já foi chamada de Capital do Mundo. Além disso, a história é centrada nos brutais Jogos Vorazes, a visão pós-apocalíptica das lutas de gladiadores que ocorriam em Roma, o *circenses* do *panem et circenses*.

Apesar do poder e da glória de Roma, a trilogia deixa algo absurdamente claro: "Tudo isso" — a Capital semelhante a Roma e seus jogos de gladiadores —, "é errado".[1] Podemos supor que poucos leitores discordariam dessa afirmação, mas por que é errado, afinal? Não é função de Collins como romancista explicitar os princípios morais que fazem esse julgamento ser tão convincente, mas ao chamar a atenção para a Roma Antiga, ela, talvez de modo não intencional, apontou para um pensador que *pode* ajudar a entender exatamente o que faz as ações da Capital serem tão abomináveis:

o grande filósofo estoico romano Lúcio Aneu Sêneca (4 a.C.-65 d.C.), que definitivamente não deve ser confundindo com Seneca Crane, o primeiro Chefe dos Idealizadores dos Jogos. O Sêneca romano viveu sob um regime bem parecido com o da Capital. Tendo visto de perto a imoralidade e a decadência de Roma, ele pode nos ajudar a refletir sobre o que faz tudo ser tão errado em Panem.

A cornucópia da felicidade

O estoicismo se originou na Grécia com Zenão de Cítio (224-242 a.C.), mas ficou popular nos séculos seguintes quando foi adotado por vários integrantes do público instruído no Império Romano, inclusive Sêneca.[2] Os estoicos acreditam que todas as pessoas querem ser felizes, mas essa felicidade pode ser encontrada apenas quando se age de modo virtuoso. Entre as primeiras coisas que aprendemos com Sêneca é que não podemos ser nem felizes nem virtuosos a menos que tanto nossa conduta quanto a nossa compreensão sejam guiadas pela razão. Quanto mais vivermos de acordo com a razão, mais poderemos obter a tranquilidade interior que ele descreve como se transformar em algo semelhante a Deus.

Sêneca identifica Deus como o *logos* (a razão universal que governa o mundo) e fonte da *lex naturae* (a lei da natureza). Por acreditar que a razão divina é inerente ao mundo natural, Sêneca costuma usar os termos *Deus* e *natureza* alternadamente. Mas o que este Deus ou esta natureza nos direciona a fazer? "A natureza", escreve ele, "deu à luz a nós como uma só família quando nos gerou da mesma fonte e para o mesmo fim, ela nos deu o amor uns pelos outros e nos capacitou para a vida em sociedade. Ela determinou o que é certo e justo. Por sua ordem, é mais desprezível fazer o mal do que sofrê-lo. É pelo comando da natureza que nossas mãos estão prontas para ajudar".[3]

A principal ideia de Sêneca é que somos ligados uns aos outros como partes de um grande todo. Não fomos feitos para ser brutalmente explorados por tiranos como os governantes da Capital, e sim para ajudar-nos mutuamente e até, se necessário, sacrificar-nos uns pelos outros, como Katniss Everdeen está disposta a fazer por quem ela ama. Consequentemente, a natureza não apenas nos ordena a ser justos e a tratar os outros com justiça e honestidade, ela também nos instrui a ir além da justiça ao mostrar amor e compaixão.

"O homem que se comporta como fariam os deuses", escreve Sêneca, "que é benevolente e generoso e usa de seu poder para o bem, não ocupa um lugar abaixo apenas dos deuses? Esse é o modelo adequado ao qual se deve aspirar, esse é o modelo a ser imitado".[4] Se buscarmos a virtude dessa forma, o que não é uma tarefa fácil, podemos "ascender ao nível mais alto da felicidade humana", de acordo com Sêneca.[5]

Deus ou a natureza é a fonte suprema da moralidade, mas não basta apenas seguir nossa inclinação natural sem pensar, mesmo quando essa inclinação é basicamente tão sensata quanto a de Katniss. Sêneca acreditava que a vida feliz começava com o conhecimento obtido por meio da intuição e do raciocínio criterioso. Ele sem dúvida teria a mesma intuição que nós, de acreditar que os Jogos Vorazes são errados e as crianças não deveriam ser obrigadas a matar umas as outras, mas ele também acreditava que deveríamos ser capazes de explicar *por que* eles são errados. De acordo com o filósofo, não pode haver virtude sem compreensão.

"Uma ação não será correta", argumenta ele, "a menos que o intento por trás dela seja correto, pois dele depende a ação. Repetindo, o intento não será correto a menos que a condição da mente seja correta, pois esta é a fonte do intento. Mas a condição da mente não será a melhor a menos que tenha compreendido as leis da vida em sua totalidade... A menos que tenha reduzido a questão à verdade".[6]

Apenas se "buscarmos primeiro a compreensão, antes de tudo" a razão irá nos guiar rumo aos princípios morais básicos que primeiro nos condenam pelo que fizemos de errado e depois indicam o caminho para o comportamento moral correto.[7] Katniss obviamente não reflete muito sobre Deus ou a virtude, nem diz o que pensa sobre qual seria o objetivo ou seu ideal de vida. Consequentemente, ela pode não estar na melhor posição para fazer uma crítica moral à Capital. Ainda assim, a natureza parece ter lhe dado algumas lições sobre o comportamento virtuoso e ela apresenta uma série de virtudes que fazem parte da vida boa, conforme entendida por Sêneca.

Para começar, ela é corajosa, não apenas por ter se oferecido para o lugar da irmã como tributo, mas também por caçar além da cerca, desafiar a Capital ao honrar a morte de Rue e participar da subsequente rebelião contra o presidente Snow. Suas tribulações na arena também parecem despertar nela um senso de justiça que não existia anteriormente. Por exemplo, ela promete "vingar" (ou procurar justiça) pela morte de Rue, embora a notoriamente rancorosa Katniss ("não sou do tipo que perdoa") possa estar trabalhando com uma noção de justiça meio diferente da de Sêneca, visto que o filósofo antigo acreditava que a punição deve ocorrer apenas para fins de reforma moral e nunca apenas por vingança.[8]

O mais importante é que, ao longo dos livros, Katniss demonstra ter aprendido a maior virtude de Sêneca: o amor genuinamente abnegado que vai além da simples justiça e busca ativamente o bem para os outros. Ela apresenta essa virtude em várias ocasiões, por exemplo, quando toma o lugar de Prim nos Jogos Vorazes e depois arrisca a vida para proteger outras pessoas na arena: não só o amigo Peeta Mellark como também uma estranha, a idosa Mags.

Sêneca elogiaria Katniss por essas virtudes, mas ainda desafiaria a garota em chamas a entender a vida moral dentro de um contexto maior, metafísico. Ele também a estimularia a analisar alguns aspectos de seu caráter que precisam ser mais trabalhados, como desenvolver melhor o autocontrole. Atirar flechas em Idealizadores dos Jogos distraídos apenas pela frustração por eles se mostrarem desatentos não vai fazê-la subir no conceito de Sêneca (mesmo que tenha funcionado com os Idealizadores), pois uma pessoa virtuosa deve ser guiada pela razão o tempo todo, em vez da emoção movida pela cabeça quente. Ela também precisa entender melhor os motivos para querer matar o presidente Snow: é vingança ou justiça? E o mais importante, ela precisa aprender a perdoar e ter compaixão.

Katniss pode não ser um exemplo perfeito dos ideais de Sêneca, mas pelo menos está indo na direção certa. É por isso que ela oferece um contraste tão inspirador à corrupção da Capital. Contudo, para entender verdadeiramente a fonte da corrupção da sede do governo de Panem, precisamos suplementar a virtude ignorante de Katniss com a filosofia perfeccionista do estoicismo de Sêneca.

Corrupção Capital

Sêneca viveu em um período da história romana conhecido como Principado (27 a.C.-285 d.C.), quando imperadores romanos exerceram autoridade absoluta. Embora eles tenham feito um bom trabalho para manter a paz (a famosa *Pax Romana*), ela tinha dois pesos e duas medidas. Criminosos das camadas mais baixas da sociedade, como piratas, eram punidos com justiça pelo Império Romano, mas os criminosos das camadas mais altas (particularmente os imperadores) eram intocáveis. A paz resultante era, portanto, baseada na injustiça, na ganância, na crueldade, na conquista, em impostos opressivos para quem não fosse romano e no uso brutal da força para esmagar qualquer um que ousasse desafiar a vontade do imperador.

Embora fosse conselheiro e tutor do excepcionalmente perverso imperador Nero, Sêneca nunca teve medo de prescrever o comportamento moral correto e condenar o fracasso do imperador em viver de acordo com o ideal estoico, não sendo muito diferente da corajosa Katniss, quando ela fala o que pensa para o aparentemente todo-poderoso presidente Snow. E sem dúvida Sêneca poderia reconhecer a imagem de sua coragem moral na disposição de Katniss para enfrentar um tirano.

Sêneca não necessariamente fez objeção à instituição da monarquia, mas, segundo ele, para que as leis de Roma e o imperador fossem justos, deveriam se basear nas leis de Deus ou da natureza. Vamos analisar a explicação de Sêneca sobre onde os imperadores romanos erraram e ver se ela também não revela a fonte de podridão em Panem.

Como outros estoicos, Sêneca diferenciava o bom, o desejável e o mau. A lista de coisas verdadeiramente boas inclui apenas as virtudes: sabedoria, coragem, autocontrole, justiça, benevolência e por aí vai. Cultivar essas virtudes ajuda a aperfeiçoar nossa natureza do mesmo modo que a habilidade de Peeta como padeiro permite transformar ingredientes crus em algo maravilhoso e delicioso.

Todas as outras coisas que valorizamos, como dinheiro, fama e poder, são meramente desejáveis. Elas seriam como os ingredientes aos quais Peeta aplica sua habilidade: valem pouco, a menos que tenhamos as virtudes certas para usá-los adequadamente a fim de criar uma vida boa para nós e para os outros. Um item desejável é algo que é melhor ter desde que sejamos virtuosos o bastante para usá-lo bem. Até o saudável pão feito por Peeta cai nessa categoria. Ele sustenta a vida, mas o importante não é apenas ficar vivo. O importante é viver bem, isso é, virtuosamente. Katniss e Peeta mostram ter um sólido entendimento dessa ideia quando estão preparados para cometer suicídio na arena em vez de pegar o caminho nada virtuoso de trair um ao outro.

Parte do motivo para valorizar a virtude acima de tudo é que a conduta virtuosa sempre está a nosso alcance, como Katniss e Peeta demonstram na arena. "Não quero que eles mudem meu jeito de ser na arena", revela Peeta a Katniss na véspera dos Jogos. "Não quero ser transformado em algum tipo de monstro que sei que não sou."[9] Sêneca garantiria a Peeta que sua virtude é a única coisa que a Capital jamais pode tirar dele, por ser algo que depende inteiramente do livre exercício da vontade de cada um.[10]

O que vale para Peeta também vale para nós. Desde que desejemos a virtude acima de tudo e consideremos todo o resto como não essencial para a felicidade, nada pode nos atrapalhar a ter o que mais queremos na vida ou nos impedir de alcançarmos a felicidade, mesmo nas circunstâncias mais difíceis.

Contudo, se começarmos a cobiçar o que é meramente desejável como se fosse a fonte da felicidade, podemos ficar tão cruéis quanto o presidente Snow, vendendo nossa virtude por migalhas em busca de riqueza e poder. Sucumbir à tentação é um mau negócio, no qual trocamos algo bom (as virtudes) por algo absolutamente ruim: insensatez, covardia, falta de autocontrole, injustiça e maldade. Veja o caráter do presidente Snow, tão cheio de vícios, com uma fome de poder, que não apenas descumpre a lei natural, e sua exigência que todos façam o bem, como o deixa disposto a fazer um grande mal e causar uma imensa dor a fim de continuar no poder.

Usando a mesma diferença entre o bom, o desejável e o mau, Sêneca criticou o imperador Nero por se concentrar em itens desejáveis como a conquista enquanto deixava correrem soltos vícios como a ganância e o orgulho. Ao se lembrar de guerras antigas travadas para saber quem governaria o Império Romano, Sêneca reflete: "Por que se preocupa com quem conquista? O melhor pode até vencer, mas o vencedor certamente será o pior."[11] Vejamos a presidenta Coin, que toma o lugar do presidente Snow após a rebelião. Ela pode ter superado Snow no campo de batalha, mas o que ela fez para vencer a transformou em uma pessoa tão cruel quanto o tirano a quem derrubou.

A ganância por luxos como roupas caras, alimentos exóticos e grandes entretenimentos enfraqueceu Roma em termos morais, e o mesmo parece valer para a Capital. Sêneca alertou para o excesso de vícios, que ele acreditava ser capaz de enfraquecer nossa ligação com a virtude e suavizar nossa determinação moral. Ele aconselhava: "Coma apenas para matar a fome, beba apenas para aliviar a sede, vista-se apenas para se proteger do frio, abrigue-se apenas como proteção contra o desconforto."[12]

Por mais surpreendente que pareça, Sêneca consideraria as condições austeras de vida dos habitantes pobres dos distritos como mais propícias a uma vida boa do que a opulência da Capital. O luxo é o caminho não só para o vício, na opinião dele, como também para a infelicidade. Sêneca escreve: "Somem-se as estátuas, pinturas e tudo o que a arte foi capaz de criar para a satisfação do luxo; a única coisa que se aprenderá com tais coisas é a ansiar por mais."[13] Para confirmar essa opinião basta olhar para os residentes da Capital, vivendo no luxo sem nunca serem verdadeiramente felizes: perpetuamente insatisfeitos consigo mesmos apesar da riqueza suntuosa, sempre precisando de mais, sempre buscando algum excesso novo para preencher o vazio espiritual.

Enquanto muitos habitantes dos distritos de Panem são obrigados a comer camundongos, esquilos e intestinos de porco, as pessoas da Capital "vomitam pelo prazer de encher seus corpos ininterruptamente. Não por causa de alguma enfermidade do corpo ou da mente, nem por causa de alguma comida estragada. É o que todo mundo faz numa festa. É o que é esperado. Faz parte da diversão".[14] Comer e vomitar em banquetes também eram práticas comuns na Roma Antiga, onde muitos ricos eram igualmente viciados em luxo e excessos. Além disso, enquanto o povo da Capital tem os melhores cosméticos e roupas, os "bárbaros" dos distritos nem ao menos têm remédios adequados.[15]

Claro que a moda e os alimentos sofisticados não são necessariamente maus em si. Peeta faz lembrar a visão de Sêneca quando observa: "Se sentir atraído por beleza não é a mesma coisa que ser fraco."[16] Quando apreciados com moderação, esses enfeites estão entre as coisas mais desejáveis para adoçar nossa vida. Mas o aviso de Katniss à Peeta parece verdadeiro: "Eles seduziriam você com os encantos da Capital e você ficaria completamente perdido."[17] Sêneca concordaria que gostar demais das coisas desejáveis pode representar um perigo até mesmo para alguém virtuoso como Peeta.

Há mais de uma forma de ser escravo

Alimentar a ganância de Roma exigia um grande número de escravos. Como produto de sua época, Sêneca também tinha escravos. Mesmo assim, ele considerava a prática perigosa, pois os donos de escravos eram constantemente tentados a serem "excessivamente arrogantes, cruéis e agressivos".[18] Isso ficou absolutamente claro nas lutas dos gladiadores, travadas basicamente entre escravos e instituídas para entreter as massas de modo a evitar que se rebelassem. De acordo com Sêneca, essas lutas eram "assassinato puro" e corrompiam todos os envolvidos.[19] Os imperadores eram corrompidos ao promover as lutas, a multidão era corrompida ao assistir o espetáculo assassino, e os próprios gladiadores eram corrompidos porque, ao contrário dos virtuosos Katniss e Peeta, eles geralmente deixavam o medo de morrer no Coliseu ter prioridade em relação ao medo que poderiam ter de matar um inocente.[20]

Opiniões como essas, que miram o coração da imoralidade de Roma, levaram o imperador Nero a ordenar que Sêneca se suicidasse, algo que as gerações posteriores consideraram uma atrocidade. É difícil evitar a comparação com *Jogos Vorazes*. Katniss, Peeta e os outros tributos são escravos, mesmo sem saber. Eles devem agradar à Capital, que tenta usar o medo da morte para infectá-los com sua corrupção. E assim como Nero, Snow está tão perdido em seu vício que nem consegue reconhecer a natureza terrível de seus atos.

A palavra *escravidão* está praticamente ausente na trilogia *Jogos Vorazes*. Ainda assim, uma cerca elétrica bem alta está instalada em todos os distritos de Panem, aparentemente para afastar animais selvagens, mas, na prática, o intuito é confinar as pessoas. O presidente Snow removeu todos os ninhos de vespas teleguiadas do entorno da Capital, mas deixou os que estavam perto dos distritos, mais uma vez a fim de manter as pessoas presas. O povo dos distritos vive sob o domínio da lei, mas a maioria das leis, como as que proíbem a caça na floresta e fazem a posse de uma arma simples ser um crime capital, é tão absurda que, para todos os efeitos, elas são leis para pessoas que não têm direitos, leis para escravos.

Os distritos escravizados de Panem fornecem o "pão e circo" para a Capital. No entanto, para Sêneca, essa não era a única ou mesmo a pior forma de escravidão. "Mostre-me um homem que não seja escravo", escreveu ele, "um é escravo da luxúria, outro da cobiça, outro da ambição, e todos os homens são escravos do medo".[21]

A comida e o entretenimento que os distritos fornecem à Capital servem apenas para distrair seu povo hedonista de perceber que eles também são escravos de seus vícios sem fim. A própria Katniss admite que foi escrava, não só por ter sido obrigada a ir para a arena contra a própria vontade, mas por não ter se recusado a participar dos Jogos, presumivelmente por ser o que Sêneca chamou de "escravo do medo".

Quando venceu esse medo, contudo, Katniss deu o primeiro passo para conquistar a liberdade. É um momento decisivo quando ela audaciosamente abaixa a arma em um duelo contra um soldado da Capital, declarando: "Eu parei de matar os escravos [da Capital]." Quando o soldado protesta, dizendo: "Eu não sou escravo deles", ela responde: "Eu sou. Foi por isso que matei Cato... e ele matou Thresh... e ela matou Clove... e ela tentou me matar. E por aí vai, e por aí vai, e quem é que vence? Com certeza não somos nós. Não os distritos. Sempre a Capital. Mas estou cansada de ser uma pecinha nos Jogos deles."[22]

Uma das formas que a Capital usa para controlar o povo dos distritos é pelo medo do que pode acontecer caso eles se revoltem contra a tirania. Mas esse é apenas um exemplo de como a escravidão ao vício ajuda a manter as pessoas sob o domínio dos jogos da Capital.

O fato de os distritos também assistirem aos Jogos e torcerem para seus tributos é prova de que lhes falta uma compreensão adequada do que é amor e compaixão. Patrocinar um tributo na arena pode parecer uma forma de ser bom com ele ou ela, mas qualquer dádiva que não seja comida ou remédio apenas faz o jogo corrupto da Capital. Além disso, os tributos geralmente conseguem patrocinadores se prostituindo em frente às câmeras, fingindo ser o que não são.[23] Katniss reconhece o quanto isso agride sua dignidade: "Só consigo pensar no quanto todo o sistema desses Jogos Vorazes é injusto. Por que sou obrigada a ficar saltitando de um lado para o outro como se fosse alguma cadela amestrada tentando agradar pessoas que odeio?"[24]

Apenas quando as pessoas se recusarem a fazer o papel de escravas elas estarão prontas para lutar pela liberdade. É por isso que um dos instrumentos mais insidiosos da tirania em Panem é promover o vício entre seus cidadãos: servidão nos distritos, luxo e excesso na Capital. Ambos envolvem aderir obedientemente a objetos desejáveis como se eles tivessem valor supremo.

Quando Katniss e os outros passam a reconhecer como suas fraquezas morais contribuíram para que fossem escravizados, eles conseguem montar uma rebelião bem-sucedida contra a corrupta Capital. Porém, mesmo na guerra, a justiça e a compaixão devem governar nossa conduta de modo a evitar o risco de vencer a batalha apenas para nos transformar naquilo contra o qual estávamos lutando.²⁵

Embora alguns rebeldes (como Coin e Gale) estivessem mais do que dispostos a abandonar a virtude e pagar crueldade com crueldade, transformando a rebelião em uma eterna sucessão de vinganças, Katniss não estava entre eles. Na verdade, o que Peeta disse sobre os Jogos Vorazes também vale para várias das táticas de guerra rejeitadas por Katniss: "Assassinar pessoas inocentes? Custa tudo o que você é."²⁶ Sêneca aplaudiria essa expressão concisa, porém eloquente, de uma verdade da natureza.

Todos nós, não apenas os cidadãos da Capital, podemos aprender a amar mais a virtude, mas há os que a amam com a intensidade de uma garota em chamas. Essas são a esperança de Panem e também a nossa. São os que se mantêm firmes ao lado de Peeta, dizendo: "Não quero que eles mudem meu jeito de ser na arena. Não quero ser transformado em algum tipo de monstro que sei que não sou."²⁷ São os que têm a mesma compreensão de Katniss de que ninguém se beneficia vivendo em um mundo governado pelo mal.

Notas

1. Suzanne Collins, *Jogos Vorazes* (Rocco, 2010).
2. Para saber mais sobre o estoicismo, ver o Capítulo 9 — Por que Katniss escolheu Peeta: Um olhar sobre o amor pelas lentes do estoicismo.
3. Sêneca, "Letter 95", em *Selected Letters*, trad. Elaine Fantham (New York: Oxford University Press, 2010).
4. Sêneca, "On Mercy", em *Dialogues and Essays*, trad. John Davie (New York: Oxford University Press, 2009).
5. Sêneca, "Letter 44", em *Epistles 1-65*, trad. Richard M. Gummere, Loeb Classical Library series (Cambridge, MA: Harvard University Press, 1917).
6. Sêneca, "Letter 95".
7. Sêneca, "Letter 17", em *Epistles 1-65*.
8. Collins, *Jogos Vorazes*.
9. Id.

10. Para conhecer outra perspectiva sobre o quanto um caráter virtuoso está totalmente sob controle do indivíduo, ver o Capítulo 4 — "Ultimamente as probabilidades não andam muito confiáveis": Moralidade e sorte na trilogia *Jogos Vorazes*.

11. Sêneca, "Letter 14", em *Epistles 1-65*.

12. Sêneca, "Letter 7", em *ibid*.

13. Sêneca, "Letter 16", em *ibid*.

14. Suzanne Collins, *Em chamas* (Rocco, 2011).

15. Collins, *Jogos Vorazes*. Bárbaros era uma palavra usada pelos greco-romanos para desumanizar quem não era grego ou romano. Após retirar todos os pelos do corpo de Katniss, o esteticista Flavius comenta: "Excelente! Agora você está quase parecida com um ser humano!"

16. Collins, *Em chamas*.

17. *Id*. Compare com a observação feita por Sêneca, "Letter 17", em *Epistles 1-65*: "A riqueza já impediu muitos homens de obter a sabedoria."

18. Sêneca, "Letter 47", *Epistles 1-65*.

19. Sêneca, "Letter 7", em *id*.

20. Sêneca, contudo, reconheceu que os gladiadores podiam obter "coragem da alma" no Coliseu e geralmente estavam justificados ao usar a violência para se defender. Sêneca, "Letter 7", em *Epistles 1-65*.

21. Sêneca, "Letter 47", em *Epistles 1-65*.

22. Suzanne Collins, *A esperança* (Rocco, 2011).

23. Para uma discussão sobre como a dificuldade de Katniss em fingir ser o que não é pode ser um indicativo de sua virtude, ver o Capítulo 12 — Por que Katniss fracassa em tudo o que finge? Ser *versus* parecer na trilogia *Jogos Vorazes*.

24. Collins, *Jogos Vorazes*.

25. Para saber mais sobre a tradição da guerra justa que vem desde a época do Império Romano, ver o Capítulo 15 — Começar incêndios pode causar queimaduras: A tradição da guerra justa e a rebelião contra a Capital.

26. Collins, *A esperança*.

27. Collins, *Jogos Vorazes*.

19
ESTÁ NA HORA DA AULA: PODER E PRIVILÉGIOS EM PANEM

Chad William Timm

O céu acima da circunferência da selva está tingido com uma tonalidade rósea e uniforme. E acho que consigo distinguir um ou dois daqueles quadrados ondulados, brechas na armadura, como Wiress e Beetee os chamaram, porque eles revelam o que deveria estar oculto e são, portanto, um ponto frágil.

Katniss Everdeen, *Em chamas*[1]

Por que demorou 75 anos para o povo de Panem se levantar e desafiar o poder da Capital? Governos opressores geralmente usam formas públicas de violência e brutalidade — e a Capital não é exceção. Os Jogos Vorazes são um lembrete violento e sangrento do que acontece quando as pessoas pensam em se rebelar. Mas, como Katniss Everdeen observa a certa altura, antes do início da rebelião que finalmente derruba a Capital, um levante não passava pela cabeça da maioria das pessoas de Panem. Elas aceitavam o poder da Capital sem questionar, cuidando da rotina diária de modo a manter o *status quo* até Katniss disparar uma flecha em um dos "quadrados ondulados" do campo de força que cercava a arena, expondo a grande ilusão da Capital. De certa forma, esses quadrados ondulados representavam as formas ocultas pelas quais a Capital mantinha seu poder e influência sem se basear na força bruta. Então a pergunta é: que formas são essas? E como elas podem ser expostas?

Descobrir e expor esses métodos de controle não é tarefa fácil. A Capital trabalha arduamente para mantê-los invisíveis, de modo que seu poder seja aceito como algo natural. O truque é fazer com que as pessoas se controlem e tenham determinados hábitos que perpetuem a ordem social existente. Uma forma de fazer isso é por meio da educação (ou talvez seja melhor dizer *des*educação). O que as crianças aprendem em Panem, em casa e na escola, as prepara para assumir seu lugar na ordem social. Na escola, elas aprendem que os Jogos Vorazes e a superioridade da Capital são a realidade imutável, e aprendem também as habilidades que possam lhes garantir os mesmos empregos perigosos e mal pagos dos pais.

Em nossa sociedade, a educação geralmente é considerada como o grande fator para a igualdade e motor da mobilidade social. O presidente Barack Obama citou um sentimento bastante difundindo quando defendeu: "O melhor programa contra a pobreza é uma educação de alto nível."[2] Na verdade, a educação geralmente age como uma das mais poderosas forças ocultas de controle social, um campo de força invisível que mantém a desigualdade social do mesmo modo que o campo de força ao redor da arena aprisiona os tributos e os obriga a participar dos jogos da Capital. Mas como o ensino pode garantir o *status quo*? O filósofo e sociólogo francês Pierre Bourdieu (1930-2002) nos ajuda a entender como as escolas contribuem para garantir que os poderosos se mantenham poderosos e os fracos se mantenham fracos.

Outros tipos de capital

Se pegarmos Bourdieu como guia para entender o poder da Capital, precisamos começar pelo conceito de capital, que se divide em três tipos: econômico, social e cultural. O termo *capital* geralmente se refere a recursos econômicos usados na produção e troca de mercadorias e serviços, mas

Bourdieu tinha em mente algo bem mais amplo. A riqueza material, como imóveis e o dinheiro que Haymitch Abernathy e outros tributos vitoriosos recebem ao vencer os Jogos Vorazes, é o que Bourdieu chama de *capital econômico*. Esse tipo de capital é escasso nos distritos, pois a maior parte da riqueza produzida por eles é acumulada pela Capital.

Mas há também o *capital social*, que Bourdieu descreveu como uma "rede durável de relacionamentos relativamente institucionalizados de reconhecimento e identificação mútuos", o que podemos chamar de ter amigos na alta roda.[3] Um bom relacionamento com o prefeito Undersee do Distrito 12 ou um aliado poderoso como o chefe dos Idealizadores dos Jogos, Plutarch Heavensbee, na Capital pode não ser o tipo de mercadoria ao qual podemos atribuir facilmente algum valor em dinheiro, mas ainda é algo que vale a pena ter. E, assim como o capital econômico, o capital social é um tipo de recurso distribuído de modo bastante desigual em Panem.

O terceiro tipo, o *capital cultural*, inclui todos os outros bens intangíveis que ajudam você a obter poder e status social. Entre eles estão: conhecimento, educação, habilidades e a apreciação adequada do que é valorizado em sua sociedade. Moradores da Capital, por exemplo, têm uma ideia de moda muito peculiar que se reflete em roupas coloridas e impressionantes modificações corporais. Se alguém do Distrito 12 aparecesse nas ruas da Capital sem a roupa certa e as alterações cirúrgicas, essa pessoa seria facilmente notada por ser diferente. Na linguagem de Bourdieu, ela estaria com baixo capital cultural.

Alguns exemplos de capital cultural nos EUA são falar um inglês gramaticalmente correto e apreciar Wolfgang Mozart e William Shakespeare mais do que Lady Gaga e Suzanne Collins. Afinal, ouvir Lady Gaga, ler a trilogia *Jogos Vorazes* e falar um inglês gramaticalmente incorreto não rende boas notas na escola, embora possa aumentar sua "credibilidade de rua" entre alguns de seus colegas, o que indica um aspecto importante do capital cultural: algo conta como capital cultural dependendo das pessoas com quem você anda. Ter a pele verde certamente não aumentaria o seu status na Costura, pois as pessoas provavelmente vão pensar que você está doente!

Quem nasce em famílias poderosas geralmente tem mais capital cultural do que o resto de nós, porque aprende com os pais o que se deve valorizar: música clássica, boa literatura e o inglês adequado nos Estados Unidos e uma sensibilidade estética singular na Capital. Fora de casa esses valores são reforçados pelos professores na escola.

Ter o tipo certo de capital cultural traz vantagens sociais diferentes. Nos Estados Unidos, aumenta a chance de ser bem-sucedido na escola e acabar conseguindo um diploma universitário, que depois pode ser transformado em capital econômico na forma de um emprego com salário mais alto. Portanto, o capital cultural se traduz em capital econômico. Além disso, ter grande quantidade do capital cultural certo pode ajudar você a se misturar bem aos integrantes da classe social mais alta e acumular capital social ao conviver socialmente com as pessoas certas.

O capital na Capital

Nosso conhecimento sobre a Capital se limita aos relatos de Katniss, uma pessoa de fora, então não sabemos quais são todas as formas de capital cultural valorizadas pelos moradores da Capital, mas sabemos que eles são ávidos seguidores da moda. Ter itens considerados da moda e se enfeitar com eles e fazer até mesmo modificações corporais parecem dar um considerável toque de classe em termos culturais. Katniss revela o seguinte sobre um apartamento na Capital: "Em um quarto, encontramos centenas de itens de vestuário da mulher: vestidos, casacos, pares de sapatos, um arco-íris de perucas, maquiagem suficiente para pintar uma casa inteira. Num quarto do outro lado do corredor, há uma seleção similar de itens masculinos."[4] Esses são exemplos do que Bourdieu chama de *capital cultural objetificado*, pois são objetos físicos que indicam o capital cultural intangível que seus donos possuem na forma de bom gosto e conhecimento cultural. Nos Estados Unidos, as pessoas podem exibir seu capital cultural comprando pinturas sofisticadas para mostrar que entendem de arte.

A quantidade não é o mais importante ao exibir seu capital cultural. A qualidade também conta. Vejamos a descrição feita por Katniss de um encontro com Octavia, integrante de sua equipe de preparação: "Ela agarra a minha mão e a coloca bem aberta entre suas mãos cor de ervilha. Não, a pele dela não está exatamente da cor de ervilha. O verdinho é mais suave. A mudança de tom é, sem sombra de dúvida, uma tentativa de acompanhar as volúveis tendências de moda da Capital."[5] Manter-se atualizado com essas tendências incansavelmente flutuantes sem dúvida dá muito trabalho, mas é uma forma importante de Octavia exibir seu capital cultural e deixar claro para os outros o quanto é culturalmente inteligente. Os ventos fugazes da moda também destacam outro aspecto do capital cultural: o que conta como este tipo de capital geralmente é decidido de modo um tanto arbitrário, de acordo com os caprichos da elite social.

Na Capital, residentes importantes podem usar o capital social e econômico para criar aceitação de seu capital cultural. Afinal, nem todos podem bancar a última tendência da moda ou das modificações corporais, pois algumas são bem caras. Quando cidadãos importantes da Capital usam o capital social e sua rede de contatos para ver o que os *fashionistas* mais badalados vão usar nessa temporada e depois utilizar o capital econômico para comprar ornamentos parecidos, eles se colocam acima das pessoas comuns. Os integrantes da classe média geralmente sabem o que *devem* comprar para acompanhar os lançadores de tendências da elite (conhecimento que é uma forma de capital cultural em si), mas nem sempre têm o capital econômico para fazê-lo.

O fato de já ter uma boa quantidade de capital social e econômico lhe dá uma vantagem quando se trata de adquirir o capital cultural certo, mas o inverso também é verdadeiro: a falta de capital cultural pode representar uma grande desvantagem na luta por recursos sociais. Haymitch é um exemplo perfeito disso. "Não é surpresa que os tributos do Distrito 12 jamais tenham alguma chance", reclama Katniss. "Raramente conseguimos patrocinadores, e grande parte do motivo é ele. As pessoas ricas que subvencionam os tributos — ou porque estão apostando neles ou porque simplesmente querem se gabar por terem escolhido o vencedor — esperam lidar com uma pessoa com o perfil um pouco mais clássico do que o de Haymitch."[6]

Testemunhem a força do capital cultural! Haymitch tem bastante capital econômico. Afinal, ele venceu os Jogos Vorazes e conquistou todas as recompensas que vêm com a vitória, mas não adotou as regras da classe dominante: seus modos são grosseiros (aparecer bêbado para a colheita não é exatamente o ápice da elegância) e tem pouquíssimo capital cultural necessário para se encaixar na elite. Como diz Katniss, ele não faz o estilo clássico.

O capital cultural não se limita à moda e civilidade. Outros exemplos deste capital que podem fazer uma enorme diferença em sua perspectiva de subir de vida incluem saber fazer um currículo, comportar-se bem em uma entrevista de emprego, usar sua rede de contatos para avançar na carreira e gerenciar suas finanças. Mas como esses bens culturais vitais são distribuídos? De acordo com Bourdieu, eles são transferidos mais eficientemente de duas maneiras: primeiro, são aprendidos em casa, onde os pais ensinam os filhos a forma "apropriada" de falar, vestir-se e agir em público. Depois, são repassados na escola, onde os professores, geralmente da classe média, ensinam às crianças as regras da sociedade convencional.

Educação para o trabalho

Um dos fatores mais importantes para determinar se um estudante terá sucesso na escola é a classe social.[7] Primeiro, porque ter uma boa soma de capital econômico dá às famílias a oportunidade de mandar os filhos para escolas particulares caras ou morar em bairros cujas escolas públicas tenham um ensino de excelência. Segundo, porque a quantidade de capital econômico das famílias determina se elas podem pagar aulas particulares quando as crianças vão mal na escola. Um vasto suprimento de capital econômico pode até permitir que um dos pais fique em casa e se dedique mais a ajudar a criança com os deveres escolares.

Talvez tão importante quanto o capital econômico para determinar o sucesso acadêmico seja o capital cultural. A maioria dos professores das escolas de ensino fundamental e médio, por exemplo, são da classe média e representam a sociedade norte-americana convencional.[8] Professores de classe média não têm o capital econômico dos ricos, o que os impede de comprar muitos objetos culturais sofisticados como forma de exibir educação e bom gosto, mas geralmente têm capital cultural intangível semelhante ao da classe alta, e isso molda o currículo escolar. Professores de classe média têm maior probabilidade de terem crescido em lares de classe média e estudado em escolas cuja equipe era formada principalmente por professores de classe média que ensinam valores de classe média.

Portanto, não surpreende que o currículo ensinado nas escolas públicas reflita o capital cultural da sociedade de classe média. Os estudantes das classes média e alta têm uma vantagem quando entram na sala de aula, pois já têm capital cultural que se alinha ao currículo escolar. Por outro lado, estudantes vivendo na pobreza ou que não tenham o inglês como primeira língua são peixes fora d'água. Não é que eles tenham menos talento inato que os colegas de classe média, apenas sofrem com a falta do tipo de capital cultural que os criadores das políticas educacionais decidiram privilegiar na escola. É por isso que a educação, apesar de ser louvada como um ótimo fator para chegar à igualdade, em geral apenas reforça as desigualdades existentes.

O ensino no Distrito 12 reforça a desigualdade de forma ainda mais deliberada e insidiosa ao ensinar as crianças da Costura a aceitar o poder da Capital. Uma forma pela qual a escola de Katniss faz isso é usar o horário de aula para ensinar sobre os Jogos Vorazes de modo que os alunos os aceitem como parte normal da vida. Os estudantes aprendem sobre as proezas de Haymitch, o único tributo sobrevivente do Distrito 12 a vencer os Jogos Vorazes. Quando os Jogos acontecem, atualizações transmitidas pela televisão são mostradas na escola todos os dias na hora do lanche.[9]

Ao ensinar sobre os Jogos e fazer com que eles entrem no currículo escolar, a escola está explicitamente ensinando os estudantes que os Jogos são parte necessária e normal da vida em Panem.

Além de ensinar sobre os Jogos, as escolas do Distrito 12 controlam o que os alunos podem aprender. Pouco parece ser ensinado sobre os outros distritos, presumivelmente porque é do interesse da Capital manter os distritos isolados e ignorantes uns em relação aos outros, dificultando a união deles contra a Capital. Durante a viagem com a Turnê da Vitória para o Distrito 11, Peeta Mellark pergunta a Katniss quantas pessoas vivem lá. Ela responde: "Na escola eles se referem a ele como um distrito grande, e é só. Nenhum número real a respeito da população."[10]

Geografia não é o único assunto em que as informações são passadas de modo seletivo. Katniss descreve "a palestra semanal sobre a história de Panem" como uma "conversa mole sobre o que devemos à Capital".[11] Está claro que a Capital controla o conteúdo e também a forma pela qual ele é passado, para estimular os alunos a aceitar a situação em que vivem como natural e merecida, quando na verdade ela foi criada pela opressão.

O objetivo final do ensino no Distrito 12 é aprender a trabalhar nas minas. "Além de leitura básica e matemática", conta Katniss, "grande parte de nosso ensino remete ao carvão".[12] Os alunos da Capital vão a museus e outros destinos ligados à alta cultura, mas Katniss e seus colegas de classe são mandados anualmente para um passeio muito menos agradável: "Todos os anos a minha turma na escola faz um tour nas minas como parte do treinamento."[13] Ao fazer a educação formal girar em torno do carvão, o ensino do Distrito 12 garante que os habitantes da Costura trabalharão nas minas de carvão, como seus pais e avôs. Afinal, esse é praticamente o único emprego disponível para eles, mesmo.

É um *habitus* difícil de largar

Nos lares de classe média e alta e nas escolas públicas dos Estados Unidos, o capital cultural dominante é internalizado até virar algo semelhante a um sexto sentido. O termo usado por Bourdieu para definir esse conjunto de hábitos e atitudes é *habitus*. É a lente através da qual vemos e reagimos ao mundo sem ao menos pensar. Por exemplo, parte do *habitus* de Gale Hawthorne é a capacidade de caçar, mas essa habilidade não é inata. Ele foi ensinado a caçar ainda na infância e isso acabou virando algo quase instintivo para Gale.

Nas escolas públicas, os professores trabalham para transferir seu capital cultural às crianças, esperando que saber escrever uma frase gramaticalmente correta ou resolver uma equação linear seja quase instintivo para eles. As crianças também aprendem a acreditar que quem estuda com afinco merece as recompensas sociais e econômicas que vêm com o diploma. Para alunos de classe média e alta que conseguem adquirir esse capital cultural, a proficiência acadêmica e a crença de que o trabalho árduo tem resultado vira parte do *habitus* internalizado por eles. Essas crianças são capazes de navegar confortavelmente em seu ambiente social, sem pensar. Como o *habitus* de uma pessoa é desenvolvido diariamente desde o nascimento, ensinar um novo *habitus* que não seja consistentemente reforçado tanto em casa quanto na escola é incrivelmente difícil.

Consequentemente, as crianças sentem dificuldade de aprender o capital cultural dominante na escola quando o *habitus* adquirido em casa não é compatível com o que é ensinado na escola. Para solucionar esse problema, as escolas públicas dos Estados Unidos geralmente encaminham os alunos de baixa renda para cursos profissionalizantes e técnicos, que têm maior probabilidade de reforçar o *habitus* de classe trabalhadora presente no lar dessa criança. É exatamente isso que ocorre nas escolas do Distrito 12: os alunos aprendem a trabalhar nas minas, assim como os pais. Os funcionários das escolas alegam que estão ajudando os alunos a aprender as habilidades e competências que lhe darão emprego e renda, mas o resultado inevitável é que os pobres continuarão pobres. Afinal, nos Estados Unidos quem tem diploma de ensino superior ganha 75% mais ao longo da vida do que quem tem apenas o ensino médio.[14]

Você quer mesmo uma revolução?

Meu cérebro (...) está (...) tentando entender como as pessoas organizaram aquele levante no Distrito 8. Tantas pessoas, tão claramente desafiando a Capital. Será que foi pelo menos planejado, ou será que foi alguma coisa que simplesmente irrompeu após tantos anos de ódio e ressentimento? Como poderíamos fazer algo similar aqui? Será que as pessoas do Distrito 12 participariam ou será que se trancariam em suas casas?[15]

Katniss Everdeen, *Em chamas*

O ensino em Panem é feito para criar um *habitus* entre seus residentes de modo a reforçar o sistema opressivo. Sendo assim, como podemos explicar a revolução? A resposta será encontrada olhando novamente para as varias formas de capital e como elas são distribuídas.

Todos em Panem têm algum capital social e cultural, independente do distrito. Mas o capital econômico dos cidadãos da Capital lhes permite definir o que é o capital cultural "adequado" em termos de modo de falar, moda, entretenimento desejável e etiqueta à mesa. O capital social que a elite possui (a rede de relacionamentos com pessoas de capital cultural e econômico semelhante ao dela) ajuda a manter sua posição de poder em Panem. Por outro lado, o capital social e cultural que os residentes do Distrito 12 possuem é significativo e importante apenas na comunidade onde vivem.

Gale e Katniss têm capital cultural considerável, mas não do tipo que é validado pela Capital. Eles sabem caçar, montar armadilhas, negociar no Prego e sustentar as famílias com recursos mínimos. Essas habilidades lhes dão status no Prego e são incrivelmente úteis para a sobrevivência, mas como envolvem atividades ilegais, representam o que alguns teóricos chamaram de *capital cultural resistente*, que é definido como "conhecimentos e habilidades estimulados por meio de comportamento antagônico que desafia a desigualdade".[16] Não são apenas suas habilidades singulares que os destacam, contudo. A identidade de Gale e Katniss é formada de modo diferente devido à experiência de vida na Costura, que contradiz os ensinamentos da escola. Consequentemente, eles se recusam a assimilar e obedecer às regras, preferindo desafiar consistentemente as leis. Eles têm um *habitus* diferente.

Porém, Gale e Katniss são minoria. A maioria dos residentes da Costura simplesmente não entende. Refletindo a singularidade dela e do Gale em seu capital resistente, Katniss observa um dos principais impedimentos para a rebelião no Distrito 12: "Um levante, penso. Que idiota eu sou. Existe uma imperfeição inerente no plano que tanto Gale quanto eu fomos cegos demais para enxergar. Um levante requer infringir a lei, desbancar a autoridade. Nós fizemos isso durante todo o tempo em que estivemos vivos, ou pelo menos nossas famílias fizeram. Caça ilegal, comércio no mercado negro, fazer pouco da Capital na floresta. Mas para a maior parte das pessoas no Distrito 12, uma ida ao Prego para comprar alguma coisa seria arriscada demais."[17]

Estas ações não apenas seriam arriscadas demais, como entrariam em conflito com o *habitus* deles. Quase todas as experiências do povo na Costura, bem como a maioria de suas circunstâncias, tende apenas a confirmar o *habitus* de obediência à Capital, pelo menos até o desacato bastante público de Katniss à Capital expor os "quadrados ondulados" e explodir o mito de que a ordem atual das coisas é natural e necessária.

Vamos brincar de "encontre os quadrados ondulados"

A história de Katniss Everdeen mostra que todas as culturas têm capital. Para a Capital, a habilidade de Katniss com arco e flecha faz com que ela seja uma fora da lei e sua desobediência corajosa aos Idealizadores dos Jogos lhe rende uma sentença de morte. Em sua comunidade, porém, essas mesmas qualidades fazem de Katniss uma revolucionária e símbolo da rebelião.

De certa forma, a história dela é parecida com a do filósofo Sócrates (469-399 a.C.), que personificou uma visão de sabedoria e virtude desafiando os administradores poderosos do capital cultural na cidade de Atenas. Para seus seguidores, ele era um professor sábio e para os líderes atenienses, um herege. Como os detentores do capital econômico, social e cultural em Atenas tinham o poder de definir o que era socialmente aceitável, eles acusaram Sócrates de corromper os jovens e o condenaram à morte.

A coragem e a serenidade de Sócrates diante da morte serviram para unir os seguidores dele e marcar o lançamento silencioso de uma revolução nos valores e ideias da civilização ocidental. Katniss consegue escapar da sentença de morte, mas sua coragem inspira e consegue acender uma revolução.

A obra de Bourdieu não apenas mostra como grupos poderosos podem manter o poder, mas também ajuda a ver as brechas na armadura, os "quadrados ondulados" que expõem o que deveria permanecer oculto. Katniss e Gale mostram que o *habitus* não é fixo e que a mudança é possível. Nosso sistema político e educacional molda boa parte do *habitus* de uma pessoa, mas não o determina totalmente. Bourdieu observou: "O *habitus* não é o destino que algumas pessoas veem nele."[18]

Sempre existem elementos imprevisíveis que sabotam os planos do poder, e entre os mais importantes estão as experiências singulares de cada indivíduo. A capacidade de Katniss para resistir à Capital é possibilitada, primeiro, pelo enfraquecimento das regras rígidas na Costura que permitem a ela e Gale entrarem escondidos na floresta e, segundo, pelo que viveu nos Jogos Vorazes. Ela sai dessas experiências uma pessoa bem diferente da mineira dócil e obediente que o currículo escolar planejava criar.

As ações de Katniss desencadeiam uma revolução. Se os professores do nosso mundo pudessem reconhecer, afirmar e valorizar o capital cultural que os alunos pobres e de minorias trazem para a escola e ao mesmo tempo ensinar as habilidades de que eles precisam para ter sucesso na sociedade convencional, podem acender a faísca que começa um tipo diferente de revolução.

Notas

1. Suzanne Collins, *Em chamas* (Rocco, 2011).
2. Barack Obama, Discurso sobre o Estado da União, 27 de janeiro de 2010, http://abcnews.go.com/Politics/State_of_the_Union/state-of-the-union-2010-president-obamaspeech-transcript/story?id=9678572
3. Pierre Bourdieu e Loïc Wacquant, *An Invitation to Reflexive Sociology* (Cambridge, UK: Polity, 1992). Esse livro mostra um diálogo entre Pierre Bourdieu e seu ex-aluno Loïc Wacquant em que são discutidos os conceitos mais importantes do trabalho de Bourdieu, bem como os principais objetivos e críticas a seu projeto teórico. Como as teorias sobre o capital mencionadas nesse capítulo são de Bourdieu, cito apenas o nome dele.
4. Suzanne Collins, *A esperança* (Rocco, 2011).
5. Collins, *Em chamas*.
6. Suzanne Collins, *Jogos Vorazes* (Rocco, 2010).
7. Stephen Caldas e Carl Bankston, "Effect of School Population Socioeconomic Status on Individual Academic Achievement", *Journal of Educational Research* 90, no. 5 (1997).
8. Ellen Brantlinger, *Dividing Classes: How the Middle Class Negotiates and Rationalizes School Advantage* (New York: Routledge Falmer, 2003).
9. Collins, *Jogos Vorazes*.
10. Collins, *Em chamas*.
11. Collins, *Jogos Vorazes*.
12. *Id*.
13. Collins, *Em chamas*.
14. U.S. Department of Labor, Bureau of the Census, "The Big Payoff: Educational Attainment and Synthetic Estimates of Work-Life Earnings 2002", http://www.census.gov/prod/2002pubs/p23-210.pdf
15. Collins, *Em chamas*.
16. Tara Yosso, "Whose Culture Has Capital? A Critical Race Theory Discussion of Community Cultural Wealth," *Race, Ethnicity, and Education* 8, no. 1 (2005).
17. Collins, *Em chamas*.
18. Bourdieu e Wacquant, *An Invitation to Reflexive Sociology*.

COLABORADORES

Nosso esquadrão da resistência

A **soldado Lindsey Issow Averill** é professora de estudos femininos e também faz pós-doutorado na Florida Atlantic University. Com mestrado em Belas Artes e Escrita Criativa pelo Emerson College em Boston, ela lê e pensa infinitamente sobre literatura juvenil. Fiel a seus valores feministas, Lindsey adora Katniss Everdeen e a trilogia *Jogos Vorazes*. Dito isso, lá no fundo, o que Lindsey queria saber mesmo é com quem precisa falar para conseguir um apelido como "garota em chamas".

O **soldado Adam Barkman** tem Ph.D. pela Free University of Amsterdam e é professor-assistente de filosofia na Redeemer University College, em Ontario. Ele é autor de *C.S. Lewis and Philosophy as a Way of Life* (Zossima Press, 2009) e *Through Common Things* (Winged Lion Press, 2010), além de ter sido coeditor de *Manga and Philosophy* (Open Court, 2010) e *The Philosophy of Ang Lee* (University Press of Kentucky). Embora ele preferisse pensar o contrário — pois é faixa amarela de caratê —, Adam provavelmente se sairia tão bem nos Jogos Vorazes quanto o garoto do Distrito 9 que se vê com uma faca nas costas.

O **soldado Dereck Coatney** atualmente faz mestrado em filosofia na Indiana University-Purdue University, em Indianápolis. Se por acaso ele acabasse em uma disputa mortal na arena, provavelmente seguiria o exemplo de

Rue e procuraria o topo da árvore mais próxima. Ele gosta de passar tempo do outro lado da cerca de seu distrito, mas sabe que a filosofia acontece apenas no mercado do Prego, para onde ele sempre volta.

A **soldado Jennifer Culver** entra na arena sozinha todos os dias quando vai trabalhar como professora em uma escola de ensino médio, enquanto termina o doutorado na University of Texas, em Dallas.

O **soldado George A. Dunn**, editor e colaborador deste livro, também editou *Trueblood e a filosofia* (Madras, 2011) e *Avatar and Philosophy* (John Wiley & Sons). Ele divide o tempo entre a University of Indianapolis e o Ningbo Institute of Technology, na província de Zhejiang, China, onde dá aulas de filosofia e de religião. Se a sorte estiver a favor, ele estará na China quando a civilização norte-americana desmoronar e surgir a nova nação de Panem sob o governo tirânico da Capital. A resistência sem dúvida vai achar útil tê-lo como agente do outro lado do planeta, e ele ficará aliviado, porque vai continuar saboreando refeições decentes.

O **soldado Jason T. Eberl** é professor-associado de filosofia na Indiana University-Purdue University, em Indianápolis. Ele dá aulas e faz pesquisas sobre bioética, filosofia medieval e metafísica. Também é coeditor (com Kevin S. Decker) de *Star Wars e a filosofia* (Madras, 2005) e *Star Trek e a filosofia* (Madras, 2010), além de ter editado *Battlestar Galactica and Philosophy* (John Wiley & Sons, 2008). Jason também escreveu artigos para livros nessa mesma linha sobre Stanley Kubrick, Harry Potter, Metallica, *O exterminador do futuro*, *O grande Lebowski* e *Avatar*. Vencedor da 54ª edição dos Jogos Vorazes, Jason agora passa os dias alegrando clientes de pubs com histórias dos seus "dias de glória" na arena.

O **soldado Joseph J. Foy** é professor-assistente do Departamento de Ciência Política, Direito e Filosofia da University of Wisconsin-Parkside. Ele foi editor de *Homer Simpson Goes to Washington: American Politics* *through Popular Culture* (University Press of Kentucky, 2009) e *SpongeBob SquarePants and Philosophy: Soaking Up Secrets under the Sea* (Open Court, 2011), que ganharam prêmios, e coeditor de *Homer Simpson Marches on Washington: Dissent through American Popular Culture* (University Press of Kentucky, 2010). Além disso, escreveu mais de dez ensaios sobre cultura popular e filosofia política e atualmente trabalha em um novo livro que explora o cânone da teoria política na cultura popular e de consumo dos Estados Unidos. Para evitar que alguém descubra o quanto suas pesquisas são divertidas, Joseph batizou seu escritório no porão de Distrito 13.

O **soldado Andrew Zimmerman Jones**, nascido no Distrito 3, é pai, marido, editor e escritor freelancer de ficção científica. Ele é o Guia de Física no site About.com e autor de *String Theory for Dummies* (John Wiley & Sons, 2009). Com licenciaturas em física e matemática, Jones escreveu textos para livros como *Heroes and Philosophy* (John Wiley & Sons, 2009), *Green Lantern and Philosophy* (John Wiley & Sons, 2011), e *A garota com tatuagem de dragão e a filosofia* (Madras, 2011). O lar de Andrew na internet é http://www.azjones.info, e ele tuíta em https://twitter.com/azjauthor. Quando não está escrevendo sobre ciência, ele tenta descobrir como Beetee inventa brinquedos tão maravilhosos.

A **soldado Abigail Mann** é professora-assistente de inglês na University of Indianapolis. Seus principais interesses em termos de pesquisa são o feminismo e o darwinismo do final do século XIX. Ela não consegue parar de pensar que sua dissertação teria sido muito mais interessante se todos aqueles teóricos tivessem sido obrigados a se enfrentar na arena.

O **soldado Brian McDonald** é palestrante-sênior de literatura na Indiana University-Purdue University, em Indianápolis, onde se especializou em desenvolver e ministrar cursos on-line. Com um dom para forjar alianças improváveis digno de Peeta Mellark, ele se uniu ao colega filósofo (e coeditor deste livro) George Dunn para dar aulas relacionando textos literários e filosóficos a assuntos como o problema do mal e a natureza do amor. Com George ele também escreveu um artigo sobre *Buffy, a caça-vampiros* (para a revista on-line *Slayage*) e um capítulo do livro *Alice no País das Maravilhas e a filosofia* (Madras, 2010). Essa é a primeira viagem solo de Brian à arriscada arena da cultura pop e a filosofia. Ele tem certeza que Suzanne Collins tirou a ideia das vespas teleguiadas da experiência que teve com editores.

O soldado Louis Melançon tem diplomas de mestrado do Joint Military Intelligence College (agora National Intelligence University) em Washington, D.C., e do King's College em Londres e é ganhador da Estrela de Bronze. Louis é oficial do exército dos Estados Unidos. Ele tem experiência de combate e de inteligência que vão do espectro tático ao estratégico. Quando anda pela rua, ele olha nervosamente para o céu em busca de um aerodeslizador furtivo que vai aparecer e levá-lo para ser transformado em um Avox, pois fez muitas declarações radicais a seus superiores.

O soldado Nicolas Michaud, um dos editores deste livro, além de colaborador, ensina filosofia na Jacksonville University, na Flórida. Ele acredita que agora está preparado para ser escolhido como tributo nos Jogos Vorazes. Na verdade, Michaud passou vários anos treinando nas condições mais duras possíveis: uma universidade! Afinal, enfrentar bestantes vorazes não pode ser pior do que encarar uma sala de aula cheia de calouros com os hormônios à flor da pele.

A **soldado Jessica Miller** é professora-associada de filosofia na University of Maine, onde dá aulas sobre teoria ética, bioética, teoria feminista, além de ética e ficção. Ela também trabalha como eticista clínica no Eastern Maine Medical Center, além de ser palestrante e consultora frequente na área de bioética clínica. Sua mais recente contribuição para o reino da cultura pop e a filosofia foi um artigo sobre Buffy Summers para *Buffy: a caça-vampiros e a filosofia* (Madras, 2004). Miller ama Katniss e Buffy igualmente, o que significa que ela costuma especular sobre qual das duas sairia vitoriosa em uma luta até a morte.

A **soldado Abigail E. Myers** é professora de inglês em escolas públicas de ensino médio na cidade de Nova York. Ela se formou em filosofia no King's College, em Londres, e fez mestrado em educação de adolescentes na St. John's University, em Nova York. Myers escreveu capítulos para os livros *U2 e a filosofia* (com Jennifer McClinton-Temple) (Madras, 2007), *Crepúsculo e a filosofia* (Madras, 2009) e *Mad Men and Philosophy* (John Wiley & Sons, 2010). Se estivesse nos Jogos Vorazes, ela iria querer que seus patrocinadores mandassem álcool gel para limpar as mãos, hidratante para os lábios e um Kindle.

A **soldado Jill Olthouse** é professora-assistente do Departamento de Educação Especial na principal instituição de ensino do que um dia será o Distrito 12, a West Virgina University. Ela é especializada em educação para superdotados. Se tivesse a chance, Olthouse inscreveria Peeta em um programa de aprendizado de artes, Katniss em um clube de arco e flecha e Gale em um curso honorário de Ciência Política.

O **soldado Andrew Shaffer** é autor de *Grandes filósofos que fracassaram no amor* (Leya, 2012), um olhar bem-humorado sobre a vida amorosa de alguns dos grandes pensadores da História. Entre as contribuições que fez para antologias estão *Yoga — Philosophy for Everyone: Bending Mind and Body* (Wiley-Blackwell, 2010) e *The Atheist's Guide to Christmas* (Harper Perennial, 2010). Shaffer é formado pela University of Iowa. Ignore o adesivo "Snow para Presidente 2016" no carro dele.

O **soldado Chad William Timm** é professor-assistente de educação na Grand View University, em Des Moines, Iowa. Ele escreveu capítulos para *A garota com tatuagem de dragão e a filosofia* (Madras, 2011) e *A guerra dos tronos e a filosofia* (Best Seller, 2011). Chad é um ex-tributo que representou o Distrito do Meio-Oeste. Depois de sua magnífica vitória, ele passou 15 anos dando aula de história no ensino médio. Atualmente, ensina futuros educadores esperando que algum dia eles organizem uma revolta contra seus próprios Jogos Vorazes em que os vitoriosos são determinados pela habilidade de passar em testes dificílimos, dar conta do que é pedido e lutar por financiamento.

A **soldado Anne Torkelson** dá aulas na University of Minnesota, em Duluth. Ela acabou de publicar um capítulo em *Theorizing Twilight: Critical Essays on What's at Stake in a Post-Vampire World* (McFarland, 2011). Ela passa os dias ensinando alunos a escrever, convencendo fãs de *Crepúsculo* a gostar da Katniss, e sentindo luto pela morte de Finnick Odair.

A **soldado Christina Van Dyke** é professora-associada de filosofia no Calvin College, em Grand Rapids, Michigan. Ela é especialista em filosofia medieval, coautora de *Aquinas's Ethics Metaphysical Foundations and Theological Context* (University of Notre Dame Press, 2009), e coeditora de *The Cambridge History of Medieval Philosophy* (Cambridge University Press, 2010), por isso apreciou imensamente a oportunidade de escrever sobre ficção distópica futurista para este livro. Como Katniss, Christina odeia receber ordens. Diferente de Katniss, porém, ela duraria uns cinco minutos na arena, a menos que identificar falácias lógicas pudesse ser usado como arma em um combate.

Este livro foi composto na tipologia Minion Pro,
em corpo 11 pt/15,9, e impresso em papel off-white,
no Sistema Cameron da Divisão Gráfica
da Distribuidora Record.